Martin Cordsmeier
Nimm dir das Leben, das du wirklich willst

Martin Cordsmeier

NIMM DIR DAS LEBEN, DAS DU WIRKLICH WILLST

Warum du weniger arbeiten und mehr Spaß haben solltest

Econ

Econ ist ein Verlag
der Ullstein Buchverlage GmbH

ISBN 978-3-430-20232-9

© der deutschsprachigen Ausgabe
Ullstein Buchverlage GmbH, Berlin 2017
Redaktion: Michael Schickerling, schickerling.cc, München
Alle Rechte vorbehalten
Gesetzt aus der Caslon Pro
Satz: LVD GmbH, Berlin
Druck und Bindearbeiten: CPI books GmbH, Leck
Printed in Germany

Inhalt

Vorwort 7

1 Unzufriedenheit ist Alltag 13
   Das angepasste Leben 15
   Frühe Prägungen 24
   Nichts als Arbeit 30
   Selbstauferlegte Zwänge 39
   Gipfel der Unzufriedenheit 52

2 Konventionen bestimmen unser Leben 63
   Dieses darf man nicht – jenes muss man doch 68
   Die Taktung unseres Alltags 72
   Bloß nicht schwach sein! 74
   Lohnarbeit des Industriezeitalters und neue
      Start-up-Kultur 76
   Ich will dich, vielleicht 79
   Das eigene Unternehmen 82
   Neues wagen 88

3 Wir müssen zu uns selbst finden 91
   Bewusstsein vs. Unterbewusstsein 92
   Ein Date mit mir selbst 103

Virtuelle Realitäten	109
Potentialentfaltung als medialer Trend	114
Glück	116

4 Die neuen Talente — 133

Talent und Berufung	134
Lebenspfade	153
Talente entdecken statt vergeuden	163
Die *millionways*-Story	169

5 Wir müssen uns ändern — 195

Potentialentwicklung mit *millionways*?	196
Schulen	202
Universitäten	211
Unternehmenskultur	215
Arbeitszeiten	219
Hierarchiegefüge	221
Grundeinkommen	225
Packen wir's an!	226

Nachwort von Frank Otto	233
Anmerkungen	241

Vorwort

Wie so vieles in meinem Leben war auch dieses Buch nicht geplant. Vor zehn Jahren wusste ich nicht, dass ich einmal ein solches Buch schreiben würde. Vor zehn Jahren habe ich mir mein Leben genommen – mit allem, was dazugehört. Zuvor hatte ich sortiert und gefiltert, was ich alles nicht mehr will. Habe meine Prägungen aus Schule, Elternhaus und Gesellschaft analysiert und entschieden: Nein, dieses Leben will ich nicht!

Mit zehn Jahren hatte ich schon die Absicht, ein solches Buch zu schreiben. Zumindest hatte ich einen Plan – und den setzte ich auch um: Als Zehnjähriger verfasste ich eine kleine, handgeschriebene Zeitung mit Texten zur Umwelt, Kurzgeschichten über Menschen, Kreuzworträtseln und kleinen Ratespielen, die ich jede Woche in mehrfacher Ausfertigung an meine kleine Leserschaft, meine dreiköpfige Familie, brachte. Dazu gehörten noch ein »Club« mit Mitgliedsausweis, Bestellkatalog für Produkte aus Papier und einiges andere. Die Reaktionen lassen sich zusammenfassen mit: »Hast du aber fein gemacht!« Oder: »Wie niedlich!« Das reichte mir nicht. Ich wollte eine ernsthafte Kommunikation – die leider nicht zustande kam. Eine bittere Enttäuschung! Also stellte ich mein erstes Unternehmen ein. Und habe einmal mehr gedacht, dass ich scheinbar irgendetwas falsch mache.

Dieses Gefühl – etwas falsch zu machen – zog sich wie ein

roter Faden durch meine Jugend. Immer hatte ich irgendwie zu sein oder etwas zu erfüllen, was sich nicht wie meins anfühlte. Diesem Weg folgend habe ich das Abitur gemacht. War es »mein« Abitur? Nein! Es war das, was mir von außen als Weg gewiesen wurde. Die meisten Menschen um mich herum wussten scheinbar, was sie einmal werden wollten – oder werden sollten. Aber wie konnte ich denn wissen, was ich werden will? Ich wusste zu diesem Zeitpunkt nicht einmal, wer ich bin.

Wie den meisten von uns hat man mir ständig erzählt, wie mein Leben verlaufen sollte. Jeder hatte seine eigenen Vorstellungen: die Eltern, die Lehrer, die Mitschüler. Selten ging es darum, was ich eigentlich wollte, und falls doch, dann nur oberflächlich.

Auf der Suche nach »meiner« Geschichte habe ich irgendwann angefangen, mit verschiedensten Menschen über ihr Leben und ihre Geschichte zu sprechen. Ich war 20 Jahre alt und steckte mitten im Zivildienst, als ich damit begann. Zuerst unterhielt ich mich mit eher ungewöhnlichen Menschen – mit Straßenkämpfern, drogensüchtigen Ex-Marines, ehemaligen Prostituierten oder Mördern. Ich wollte die Realität kennenlernen und bei den Extremen anfangen. Schnell stellte ich fest, dass mich Lebensläufe allgemein faszinieren, nicht nur die extremen Geschichten. Es war ganz einfach mein persönliches Interesse – kein größerer Plan stand dahinter. Ich fragte mich: Was machte die Menschen zu dem, was sie sind oder glauben zu sein? Die Kindheit der unzufriedenen Supermarktverkäuferin unterschied sich wenig von der Erzählung der ehemaligen Prostituierten. Und der Postbote schilderte Ähnliches über seine Schulzeit, wie mir der drogensüchtige Ex-Marine beschrieben hatte. Eins war offensichtlich: Die wenigsten von ihnen waren wirklich zufrieden. Mich überraschte das damals sehr, denn bis dahin glaubte ich, dass ich der Einzige sei, der so empfinde.

Immer mehr beschäftigte mich die Frage, warum so wenige wirklich glücklich damit sind, wie ihr Leben bisher verlaufen ist und vermutlich weiter verlaufen würde. Warum sind sie nicht zufrieden mit dem, was sie erreicht haben? Und: Haben sie überhaupt etwas erreicht, wenn es sie nicht glücklich macht?

Aus diesen Gesprächen zog ich den Schluss, dass in unserem Alltag Emotionen und Instinkte keinen adäquaten Platz haben. Wir haben verlernt, auf uns selbst zu hören. Warum mache ich etwas, und will ich das überhaupt? Das Gefühl, wer wir eigentlich sind, eine innere Stimme, die uns antreibt, fehlen oft komplett oder kommen viel zu kurz.

An deren Stelle sind Regeln, Dogmen, Konventionen, Religionen und politische Konstrukte getreten. Sie geben uns vermeintliche Sicherheit, in diesen Strukturen bestehen zu können. Deswegen klammern wir uns an sie – und umgekehrt halten sie die Gesellschaft in ihrer jetzigen Form zusammen und sind dadurch scheinbar unersetzbar. Wenn wir wichtige Entscheidungen treffen, vertrauen wir nicht mehr auf unsere innere Stimme, sondern hören darauf, was unser Umfeld uns vorgibt.

Die Konsequenz: Wir richten uns offenbar nach allem Möglichen, nur nicht nach uns selbst. Anfangs bestimmen Elternhaus und Schule, wie wir zu sein haben, später richten wir uns nach Bewerbungsleitfäden, Vorgesetzten, Kollegen oder irgendwelchen Ratgebern. Das Ergebnis ist eine Gesellschaft, die zwar aus Menschen besteht, aber fatalerweise überhaupt nicht am Menschen orientiert ist. Ich meine damit nicht nur das Wirtschaftssystem, die U-Bahnen, die Edelrestaurants und die Psychologen – ich spreche von unserem inneren System. Wir haben Denkmuster verinnerlicht, die uns zu dem machen, was wir in unserem alltäglichen Leben sind – nämlich viel zu selten »wir selbst«. Und damit sind wir unzufrieden. Das beobachte ich jeden Tag.

Ich will mir nicht anmaßen, die Welt völlig neu zu erklären. Ich habe nur immer gern beobachtet und das, was ich dabei gesehen habe, zusammengetragen. Sowohl *millionways*, als auch dieses Buch sind das Resultat aus dem geistigen Input von Hunderten unterschiedlichster Menschen. Und damit meine ich nicht nur den Inhalt, sondern auch die Grundstruktur: Denn aus den vielen Begegnungen und Gesprächen entstand im Laufe der Jahre die Idee von *millionways*, einer Anlaufstelle für alle, die mehr aus sich machen möchten. Viele Grundgedanken aus diesem Buch sind nicht neu. Neu ist die praktische Lösung für die altbekannten Probleme, die das Zeug hat, unsere Gesellschaft zu verändern.

Ich habe seinerzeit mein Leben in die eigenen Hände genommen, ohne groß darüber nachzudenken. Habe gemacht, was mir lag und mich glücklich machte. Das klingt ziemlich simpel, in Wirklichkeit war es viel komplizierter. Jeder, der den Mut hatte, eine unpopuläre Idee zu vertreten, weiß das. Zugegeben, meine Ideen waren anfangs diffus, nur die wenigsten haben sie verstanden. So gut wie niemand konnte nachvollziehen, warum ich nicht einfach wie alle anderen lebe – eine Ausbildung mache, einen Job antrete, vielleicht ein »normales« Unternehmen gründe. Aber Rückschläge und Anfeindungen haben mich nie berührt, was mich als sensiblen Menschen immer noch selbst ein wenig wundert. Ich hatte das Glück, auf das hören zu können, was mich innerlich ausmacht. Das möchte ich heute mit *millionways* weitergeben. Es macht mich glücklich zu sehen, wie auch andere ihre Begeisterung und ihre Talente wiederfinden. Es gibt Millionen Wege dorthin – daher der Name »millionways«.

Bei der Entwicklung dieses Unternehmens, mit all den Aufs und Abs, von denen ich ausführlich berichten werde, war mir wichtig, dass ich kein theoretisches Konstrukt erschaffe. Viel zu oft habe ich Menschen beobachtet, die auf Vorträge großer und eloquenter Redner gingen und sehr berührt waren. Dummerweise gingen sie später nach Hause und führten ihr Leben genauso weiter wie bisher. Was sollten sie auch sonst tun? Alle Theorie nützt nichts, wenn man nicht weiß, was man in der Praxis verändern soll.

millionways ist heute die Anlaufstelle für den nächsten Schritt – die Möglichkeit, aktiv zu werden und real auszuprobieren, was man mit dem eigenen Potential schaffen kann. Darüber nachgedacht und geredet haben wir lange genug – in Fernsehsendungen, auf Vorträgen von selbstverliebten Gurus oder in Gesprächen mit Freunden. Es ist Zeit, dass wir uns unser Leben nehmen. Dass wir das tun, was wir wirklich wollen. Jetzt sofort können wir den ersten Schritt machen – denn bisher haben meist andere darüber entschieden.

Mir ist klar: Wir können die bestehenden Strukturen und Verhaltensmuster nicht von heute auf morgen durch hypothetische, aber menschlichere ersetzen. Wir sollten nicht unser Jetzt bekämpfen. Ich habe von solchen »Antiorganisationen« nie viel gehalten, denn für vieles, worüber wir heute klagen, gab es einmal einen guten Grund, auch wenn der vielleicht schon sehr lange zurückliegt. Jedes vergangene Jahrhundert hatte seine eigenen Notwendigkeiten. Trotzdem stehen wir heute an einem Punkt, an dem wir etwas wirklich Neues erschaffen können: eine Gesellschaftsform, in der individueller Selbstverwirklichung zumindest ein fester Platz eingeräumt wird. Glücklicherweise ist es nicht so kompliziert, wie es im ersten Moment klingt. Und wir haben keinen Zeitdruck. Genau wie sich über Hunderte von Jahren hinweg die heutigen Strukturen entwickelt haben, braucht auch dieser Weg seine Zeit.

Doch ganz klar ist eines: Jeder von uns kann sofort damit anfangen, ohne Kurse belegen, Coaches konsultieren oder Schulen besuchen zu müssen. Es liegt alles vor uns, was wir brauchen: Gedanken, Träume und Ideen. Wie das aussehen könnte – darum geht es in diesem Buch. Denn wenn viele ihre eigene, ganz persönliche Welt verändern, verwandelt sich dadurch auch die große, in der wir alle leben!

1 Unzufriedenheit ist Alltag

Yasmin hat mein Denken maßgeblich beeinflusst. Eines Abends, kurz vor Ladenschluss, gehe ich mal wieder das Nötigste einkaufen. Auf dem Hinweg sehe ich sie auf der Bank sitzen, weinend. Ich habe keine Zeit, denn gleich wird der Supermarkt schließen. Ich renn vorbei, schnell gehen konnte ich schon immer gut. Außerdem kann ich sie doch nicht einfach ansprechen – das wäre doch viel zu aufdringlich. Bestimmt will sie nicht, dass ich ihre Tränen bemerke.

Auf dem Rückweg sitzt sie immer noch da. Nun gibt es keine Ausreden mehr, und ich frage sie, ob ich ihr irgendwie helfen könne. »Ich kann nicht mehr, da kannst du mir auch nicht helfen ...« Ich stelle meine Tüte ab, setze mich zu ihr, frage nach und höre ihr zu.

Nach und nach erzählt sie stockend: Ihre Eltern waren als Gastarbeiter nach Deutschland gekommen und haben sie erst später nachgeholt. Yasmin kam in die Schule, als sie noch kein Wort Deutsch verstand. Sie wurde gehänselt und konnte dabei nicht einmal verstehen, was ihre Mitschüler über sie sagten. Ihre Deutschkenntnisse wurden mit der Zeit immer besser, ihre Schulnoten jedoch nicht. Im Unterricht konzentrierte sie sich darauf, sich nicht anmerken zu lassen, dass sie am liebsten losheulen wollte. Als sie sitzenblieb, freute sie sich sogar ein wenig, denn so kam sie zumindest in eine andere Klasse und konnte neu anfangen.

Nach der Schule musste sie in der Familie – Vater, Mutter, vier jüngere Brüder – mithelfen, denn sie hatten wenig Geld. Yasmin durfte nicht mit auf Klassenfahrten, sie wurde zu Hause gebraucht. Und so ist das bis heute: Dem einen Bruder gibt sie Nachhilfe, den anderen deckt sie vor den Eltern, weil er heimlich Drogen nimmt und klaut. Inzwischen geht sie arbeiten, eine Ausbildung hat sie bestanden, erfahre ich. Aber alle und alles hängen an ihr: Wenn sie sich nicht kümmert, wenn sie ihre Eltern nicht zum Amt begleitet, wenn sie nicht zum Elternabend des kleinsten Bruders geht, wenn sie nicht das Geld in der Haushaltskasse auffüllt, das ihr Bruder genommen hat … »Ich will raus, egal wohin«, sagt sie mehrfach.

Yasmin wünscht sich oft, ihre Eltern wären nie nach Deutschland gekommen. Doch beim letzten Urlaub in ihrem Heimatland musste sie feststellen, dass sie sich dort wie ein Fremdkörper fühlte. Das Land hatte sich verändert. Das letzte Mal war sie dort als Kind, nun kannte sie niemanden mehr, konnte sich nicht orientieren. Eine Wurzellose, so kommt sie sich manchmal vor.

Während das alles aus ihr herausbrach, schoss mir durch den Kopf: »Was wäre gewesen, wenn ich nicht in Deutschland geboren wäre?«

Was haben Zufriedenheit und Glück mit Herkunft zu tun? Schauen wir uns die Top Ten der glücklichsten Länder der Erde an. Laut *World Happiness Report 2016* scheint Glück vor allem in Europa beheimatet zu sein. Deutschland belegt darin zwar nur den 16. Platz. Doch auf die Frage, wie zufrieden die Deutschen insgesamt mit dem Leben sind, das sie führen, geben rund 89 Prozent der Befragten an, »sehr zufrieden« oder zumindest »ziemlich zufrieden« zu sein.[1] Das klingt erst einmal nicht schlecht. Schenkt man dem Glücksatlas Glauben, sind die Deutschen so zufrieden wie seit zehn Jahren nicht mehr.[2] Dennoch werden auch zunehmend andere Stimmen laut. Der Leiter des *Kulturellen Wortes* beim NDR, Rainer Sütfeld, drückt es so aus: »Die Unzufriedenheit hat sich wie ein tückisches Gift in unsere Gesellschaft gefressen.«[3] Wie passt das alles zusammen?

Das angepasste Leben

Seit zehn Jahren spreche ich mit Menschen über ihre Biographien, und seit 2013 führt *millionways* als gemeinnützige Stiftung Interviews. Unser Ziel: erfahren, was die Menschen bewegt und wie man ihnen helfen kann. Die Anrufer verraten uns nicht ihre Gegenwart, sondern das, worum es eigentlich geht: ihre Visionen, Zukunftswünsche und Ängste. Mittlerweile haben wir über sechstausend Interviews geführt,[4] die tiefe Einblicke in Haltungen und Sehnsüchte, Wünsche und Überzeugungen von Menschen im deutschsprachigen Raum gegeben haben.

Erste Erkenntnis: Fast die Hälfte von ihnen (45 Prozent) steht nicht dort, wo sie gerne im Leben sein würde. Jeder Fünfte gibt an: »Was ich jetzt mache, ist gar nicht meins!« Nach sechstausend Gesprächen ist es für uns offensichtlich, dass sich die Menschen in unserer Gesellschaft zwar laut Statistik überwiegend als »zufrieden« bezeichnen, es jedoch bei tieferer Betrachtung im Inneren ganz anders aussieht. Wenn man im Alltag nicht offen und ehrlich zu sich selbst ist, kann man es auch nicht zu Marktforschern sein.

Bei den *millionways*-Interviews folgen wir keinem festen Gesprächsleitfaden. Wir hören einfach zu und fragen nach – mit Intuition und Empathie. Oft öffnen sich die Anrufer und verraten, was sie wirklich denken, weil sie sich zum ersten Mal seit langem die Zeit nehmen, in sich hineinzuhorchen. Weil

> Es fehlen die Atempausen, in denen man zur Ruhe kommen und über grundsätzliche Fragen für das eigene Leben nachdenken kann.

ihnen jemand zuhört – und sie feststellen, dass sie sich dabei selbst zuhören. Ich hätte früher nie gedacht, dass das in vielen Fällen schon reicht und etwas vollkommen Neues für viele Menschen ist. Aber wenn man darüber nachdenkt, erscheint es logisch: Viele sind verwirrt und überlastet von dem ganzen Lärm, der uns umgibt. Es fehlen die Atempausen, in denen man zur Ruhe kommen und über grundsätzliche Fragen für das eigene Leben nachdenken kann.

Ein typisches Gespräch: Andrea hat einen sicheren Job in der Verwaltung, ist verheiratet, hat zwei Kinder, einen Hund und ein noch nicht ganz abbezahltes Reihenhaus. Sie ist glücklich, jedenfalls fast. Also »eher zufrieden«, räumt sie ein. Warum nur »fast«, fragen wir. Sie grübelt: In ihr macht sich zunehmend ein Unbehagen breit, sie hat Angst vor Armut im Alter. Wird die Rente von ihr und ihrem Mann zum Leben reichen? Werden sie überhaupt zusammen alt werden? Sie wollen ihren Kindern schließlich später nicht auf der Tasche liegen. Müsste sie nicht besser noch mehr Geld verdienen? Aber hält sie es überhaupt noch aus, bis zur Rente zu arbeiten? Will sie wirklich weiter so viel Lebenszeit für eine Tätigkeit einsetzen, die sie so wenig erfüllt? Eigentlich hatte sie früher andere Träume ... All diese Fragen stellt sie sich, aber sie nimmt sich selten Zeit für eine Antwort. Und mit Freunden darüber zu reden endet meist in einer Sackgasse, weil diese selbst ähnliche Fragen ohne Antworten haben.

Ein weiteres Interview: Sebastian hat sich vor Jahren selbstständig gemacht. Mit dem Boom in der IT-Branche konnte er sich diese Freiheit ermöglichen und wurde endlich sein eigener Chef. Er taktet seinen Alltag seither selbst. Bestimmt, wann er wo und wie lange arbeitet und wann er seiner

Lust auf einen Brownie in einem der Szene-Cafés nachgibt. Eigentlich. Bei genauerer Betrachtung muss er feststellen, dass sich die Zeiten geändert haben: dass er immer mehr arbeitet, aber unterm Strich irgendwie weniger Geld in der Tasche hat. Dennoch fühlt er sich wohl in seinem Leben. Nur die passende Partnerin will sich nicht finden lassen. Er ertappt sich dabei, dass er in der Männerrunde im Café Rezepte austauscht, die schnell zuzubereiten sind und trotzdem seinen Wellness-Ansprüchen genügen. Nein, so richtig glücklich fühlt sich das nicht an, gibt auch er zu.

Was macht uns wirklich glücklich? Geld? Gesundheit? Familie? Freunde? Bildung? Beruf? Tatsächlich leisten alle diese Faktoren einen Beitrag zu unserer gefühlten Zufriedenheit. Auch Vertrauen in die Zukunft und die empfundene Freiheit in Lebensentscheidungen spielen dabei eine wichtige Rolle. Aber was sind die wirklichen Ursachen des Unglücklichseins?

Viele unserer Anrufer verraten im Laufe des Gesprächs, dass in ihnen eine seltsame Unruhe herrscht. Ein Unbehagen, und oft wissen sie nicht einmal, wann es angefangen hat. Ich habe das auch schon häufig so empfunden. Meist hoffen wir, dass diese Missempfindung verschwinden wird, wenn wir das eine oder das andere erreicht haben – sei es ein Job, ein Auto, eine Beförderung oder den »richtigen« Partner. Doch meist verschwindet sie dann nicht. Und wir stehen ratlos vor unserem eigenen Gefühlsleben.

Wann schleicht sich dieses Unbehagen ein? Die Forscher des OECD-Berichtes *How's Life?*[5] analysieren alle zwei Jahre die Lebensbedingungen der Menschen in den Industriestaaten. Sie waren überrascht von den Ergebnissen für Deutschland. Zwar leben hier im Vergleich zu anderen Ländern deutlich weniger Kinder in Arbeitslosen-Haushalten, auch haben sie zu Hause überdurchschnittlich viel Platz für sich – man sollte also resümieren können: »Deutschen Kindern geht es prima!« Trotzdem hadern Kinder und Jugendliche hierzulande offensichtlich mehr mit sich und der Welt als andernorts. Für ihre allgemeine Lebenszufriedenheit wurde der viertschlechteste Wert aller untersuchten Länder ermittelt.

Dieses Ergebnis macht selbst die OECD-Forscher etwas ratlos. »Wir konnten keine Korrelation zwischen den objektiven Kriterien und dem subjektiven Empfinden herstellen«, gestand Paul Schreyer, stellvertretender Direktor im OECD-Statistikdirektorat. Deutsche Kinder könnten glücklich sein, und doch sind sie es nicht. Zufriedenheit mit materiellen Werten zu messen, greift wohl etwas zu kurz. Wie lässt sich das erklären?

Diese »subjektive« Unzufriedenheit begegnete mir in fast allen Gesprächen, die ich bei *millionways* und außerhalb geführt habe. Nach und nach haben sich Muster gebildet. Die »jungen« Interviewpartner und -partnerinnen der Altersgruppe bis 28 Jahre sprachen von Orientierungslosigkeit: Was soll ich studieren? Soll ich nach Interessen oder nach rationalen Zukunftsaussichten entscheiden? Wie früh soll ich mich an einen Partner binden? Ist ein Auslandssemester wichtig, und soll ich meine Beziehung dafür aufs Spiel setzen? Muss ich mich sozial engagieren, und ist es, wenn ich mich diesem Trend beuge, eigentlich noch sozial? Wer gibt mir Rat, und auf wen höre ich lieber nicht? Woran kann ich mich überhaupt noch orientieren? All diese Fragen, auf die sie keine eindeutigen Antworten fanden, lösten bei den meisten Unruhe und schlaflose Nächte aus. Selbst nachdem sie sich für einen Weg entschieden hatten, blieben oft Zweifel. Die Klassikerfrage: Habe ich wirklich das Richtige gemacht?

Lisa ist 23, macht gerade ihren Bachelor. Sie jobbt nebenbei als studentische Hilfskraft, weil ihre Eltern nur wenig Geld haben. Lisa ist sozial engagiert. Eigentlich würde sie sogar gerne in einem Non-Profit-Unternehmen arbeiten, weil ihr das sinnvoll erscheint. Doch letztlich können ihre Eltern sie finanziell nicht noch mehr unterstützen. Auch später würde sie lieber für Organisationen arbeiten, die sinnhaft und nachhaltig wirken, doch können die meist wenig oder gar nichts bezahlen. Lisa stellt sich jetzt schon darauf ein, ihr Leben lang zweigleisig fahren zu müssen: ein Beruf für den Broterwerb und ein Ehrenamt für den Sinn im Leben. Ob in diesem Plan Kinder einen Platz haben? Das schiebt sie weit weg. Eigentlich hat sie immer welche gewollt, aber das muss erst einmal warten. Sie hat ja noch zehn Jahre Zeit.

Lisa weiß nicht, dass eine andere Interviewpartnerin gerade retrospektiv an einem ähnlichen Problem verzweifelt. Ellen ist 48 Jahre und hangelt sich durch ihre Berufsjahre von Burnout zu Depression. Sie hat studiert, wollte etwas Besseres erreichen als ihre Eltern, die stets arm waren. Die Kinderfrage hat sie hinausgeschoben: Erst musste das Diplom her. Dann der passende Mann. Dann eine Weiterbildung, um genug zu verdienen. Das Haus musste abbezahlt werden. Als sie sich dann an die Kinderplanung machten, konnte sie keines mehr haben. Nach mehreren Fehlgeburten haben sie und ihr Mann diesen Wunsch aufgegeben. Als Adoptiveltern kamen sie aufgrund ihres Alters nicht mehr in Frage. Und ihr Beruf? Der erfüllt sie schon lange nicht mehr. Langsam ahnt sie, dass sie eigentlich etwas ganz anderes ausfüllen würde. Ob man damit Geld verdienen kann, weiß sie noch nicht. Nun reißt sie ihre Jahre bis zur Rente ab. Sie hofft, dass sie sich dann ihre Wünsche erfüllen kann.

Menschen ab Mitte 40 beschreiben ihre Unzufriedenheit meist anders, mit einem Blick zurück auf das bisherige Leben: Hatte mein Berufsleben einen Sinn? Konnte ich erreichen, was in mir steckt? Hätte ich öfter verreisen sollen? War ich zu korrekt und habe meine Freiheit dafür geopfert? Wer hat mich wirklich geliebt? Was habe ich wirklich geliebt? Hätte ich (mehr) Kinder bekommen sollen? Wobei hat mein Herz geschlagen?

Diese Fragen begegnen uns immer wieder. Ebenso oft Menschen, die nicht wirklich erfüllt und voller Zweifel und Enttäuschungen sind. Immer wieder fragen sie: Wo ist der Sinn? In meinem Tun, in meinem Leben? Gibt es überhaupt einen Sinn, dem es nachzustreben lohnt? Aber auch: Werde ich etwas hinterlassen? Was bleibt übrig, von all dem, was ich auf der Erde gemacht habe, wenn ich einmal nicht mehr bin?

Für die meisten unserer Gesprächspartner war es oft hilfreich, zu erkennen, dass hinter latenter Angespanntheit oder Schlaflosigkeit diese bohrenden Fragen stecken. Allein sich bewusst zu machen, wo die Ursache der eigenen Unzufriedenheit liegt, bringt uns ja erst in die Lage, uns auf den Weg zu einer Lösung zu machen.

Was man auf den ersten Blick wie ein Luxusproblem in einer satten westlichen Gesellschaft abtun könnte, die schon alles hat und nur noch etwas »Selbstverwirklichung« braucht, habe ich niemals als solches empfunden. Für mich sind das Thema Selbsterkenntnis und die Möglichkeit, aus dem Erkannten etwas zu machen, sehr elementar. Wenn wir den Blick dafür öffnen, uns und unserem Gegenüber zuhören, uns in Studien und Artikel über die Gesellschaft einlesen, sehen wir überall Konflikte und Krankheiten, die daraus resultieren, dass Menschen nicht sie selbst sein können oder dürfen. Das mag auf den ersten Blick etwas banal klingen, ist es aber nicht. Nicht umsonst zählt die Depression zu einem der größten Volksleiden. Dies wurde sehr eindrücklich durch eine weltweit durchgeführte Studie der WHO bestätigt.[6] Anfang 2016 litten 5 Prozent der Bevölkerung im Alter von 18 bis 65 Jahren in Deutschland an einer Depression.[7]

Ich stand selbst vor ein paar Jahren kurz vor dem Zusammenbruch. Ich hatte mit heftigen Symptomen zu kämpfen, sogar immer wieder mit Herzproblemen. Und so kann ich heute mit meinen Gesprächspartnern gut mitfühlen, wenn sie, ähnlich wie Yasmin, sagen: »Ich muss da raus, bevor es zu spät ist!« Raus, aus was auch immer. Ein Ausweg finden, der aus der Abwärtsspirale befreit. Die oft umso schlimmer ist, je zufriedener der Mensch nach außen wirkt.

Wir müssen diesen Gedanken zu Ende denken: Was macht es mit uns, wenn wir nicht wir selbst sein dürfen? Wenn wir uns ständig nach anderen richten statt nach uns selbst und unsere Aufmerksamkeit ständig irgendwo im Außen ist. Wenn das Leben daraus besteht, Dinge zu tun, die uns nicht gefallen. Wenn wir unsere Bedürfnisse kontinuierlich vernachlässigen, uns anpassen und vielleicht täglich unsere wahre Persönlichkeit verstecken? Für mich ist offensichtlich, dass dies zu Unzufriedenheit und zu Krankheiten führt. Oder zu Kriminalität, wenn sich – vermeintlich oder real – keine Alternative bietet, den Lebensunterhalt zu verdienen. Wenn man mit seinen Fähigkeiten nicht auf dem Arbeitsmarkt gefragt ist.

Ronny, bei unserem Gespräch 24 Jahre alt, der sich selbst als »Straßenkämpfer« bezeichnet, überfiel hauptberuflich alte Leute und Kinder. Zwar hat er niemals jemanden getötet oder schwer verletzt, aber dennoch viel Gewalt ausgeübt. Für ihn war es das einzige greifbare Ventil, weil ihm niemand richtig zuhörte. Ich fragte ihn, woher seine Wut kam. Es sei keine Wut, entgegnete er, sondern ein Mangel an Alternativen und dadurch eher eine Art »Lagerkoller«. Irgendwo müsse die Energie als Jugendlicher ja hin, also mache er Überfälle. Er sagte, er wolle seiner Familie finanziell helfen, und das glaubte ich ihm auch. Er berichtete mir auch von seinem Schauspieltalent, das er schon als Kind bei sich bemerkt hatte – nur hatte das niemanden interessiert. Genau genommen hatte sich niemals irgendjemand für ihn interessiert. Aufmerksamkeit hatte er stets nur für das bekommen, was er darstellte. Der Straßenkämpfer ist seine Rolle. Damit schlägt er sich vermutlich bis heute durch.

Die Menschen, die mir Einblick gewähren, schildern immer wieder, dass es sie aggressiv oder depressiv macht, wenn sie sich ständig rechtfertigen und beweisen müssen – den Eltern, dem Staat, dem Arbeitsamt, der Regierung oder wem auch sonst gegenüber. Hat ein Mensch in seinen jungen Jahren immer wieder die Erfahrung gemacht, dass er abgelehnt wird, dass er nicht gut zu sein scheint, so wie er ist, kann er kein ausreichendes Selbstwertgefühl aufbauen. Er wird sich ungenügend, schwach und letztlich ungeliebt fühlen. Das passiert täglich in den Schulen, in der Arbeitswelt und in den Arbeitsämtern.

Wir alle entwickeln Strategien, um unserem Umfeld zu genügen. Wir möchten dazugehören und erfüllen, was von uns erwartet wird – wenn nicht bewusst, dann meistens zumindest unbewusst. Oft geben wir uns anders, als wir uns fühlen. Das fängt in der Schule an – und sogar noch früher. Bereits als Kinder geben wir bereitwillig unsere Vorlieben auf, um uns anzupassen und bloß nicht Außenseiter zu sein, fanden 2014 die Forscher vom Max-Planck-Institut in einer Studie heraus.[8] Bereits Zweijährige spüren einen Gruppendruck und passen ihr Verhalten entsprechend an. Das ist nicht per se schlecht. Oft hat es Sinn, auf das Umfeld zu hören, solange wir nicht etwas aufgeben, was uns wichtig ist – unsere wahren Vorlieben, Wünsche und Lebensziele. Institutionen wie Kindergarten und Schule, die auf Konformität ausgelegt sind, sowie Eltern, die wollen, dass ihre Kinder sich »normal« verhalten und sich in ihr Leben einfügen, verstärken diesen Effekt.

Gerade für hochbegabte oder besonders sensible Kinder ist das verheerend: Je empfindsamer Kinder sind, desto mehr spüren sie diesen Gruppendruck, und desto mehr passen sie sich an. Viele hochbegabte Kinder nehmen ihre Besonderheiten als etwas Abnormales wahr, leiden unter ihrem Anderssein und verstecken ihre Fähigkeiten.[9] Diese Art von Selbstverleugnung und Anpassung führt oft zu Krankheiten. Das ist paradox: Die hellsten Köpfe und die klügsten Kinder müssen ihre Talente verstecken, um nicht aufzufallen. Das erwartet man vielleicht in einer Diktatur, nicht aber im aufgeklärten Europa des 21. Jahrhunderts. Und doch ist das für viele Alltag. Ich kenne in meinem privaten Umfeld mehrere Menschen, die sich seit der Schule permanent zurückhalten müssen, um nicht negativ aufzufallen.

> Selbstverleugnung und Anpassung führen oft zu Krankheiten. Das ist paradox: Die hellsten Köpfe und die klügsten Kinder müssen ihre Talente verstecken, um nicht aufzufallen.

Wir passen uns dem Druck der Mehrheit an – oft, bis wir schließlich selbst glauben, dass wir so sind, wie wir uns geben. Auf diese Weise leben viele ein Leben, das letztlich nicht ihrem wahren Wesen entspricht. Auf Dauer ist das ein überaus anstrengender und aufreibender Zustand. Es fühlt sich an wie ein Lauf in permanentem Gegenwind. Manche unserer *millionways*-Anrufer schildern, dass sie anfangs noch stolz waren, gegen den Strom zu schwimmen, aber irgendwann haben auch sie die Segel gestrichen. Ältere berichteten, dass später im Leben dann die »Batterien leer« seien – und dann die Lebenskrise da ist.

Wenn man einen kranken, arbeitslosen, traumlosen Menschen vor sich hat, sieht man am Ende nicht mehr, woher all das kommt. Aber für mich steht nach all den Gesprächen fest, dass die Unzufriedenheit und Entfremdung in der Gesellschaft ihren Ursprung genau hier haben: im Nicht-ich-selbst-sein-Können. So einfach ist das.

Theoretisch können wir nach dieser Erkenntnis nicken: »Ja, stimmt schon irgendwie.« Die praktische Lösung, wie wir diesen Zustand der Unzufriedenheit, der Fremdbestimmung ändern können, hingegen scheint alles andere als einfach zu sein. Sie fehlt bis jetzt, trotz all der Bücher und weisen Vorträge, die es zu dem Thema gibt. Wie schafft man es, glücklich mit seinem Leben zu sein? Und welche Rolle spielt dabei unser Umfeld?

Frühe Prägungen

Für mich war es immer erschreckend, wie zufällig und austauschbar Beziehungen zwischen Menschen scheinen. Das soll nicht abwertend klingen, aber ich habe oft genug beobachtet, wie der kleinste Zufall zu einem komplett anderen Leben führen kann. Unsere Beziehungen, sei es in der Liebe oder im Beruf, sind fast immer aus irgendeiner Begegnung heraus entstanden – und diese finden meistens zufällig statt. Ein nahezu beängstigendes Gefühl, das mir die Beliebigkeit meiner Existenz vor Augen führt. Alles, was mich täglich umgibt, was mich geprägt hat, alles, was ich für »mein Leben« halte – beruht es nicht tatsächlich auf einer seltsamen Verkettung von »Zufällen«?

Wäre ich in einer anderen Stadt als Hamburg »gelandet«, hätte ich andere Menschen getroffen und andere Entscheidungen getroffen? Wäre ein geliebter Mensch nicht da, wäre an dessen Stelle ein anderer? Und würde ich meine Freundin vermissen, wenn ich sie nie getroffen hätte? Einmal zur falschen Zeit an dem Ort, an dem die potentielle künftige Ehefrau zu finden wäre … Und dann, ein paar Monate später, der Impuls, noch schnell Milch im Supermarkt zu kaufen – und dort die Begegnung mit der anderen potentiellen Ehefrau. Wie hätte die andere mein Leben bestimmt? Das kann unseren inneren Romantiker ganz schön frustrieren – sofern man nicht an das Schicksal glaubt.

Die grundlegendsten Entscheidungen überhaupt – wen wir heiraten, wo wir wohnen, was wir arbeiten – ergeben sich oft zufällig. Ähnlich sieht es auch mit der Familie aus, in die wir geboren werden. Ich wurde bereits als Baby adoptiert. Meine Familie hat mich geprägt, begleitet, beschützt und geformt. Erst später lernte ich meine leiblichen Eltern und ihre Gründe kennen, die dazu führten, mich zur Adoption frei zu geben. Wie wäre mein Leben wohl bei ihnen verlaufen? Welche Freunde hätte ich heute? Welche Partnerin? Wäre ich vielleicht Rockmusiker geworden, der ich innerlich immer war?

Auch hier hilft nur der Glaube an das Schicksal, wenn wir an irgendeine Form von Gerechtigkeit glauben wollen. Ansonsten ist es ein reiner Zufall – wir haben Chancen oder keine Chancen, Geld oder kein Geld, Verständnis oder kein Verständnis, Spielzeug oder kein Spielzeug, Liebe oder keine Liebe. Wir leben auf dem Dorf oder in der Stadt, sind gesund oder krank, sind schön oder hässlich, haben freundliche Nachbarn als Spielgefährten oder eben nicht, haben Geschwister oder sind allein. Unfassbar viele Faktoren wirken sich auf den Rest unseres Lebens aus, wenn wir gerade mal ein paar Wochen, Monate oder Jahre alt sind. Später bekommen wir die richtigen Lehrer oder die falschen, haben tolle Mitschüler oder entmutigende, erleben Fehlschläge mit Liebeskummer oder führen frühe Langzeitbeziehungen. Wir lernen, an Gefühle zu glauben oder nur an die Ratio, wir teilen Hobbys mit Freunden oder finden keine, erleben direkte oder indirekte Schicksalsschläge oder bleiben von ihnen verschont.

All das formt uns. Es prägt uns und macht uns zu dem, was wir sind. Wer wir sind und wie wir handeln. Was wir mögen oder auch nicht.

Unsere Verletzungen, unsere Enttäuschungen, unsere Glücksmomente, unsere Erfahrungen, unser Wissen: eine lange Verkettung von Zufällen oder doch Schicksal? Diese Frage beantwortet jeder für sich selbst – ich glaube an das Schicksal. Doch in jedem Fall sind es die Prägungen, die uns ausmachen. Was wir erlebt und erfahren haben, führt uns zu weiteren Entscheidungen, die darauf beruhen.

Und das ist ein großes Problem: Bis wir irgendwann selber die wirklich wegweisenden Entscheidungen treffen dürfen, zum Beispiel für ein Studium oder eine Ausbildung, sind wir meist schon volljährig und haben viele Jahre lang gefühlt, dass wir so vieles nicht beeinflussen können. Deswegen kann es sich unglaublich schwer und belastend anfühlen, wichtige Entscheidungen selbst zu treffen.

Und andersherum: Welche Auswirkungen selbst kleine Entscheidungen (wie der Gang zum Supermarkt) für den Rest des Lebens haben können, ist den wenigsten in dem Moment der Entscheidung bewusst. Das ist auf der einen Seite schön, weil es zeigt, dass wir eben doch ganz schön viel beeinflussen können – aber es ist auch frustrierend, weil alles so unübersichtlich ist.

Laut Duden bedeutet eine Entscheidung die Wahl einer von mehreren Möglichkeiten. Doch bleiben wir viel zu oft vor der Wahl der mehreren Möglichkeiten stehen – wie ein Kind im Supermarkt, das vor dem großen Angebot steht und nicht weiß, welche Süßigkeit es nehmen soll. Das Problem: Wenn es sich nicht entscheiden kann, hat es am Ende gar keine. Wir alle kennen die brüllenden Kinder, die durch die »Quengelzone« gezerrt werden, aber doch noch so viel mehr wollen, was sie wenige Minuten zuvor noch gar nicht wussten.

Wo können wir also lernen, auf unser Inneres zu hören? Wo lernen wir etwas über innere Orientierung – eine zentrale Kompetenz, um sich im heutigen Leben zurechtzufinden? Als

Kompetenz definiert der deutsche Psychologe Franz E. Weinert »die bei Individuen verfügbaren oder durch sie erlernbaren kognitiven Fähigkeiten und Fertigkeiten, um bestimmte Probleme zu lösen, sowie die damit verbundenen motivationalen, volitionalen (die willentliche Steuerung von Handlungen und Handlungsabsichten) und sozialen Bereitschaften und Fähigkeiten, um die Problemlösungen in variablen Situationen erfolgreich und verantwortungsvoll nutzen zu können«.[10]

Wie können wir die Kompetenz für Entscheidungen und Problemlösungen erlernen, wenn es doch völlig austauschbar erscheint, auf welcher Grundlage und mit welchen Grundprägungen wir das tun? Ein afrikanisches Sprichwort sagt: »Es braucht ein ganzes Dorf, um ein Kind großzuziehen.« Heute fehlen zumeist das Dorf und mit ihm die Mehr-Generationen-Familie – Menschen, die eine feste Rolle bei den Prägungen in unserer Jugend spielen.

Heute erzieht das »Global Village« mit Bildern und Botschaften via Handy und Computer. Dort suchen wir, zumindest in unserer Jugend, Orientierung bei unverbindlich aufploppenden Menschen und YouTube-Videos oder Büchern. Sie raten einem das eine oder das andere, je nachdem, wohin man klickt oder greift. Die Medien wecken dabei neue Begehrlichkeiten, mit einem Klick tauscht sich die eine Botschaft gegen die nächste Beeinflussung. Das hat große Vorteile, weil man nicht mehr so sehr von den richtigen oder falschen Entscheidungen weniger Menschen abhängig ist wie früher. Aber es hat eben auch Nachteile, weil der niemals endende Strom an Informationen, Meinungen und möglichen Vorbildern die eigene Stimme übertönt.

Der Zeitgeist zeigt eine bunte, positive Welt, in der mit den Möglichkeiten der globalen Vernetzung alles möglich ist. Möglichkeiten helfen uns aber nur dann, wenn wir auch wissen, was wir wollen. Ansonsten können sie uns auch schlicht und einfach überfordern und überlasten. Dann vergessen wir die eben noch gestellten Fragen und schwimmen mit dem großen Strom. Ein Ergebnis der aktuellen Sinus-Jugendstudie[11]: »Mainstream« sei bei den meisten Jugendlichen kein Schimpfwort mehr. Im Gegenteil: Das Wort sei »ein Schlüsselbegriff im Selbstverständnis und bei der Selbstbeschreibung«. Viele der Menschen zwischen 14 und 17 Jahren, die befragt wurden, wollen so sein »wie alle« und beziehen sich dabei auf einen gemeinsamen Wertekanon. Darin erkennen die Forscher vom Sinus-Institut eine »Sehnsucht nach Aufgehoben- und Akzeptiertsein, Geborgenheit, Halt«.

Den Mainstream gab es schon immer, aber er war nicht so sichtbar wie heute. Aus diesem Strudel an Informationen und Einflüssen die für uns selbst relevanten und förderlichen Schnipsel herauszufiltern ist ein riesiger Aufwand. Der natürlich gelingen kann: Wenn wir im richtigen Moment das passende Motivationsvideo sehen, das uns aus der Seele spricht, treffen wir vielleicht in genau diesem kurzen Augenblick die finale Entscheidung, zum Beispiel das zu studieren, was uns wirklich interessiert. Würde stattdessen eine wohlmeinende kritische Freundin raten, doch lieber als Hauptfach BWL zu nehmen, weil »dann alle Wege offenstehen«, würde das Leben ganz anders verlaufen.

Wenn man das Leben vieler Menschen beobachtet, kann man nur zu dem Schluss kommen, dass es ganz gewaltig von den Personen abhängt, denen wir im Laufe der Jahre real oder via Medien begegnen. Meistens sind es andere Menschen, die Türen öffnen oder schließen, die Mut und Kraft geben oder nehmen, uns auf Ideen bringen oder weiter an andere Leute vermitteln. Wenn wir ihnen nicht begegnen, fehlen diese Zugänge. Kontaktmöglichkeiten gibt es durch das Internet gerade heute mehr als genug – was fehlt, ist ein Kompass, um sich zurechtzufinden, und die Ruhe, sich selbst zuzuhören. Letztlich werden so unsere Einstellung, unsere Wahrnehmung, unsere Haltung, unser Denken und Fühlen und unser weiteres Handeln geprägt und bestimmt.

Thomas beispielsweise war 26 und stand kurz vor seinem Diplom, als er anstelle eines Kommilitonen eine Veranstaltung besuchte. Im Anschluss beteiligte er sich an einer angeregten Diskussion über die gegensätzlichen Thesen des Podiums. So lernte Thomas seinen zukünftigen Chef kennen, der ihm – noch während dieser an seiner Diplomarbeit schrieb – einen Arbeitsvertrag aushändigte. Weil er in seiner Erwerbsbiographie die jahrelange Tätigkeit in dieser Firma vorweisen konnte, folgte der anschließende Karrieresprung zu seinem heute hochdotierten Posten. Was wäre wohl, wenn er damals seinen Studienkollegen nicht vertreten hätte? Hätte der dann heute seinen Posten? Würde er in der Stadt leben, in der er nun lebt? Hätte er seine Frau kennengelernt? Würde es seine beiden Kinder geben?

Diese Verwicklungen, Verwirrungen, Schmerzen, Umwege, Ratlosigkeiten, Sackgassen, Ideen, Begegnungen und Unterhaltungen machen uns zu Menschen. Es kommt uns oft unglaublich anstrengend vor, in der heutigen Zeit mit all ihren erschlagenden Möglichkeiten zu leben. Dabei ist es auch wunderschön. Wenn wir unser Gefühl nicht verlieren, dass wir am Leben sind und dass dieses Leben immer neue Wege bereithält. Darunter auch viele Wege, die uns am Ende Glück, Zufriedenheit, Inspiration oder Ruhe geben. Egal, welchen Dschungel wir bereits durchqueren mussten und welche schweren Erfahrungen uns straucheln ließen – egal, wo wir gerade stehen: Was uns niemand nehmen kann, ist die Entscheidung, welchen Weg wir von nun an gehen wollen.

> Was uns niemand nehmen kann, ist die Entscheidung, welchen Weg wir von nun an gehen wollen.

Nichts als Arbeit

Der Alltag der meisten Menschen wird fast immer von irgendeiner Form von Arbeit bestimmt. Seit der Industrialisierung erleben wir eine zunehmende Beschleunigung: Wir kommunizieren schneller, und mit modernen Technologien können wir Aufgaben immer schneller erledigen. Mit der Flexibilisierung des Arbeitsmarkts kam die Entgrenzung – mittlerweile prägt uns die Arbeit bis weit in die Freizeit hinein. Heute bedeutet Arbeit oft auch Selbstverwirklichung – und im schlimmsten Fall definiert sich ein Mensch nur noch über die Arbeit. Es ist einer der wichtigsten Bereiche unseres Lebens, und dieser hängt, wie wir gesehen haben, sehr von Glück, Schicksal oder Zufall ab.

Chancengleichheit? Fehlanzeige. Das Thema wird heiß diskutiert – aber nicht gelöst, trotz vielfacher Bemühungen, Reformen und Umverteilungsgesetze, die für Ausgleich sorgen sollen. Es ist nun einmal Fakt, dass auch in Deutschland die Herkunft Wege öffnet oder verschließt. Jeder weiß das, es ist kein Geheimnis. Es macht eben einen Unterschied, ob die Eltern einen Golf oder einen Porsche fahren oder »nur« mit dem Bus zum Elternabend kommen. Desgleichen, ob ich Sophie oder Chantal heiße – Vorurteile inbegriffen. Und manche Menschen kaufen sich deshalb auch nicht aus Langeweile einen Adelstitel.

Maren hatte früh Probleme mit Mathematik, vielleicht auch mit dem Mathelehrer. Das machte keinen Unterschied für sie – das Ergebnis war eine Fünf im Zeugnis. Eben diese Fünf, die sie sich nicht mehr erlauben konnte: Versetzung gefährdet. Sie machte kein Abi und pendelte nach der Schule erst einmal frustriert zwischen PC und Disco. Inzwischen macht sie eine Ausbildung zur Friseurin. Mit dem wenigen Geld kommt sie nicht klar und jobbt zusätzlich in einer Kneipe. Zum Lernen für die Berufsschule kommt sie kaum, doch sie wird sich »irgendwie durchmogeln«, sagt sie. Letztlich interessiert sie weder die Lehre noch der Kneipenjob. Sie mag Tiere, besonders Hunde. Ihrer wird bald das erste Mal werfen. Vielleicht wird sie einmal welche züchten – damit kann man viel Geld verdienen, hofft sie.

Fabian hatte ebenfalls Probleme in Mathe, vielleicht auch mit dem Mathelehrer. Das machte keinen Unterschied für ihn – das Ergebnis war eine Fünf im Zeugnis, nicht die einzige. Seine Eltern nahmen ihn von der Schule und schickten ihn auf ein Privatinternat. Dort entdeckte er in einem Kurs seine Leidenschaft fürs Fotografieren. Durch zusätzliche Förderstunden schnallte er irgendwann auch Mathe. Überhaupt wurde sein Notenspiegel von Jahr zu Jahr besser. Mittlerweile hat er längst sein Abitur in der Tasche und studiert Kommunikation und Design. Den Bachelor of Arts hat er ebenfalls gepackt, nun hängt er noch den Master dran. Seine Eltern finanzieren ihm das Studium voll, samt kleiner Wohnung.

Zwei idealtypische Beispiele, aber: Exakt so ist das mit der Chancengleichheit. In unserer Gesellschaft fängt die Auslese nicht erst in der Hochschule an, sondern schon sehr viel früher, meist bereits in der Grundschule. Den einmal eingeschlagenen Weg wieder zu verlassen und aufzusteigen ist schwer oder unmöglich. »Pfadabhängigkeit« nennt das der Fachjargon. Vielen Kindern ist der spätere Weg längst vorgezeichnet, wenn sie nicht zufällig von Lehrern, Freunden oder Familienmitgliedern gezielt begleitet und gefördert werden.

Sind also Zweifel berechtigt, dass unsere Gesellschaft Menschen hervorbringt und ins Leben entlässt, die ungleiche oder überhaupt keine Chancen haben, ihr Potential zu entfalten? Nein! Stimmt es, dass dieses Thema nur ein »Luxusproblem der Generation Y« ist? Völliger Quatsch!

Was haben wir überhaupt davon, die Menschen in Babyboomer, Generation X, Generation Y und inzwischen Generation Z zu sortieren? Was kommt überhaupt danach? Solche Überlegungen brachten bisher keine Lösungen, nur neue Schubladen. Die Welt ist aber keine Kommode mit übersichtlichen Schubladen, die am Jahrgangsetikett ablesen lassen, welcher Typ einem gegenübersitzt. Die Streuung der Mitglieder der Generationen nimmt zu: Es fühlen sich zunehmend mehr Fünfzigjährige der Generation Z zugehörig, und Zwanzigjährige weisen vermehrt Verhaltensmuster der Babyboomer auf.[12]

Generationen – gleich welcher Namensetiketten auch immer – müssen bereits in der Schule mit allen relevanten Informationen versorgt werden, die sie brauchen, um ihnen eine realistische Perspektive zu eröffnen, die an ihren tatsächlichen Potentialen und nicht an ihrer sozialen Herkunft orientiert ist. Universitäten müssen lernen, ihre Studenten gleich welcher Herkunft und Gesellschaftsschichten als Bereicherung, nicht als Belastung zu empfinden. Eine größere Durchmischung schafft immer auch mehr Raum für unterschiedliche Potentiale, die sonst ungenutzt bleiben würden. Wenn wir dahin kommen, sind wir einen großen Schritt weiter, dass Bildungskarrieren nicht mehr nur Schicksal sind und von zufälligen Begegnungen mit Menschen abhängen.

Ein weiteres Problem: Was man gut kann, fühlt sich für einen selbst ganz »normal« an und nicht wie ein Talent. Wenn einen niemand darauf hinweist, dass man zum Beispiel besonders emphatisch, diszipliniert oder eloquent ist, fällt das oft viel zu spät im Leben auf, wenn die grundsätzlichen Entscheidungen schon gefallen sind. Die Fehleinschätzung und Nichtachtung des eigentlichen Potentials setzen sich im

Beruf fort. Der Job beginnt meist mit einer Bewerbung, bis vor kurzem papierbasiert, heute meist in Online-Assessment-Centern. Wir klicken uns durch Firmen, die wir kennen, schauen uns in deren Personalbereich die Ausschreibungen an und bewerben uns schließlich auf eine oder mehrere Stellen. Selbstverständlich füllen wir alles so aus, wie wir am besten den Erwartungen des Unternehmens zu entsprechen glauben. Und schon passen wir wieder in fremde Schubladen. Stutzen oder modellieren uns passend. Die Verfälschung von uns selbst setzt sich fort.

Dieser erste Schritt in den Beruf ist immer wieder Knackpunkt in den *millionways*-Interviews. Häufig argumentieren die Gesprächspartner: »Klar, wie soll man es auch sonst machen?« Ein Beispiel für die vielen scheinbar unverrückbaren Regeln und Konventionen, die ich später noch ansprechen werde.

Mittlerweile haben immer mehr Unternehmen vielschichtigere Vorauswahl-Prozesse, teils mit Persönlichkeitstests. Damit kommt man zwar schon deutlich näher an das, was einen Menschen ausmacht, als mit einem tabellarischen Lebenslauf. Dennoch kreisen unsere Gedanken als Bewerber stets um die Frage: »Was wird wohl von mir erwartet?«. Und nicht darum, uns einfach selbst wertzuschätzen – mit allem, was wir mitbringen – und wahrheitsgemäß die Formulare auszufüllen. Man mag an dieser Stelle entgegnen, dass das ja eine normale Reaktion ist, wenn man den Job nun einmal bekommen möchte. Aber das führt uns nicht aus dieser Anforderungs-Rollen-Falle oder Schubladen-Falle, wie ich sie lieber nenne.

Innerhalb des jetzigen Systems mag diese Vorgehensweise richtig sein – oder zumindest nachvollziehbar. In einer Gesellschaft, in der wir genau das einbringen können, was uns ausmacht, wäre sie aber unnötig. Man würde schlichtweg gegenseitig schauen, ob Unternehmen und Mitarbeiter zueinander passen – so wie sie eben sind –, und sich dann füreinander oder eben dagegen entscheiden.

Alles andere führt bekanntermaßen zu nichts Produktivem: Wenn man sich während des Bewerbungsprozesses verstellt, kann man nicht erwarten, später für das wertgeschätzt zu werden, was man wirklich ist. Annett Louisan bringt das Problem in ihrem Lied »Das große Erwachen« wunderbar auf den Punkt. Erst präsentiert sich die Protagonistin in einem guten Licht und verstellt sich, um für jemanden anziehend zu wirken. Nachdem sie ihren Wunschpartner »bekommt«, soll er sie lieben – natürlich so, »wie sie wirklich ist«. Eine Rechnung, die schwer aufgehen kann, weder in Liebesbeziehungen, noch im Beruf.

In vielen Gesprächen wurde mir die große Nervosität geschildert, die vor den Vorstellungsgesprächen beginnt. Wie wird es wohl laufen, werde ich genommen, akzeptiert, geschätzt? Je nach geburtenstarken oder zunehmend geburtenschwachen Jahrgängen verändert sich das Werben um geeignete Mitarbeiter. Mittlerweile werden die künftigen Arbeitnehmer in einzelnen Branchen mit Goodies wie Dienstwagen, Personalrabatten, Betriebsrenten oder Work-Life-Family-Balance-Angeboten gelockt. Die alte Fassade hat einen neuen Lack. Beide Seiten machen Werbung für sich – und auch diese Werbung lügt. Noch immer startet mit den Bewerbungsverfahren die Anpassung der Menschen an das Unternehmen. Die erzählten Geschichten über Verbiegen und Nicht-Wertschätzung bleiben gleich.

So ist die gängige Meinung über die Generation Y, sie sollten superflexibel arbeiten, weil ihnen die persönliche Freiheit wichtiger sei als ein fester Arbeitsplatz. Davon gehen die Unternehmen aus, und so ist es überall zu lesen. Und wehe, wer sich da nicht einpassen lässt! Dabei gibt es keine Studien, die diese Thesen belegen würden, wie die *Zeit* schreibt.[13] Im Gegenteil, die »Generation Praktikum«, wie man die Ypsiloner auch nennt, muss sich mit Langzeitpraktika, Minijobs, Leiharbeit, Teilzeit und befristeten Verträgen begnügen. Das aber haben sie sich nicht freiwillig ausgesucht, das ist der triste Fakt heutiger Beschäftigungssituation. In Wirklichkeit stehen Sicherheit und Planbarkeit auch für diese jungen Menschen ganz oben bei der Suche nach einem Arbeitsplatz.[14] Das vermeintliche »Luxusproblem« der Generation Y ist also in Wahrheit ein ganz existentielles.

Für mich zeigt sich hier eine mögliche Erklärung für die Diskrepanz der anfangs zitierten Zufriedenheitsstudien und der tatsächlichen Gefühlswelt der Menschen: Innerhalb des Systems ist man in diesem Beispiel »zufrieden«, wenn man denn endlich einen festen Arbeitsplatz ergattert hat. Aber mit dem wirklich tiefen Gefühl der Zufriedenheit insgesamt hat das nicht viel zu tun.

Ist man erst einmal im Job, setzt sich das Dilemma fort. Gerät das reale Arbeitsverhalten zu sehr in die Nähe des Rollendiktats, so müssen Arbeitnehmer entweder übermäßige und anstrengende Selbstkontrolle betreiben, mit dem Risiko eines psychischen – und oftmals auch körperlichen – Zusammenbruchs, oder sie gehen in dieser Rolle auf. Ähnlich wie die Kinder aus der Max-Planck-Studie verstellen sie sich, bis sie sich selbst verlieren und zu einer seelenlosen Marionette werden.[15] Im Extremfall entstehen psychodynamische Prozesse wie Verdrängung, Verleugnung, Projektion, Verwechselung von Realität und Phantasie, Ich-Spaltung oder sogar Syndrome wie Burnout und Depression. Wer es nicht schafft, sich von seiner Arbeitsrolle ein gutes Stück zu distanzieren, läuft Gefahr, zu einem willfährigen Funktionär einer Organisation und einem »leistungsbewussten Mitläufer« zu werden.[16] In einem Vortrag warnt Oskar Negt, der Autor von *Gesellschafts-*

entwurf Europa, Plädoyer für ein gerechtes Gemeinwesen, ganz deutlich: Flexibilisierung, gerade auf dem Arbeitsmarkt, bedeute, dass Menschen ihre Wurzeln kappen müssten und bindungslos würden. Aber bindungslose Menschen seien anfällig für Gewalt, das habe sogar der neoliberale Ralf Dahrendorf noch erkannt, so Negt. Menschen, die auf die Bedürfnisse des Marktes getrimmt seien, die zum »unternehmerischen Selbst« degradiert würden, entwickelten sich zu politischen Mitläufern.[17] Scheinbar harmloses Verhalten im Beruf kann langfristig verheerende gesellschaftliche Folgen haben.

Wie sinnvoller und aussichtsreicher wäre es, wenn sich bereits in den Vorstellungsgesprächen für Vollzeitjobs – ich denke hier nicht an schlichte Aushilfsjobs zum Gelderwerb – tatsächlich einfach zwei Seiten offen einander vorstellten: der Bewerber mit seiner Persönlichkeit samt seinem Angebot an Talent und Potential auf der einen Seite und das Unternehmen mit seinem Bedarf und seiner Kultur auf der anderen Seite. Zwei Thesen, und wenn beide zusammenpassen, entsteht eine Synthese – und der Job ist vergeben.

Die heutige Realität ist: Durch das gegenseitige Vorgaukeln von Eigenschaften, die nicht wahr sind, wird dieser Prozess extrem verkompliziert. Unternehmen schalten aufwändigste Online-Werbung in Blogs oder was auch immer gerade von der Zielgruppe der Bewerber gelesen werden soll. Und sie versprechen darin ihre Goodies von perfekter Unternehmenskultur, großartigen Aufstiegschancen und einzigartigen Benefits, die es nur bei ihnen gäbe. Schon mal gehört, dass ein Goodie einen unerträglichen Job zum »richtigen« macht?

Bewerber wiederum frisieren ihre Erfolge, schwärmen von ihren globalen Erfahrungen und Fremdsprachenkenntnissen und versuchen sich durchweg in die vorgegebene Schablone für den gewünschten Job einzufügen. Die Frage ist: Wenn wir uns in eine Schablone einfügen müssen – ist es dann wirklich der Job, den wir wirklich wollen? Oder landen wir gar eingesperrt in einer nicht passenden Schublade, in der wir uns die nächsten Jahre verbiegen müssen?

Wenn Menschen von klein auf lernen würden, dass es normal ist, authentisch zu sein, bräuchte man keine Tests, Fangfragen oder psychologisch ausgefeilte Gesprächsleitfäden, um das Gegenüber zu »durchschauen«. Eine Utopie vielleicht, die sich leider nicht sofort realisieren lässt. Denn selbst wenn die Schulen plötzlich Lehrer hätten, die Selbsterkenntnis unterrichten dürfen, gäbe es ja immer noch die Wirtschaftswelt mit ihren manifestierten Konventionen.

Meines Erachtens ist ein Paradigmenwechsel nötig, ein grundlegendes Umdenken: Jeder von uns braucht Selbstsicherheit, dass es möglich ist, aus den eigenen Talenten und Potentialen etwas Reales zu erschaffen. Nur dann nimmt man sie selbst auch ernst und zieht überhaupt erst in Erwägung, etwas daraus zu machen. Wir sollten uns nicht verbiegen müssen, um etwas zu erreichen – aber auf dem eigenen Weg durchzuhalten ist riskant und anstrengend, und meist fehlt der Mut. Aber da ist viel zu viel Angst nur in unseren Köpfen! Denn man muss ja gar nicht seinen Job kündigen, sondern kann parallel dazu eine Alternative aufbauen. Und wenn wir immer mehr Beispiele im Alltag sehen, wird diese reale Möglichkeit der Selbstentfaltung immer fühlbarer und damit realistisch und erreichbar für andere. Wir müssen für viel mehr Vorbilder sorgen – auch etwas, was wir mit *millionways* versuchen.

> Jeder von uns braucht die Selbstsicherheit, dass es möglich ist, aus den eigenen Talenten und Potentialen etwas Reales zu erschaffen.

Wir hatten einmal einen Werbeauftrag: In Kooperation mit einem Unternehmen suchten wir ein Foto für eine Werbekampagne, das mit einem fünfstelligen Betrag dotiert wurde. Das Unternehmen sah vor der Auswahl nur die Fotos, aber erfuhr nicht, wer welches Foto gemacht hatte. Allein das Motiv sollte zählen, das Talent hinter dem Bild, nicht die Qualifikation oder die Frage, ob es ein bekannter Fotograf oder ein Laie gemacht hatte. Die Ausschreibung gewann ein Steuerberater, der als Hobby leidenschaftlich gern fotografierte. Bis dahin hatte niemand dieses schlummernde Potential geweckt. Doch das wollte er nun nicht mehr im stillen Kämmerlein lassen, wo es Jahre seines Lebens herumdümpelte. Mit dem Honorar finanzierte er seine erste Ausstellung, weitere folgten.

Wir leben in einer Zeit, in der sich sehr vieles, was ich hier beschreibe, langsam verändert oder sogar ganz auflöst. Genau genommen hat nichts, was ich durch mein Leben gehend beobachte, dauerhaften Bestand. Mittlerweile gibt es Unternehmen, die mit mobiloptimierten Stellenanzeigen, kurz MOPS, ihre Mitarbeiter rekrutieren. Das ist die Antwort auf mehr als 20 Millionen Deutsche, die ihren PC durch Smartphones und Tablets ersetzen und mobil surfen. Und dieser mobile Trend macht logischerweise vor dem Personal-Recruiting nicht Halt. Talentspäher schwärmen aus und suchen auf dem Uni-Campus nach den Mitarbeitern von morgen. Die Schnelllebigkeit wird sicherlich auch weiterhin für Bewegung auf allen Seiten sorgen.

Aber selbst wenn wir einige Aspekte des Grundproblems gelöst hätten: Solange wir unsere Bedürfnisse kontinuierlich vernachlässigen, uns anpassen und täglich unsere wahre Persönlichkeit verstecken, führt das weiterhin zu Krankheiten, zu Kriminalität und zu volkswirtschaftlichem Schaden. Mir geht es daher in diesem Buch und bei *millionways* um etwas Grundsätzliches, nämlich um das, was in unseren Köpfen passiert. Das wird sich mit all den Neuerungen um uns herum nicht automatisch ändern – umdenken müssen wir immer noch selbst. Nicht online, sondern in der Realität.

Der ständige Drang nach Anpassung an irgendwelche äußeren Gegebenheiten führt zu einer Entfremdung von uns selbst. Aber wohin führt es denn, wenn sich alle anpassen? Je unterschiedlicher wir sind, desto mehr können wir letztlich voneinander lernen und einander ergänzen. Und je mehr wir unsere Individualität zeigen und schätzen, desto weniger verstricken wir uns in anstrengendes Rollenverhalten und Image-Spielchen. Es ist selten geworden, dass wir ganz schlicht das sagen, was wir wirklich denken. Dass wir so handeln, wie wir fühlen. Dass wir so sein können, wie wir eben sind. Was hindert uns daran?

> Der ständige Drang nach Anpassung an irgendwelche äußeren Gegebenheiten führt zu einer Entfremdung von uns selbst.

Selbstauferlegte Zwänge

Wir glauben heute, wir seien frei und selbstbestimmt in unserem Tun und Handeln. Knechtschaft und Sklaverei gehören der Vergangenheit an. Unsere Eltern haben sich noch unterwerfen müssen, aber wir doch nicht! Aufgeklärt und informiert fühlen wir uns gut gerüstet für das Leben. »Mir sagt keiner mehr, was ich tun soll!«, hören wir gehäuft in unserer Stiftung bei der Vorstellung von Gründern, Freiberuflern oder solchen, die es werden wollen. Doch wie frei sind wir wirklich? Ganz tief in unseren Köpfen sind Zwänge verankert. Selbstzwänge in Form von Leistungs- und Optimierungszwängen haben die von außen gegebenen Fremdzwänge abgelöst. Hören wir doch kurz in uns hinein – dann stellen wir ziemlich schnell fest: Wir fühlen uns ständig zu irgendetwas gedrängt.

Es beginnt bei der Außenwirkung (»Ich muss souverän sein – oder zumindest so wirken«) und endet bei den Wünschen für das Leben (»Ich möchte heiraten und Kinder kriegen, und dafür muss ich erst einmal Geld verdienen«). Wir kreieren unser Leben zwar scheinbar selbst, aber lassen uns dabei von unserem Umfeld beeinflussen: Was der kann, kann ich schon lange. Doch die vermeintliche Freiheit des »Was-kann-ich-leisten« erzeugt mehr Zwänge als von das von außen vorgegebene »Was-soll-ich-leisten«.

>»Das Soll hat eine Grenze. Das Kann hat dagegen keine. Grenzenlos ist daher der Zwang, der vom Können ausgeht. Wir befinden uns somit in einer paradoxen Situation. Die Freiheit ist eigentlich die Gegenfigur des Zwanges. Frei sein heißt frei von Zwängen sein. Nun erzeugt diese Freiheit, die das Gegenteil des Zwanges zu sein hat, selbst Zwänge. Daran kann man verzweifeln. Die psychischen Erkrankungen wie Depression oder Burnout sind der Ausdruck einer tiefen Krise der Freiheit.«[18]

Mit anderen Worten, die Motivation menschlicher Handlung mag sich verändert haben, nicht aber die Ziele. Es geht noch immer um das Streben nach Anerkennung und Wertschätzung sowie um die Vermeidung von Geringschätzung und Missachtung. Wir wollen wahrgenommen und geliebt werden. Um in dieser komplexen Welt erfolgreich zu bestehen, ist der Mensch von heute nach außen orientiert und auf Eindrucksmanagement angewiesen.

Mich hat schon immer die Frage fasziniert, wie sich jemand entwickeln würde, der diese äußeren Einflüsse der Gesellschaft nicht erlebt hat. Das ist natürlich nur eine theoretisch lösbare Frage. Wir wissen von Menschen, die zum Beispiel wie Kaspar Hauser allein aufgewachsen sind. Aber ohne Einflüsse waren die auch nicht. Wie wäre es? Dieses Gedankenspiel, das schon viele vor mir beschäftigt hat, ist interessant, weil es den Kern des Menschen vermuten lässt. Wir aber werden seit der Kindheit durch Familie, Umfeld und Umwelt geprägt. Typische Geschlechterrollen etwa werden vom vorgelebten Rollenverhalten der Eltern erworben. Unser späteres Verhalten wird durch diese Phase der Sozialisation maßgeblich beeinflusst – meist ohne dass sich unsere Eltern dessen bewusst wären.

Sabine suchte für ihre Tochter nach neuen Möglichkeiten bei *millionways* und schilderte mir ihre Erfahrungen. Geprägt durch Bücher wie *Auf der Suche nach dem verlorenen Glück*[19] hatte sie ihrer Tochter den Freiraum gelassen, sich so zu entwickeln, wie es von ihr selbst käme. Sie wollte die perfekte Mutter sein. Weder übte sie willentlich Druck auf ihr Kind aus, noch trieb sie es zu irgendwelchen Leistungen. Dennoch zeigte sich später bei ihrer Tochter ein ausgeprägtes Verhaltensmuster: Fehler machen war für sie ein Graus. Sie wollte eben in allem perfekt sein und zerbrach fast an diesem selbstauferlegten Druck.

Woher kam das? Denn genau das hatte Sabine doch zu verhindern versucht, indem sie Bücher gelesen und Kurse besucht hatte. Doch ganz unbemerkt hatte Sabine ihr dieses Prinzip, alles richtig machen zu wollen, vorgelebt. Sabine gestattet sich keine Fehler, beruflich nicht und in der Familie schon gar nicht. Bei Freunden und Familie war sie die Zuverlässigkeit in Person. Und das inhaltlich eigentlich großartige Buch hatte sie zur Höchstform angetrieben, es wieder hundertprozentig machen zu wollen. Letztlich war dies die Auflösung aus der Falle: Mutter und Tochter haben sie erkannt, sich ausgesprochen und vieles geklärt. Die Tochter hat inzwischen gelernt, auch einmal zufrieden zu sein – Sabine übt das noch.

Ein wesentlicher Teil der frühkindlichen Sozialisation wird Enkulturation genannt, als Begriff für »Einpassung in die Kultur«.[20] Der Mensch wächst in die Kultur seines Umfelds hinein und übernimmt als unbewussten Lernprozess Grundverhaltensweisen des Denkens und Handelns dieser Kultur. So lernen wir beispielsweise in Deutschland schon als kleine Kinder, dass es sich gehört, auf Stühlen sitzend am Tisch mit Besteck zu essen. Ein in Indien aufwachsendes Kind verinnerlicht, mit den Händen auf dem Boden sitzend zu essen. In China ebenso, nur eben mit Stäbchen. Und wenn das Kind aus China oder Indien adoptiert und in Deutschland aufgewachsen wäre? Fest steht, dass die Persönlichkeit des Kindes sich vollkommen unterschiedlich ausprägen wird, je nachdem in welcher Gesellschaft mit ihren jeweiligen Vorgaben es aufwächst. Das ist keine große Überraschung, dennoch bemerkenswert, denn es beinhaltet die Sitten, Bräuche, Traditionen, Religion, Weltanschauung, Ideologien, Wertorientierungen, Wissenschaften und so weiter als Prägung für das weitere Leben.

Alle Lebewesen dieser Erde leben nach diesem Grundsatz, ob es nun ein Mensch, ein Affe, ein Hund oder eine Ente ist. So wird beispielsweise ein Entenküken, egal wo auf der Welt es schlüpft, dieselben grundsätzlichen Bedürfnisse und Richtlinien für sein Leben haben wie andere Entenküken. Es ist ihm angeboren, sich an der Ente und deren Stimme zu orientieren, die es als Erstes wahrnimmt. Dieser wird es folgen, komme was wolle – auch wenn dieses erste Wesen keine Ente, sondern ein Mensch ist. Das Entlein folgt seiner Prägung, auf dieses erste Wesen zu hören, das ist sein Ursprung, sein Lebensplan. Und von diesem Wesen lernt es, mitsamt den Prägungen, die dieses erfahren hat. Diese Erfahrungen werden sein weiteres Leben prägen. Das unterscheidet das Entenküken nicht vom Menschen. Wir haben zwar mehr und andere Möglichkeiten, aber dennoch dieselben Bausteine dahinter: unsere angeborene Neugier, lernen, uns entwickeln. Doch welche Zwänge hindern uns daran, dabei unseren individuellen Talenten Platz im Leben zu geben?

Babys sind Meister im Beobachten, und das ist gut so, denn so lernen sie. Das Problem ist nur: Sie lernen nicht nur laufen und sprechen, sondern auch die Verhaltensregeln und damit die Zwänge ihrer Eltern, die diese ebenfalls irgendwann gelernt haben. Die Eltern haben die Regeln verinnerlicht, die sie gesellschaftskompatibel gemacht haben, und das geben sie an ihre Kinder weiter. »Die vielschichtigen Facetten unserer Identität entwickeln wir im Laufe unseres Lebens nicht aus uns selbst heraus, sondern vor allem in den Beziehungen zu anderen Menschen – als ständige, aktive Aneignung unserer gesellschaftlichen Umgebung.«[21] So haben sich im Lauf der Generationen die scheinbar allgemeingültigen Regeln der Gesellschaft entwickelt und etabliert, in jedem Land sind sie unterschiedlich. Diese Regeln sind unglaublich schwer zu verrücken. Selbst wenn viele einzelne Mitglieder der Gesellschaft schon umgedacht haben, bleiben die gesamtgesellschaftlichen Konventionen weiterhin starr und überholt.

Ein Beispiel ist das Bildungssystem mit seiner für alle gleichen Anwesenheitspflicht täglich ab 8 Uhr, was ich später im Buch noch näher betrachte. Es sind sich im Grunde fast alle einig, dass dieses System reformiert werden muss, aber dennoch passiert es nicht oder nur sehr langsam. Andere Regeln sind vielleicht nicht so formell, sondern eher vom Zeitgeist abhängig. Heute ist es etwa die Selbstoptimierung mit Schrittzählern, Ernährungsprotokollen und Allergien, von denen in den letzten Jahrhunderten nur sehr wenige jemals gehört haben.

Bestand hat aber vor allem die Regel, dass ein Leben aus Schulbildung, Berufsbildung und anschließend wahlweise Angestelltenjob oder Selbstständigkeit besteht. Vieles sind sicher gut gemeinte Regeln, die uns helfen sollen, uns zu orientieren, und die ein Miteinander gewährleisten. Aber es muss erlaubt sein zu fragen, ob all diese Regeln und Zwänge Sinn haben oder nicht. Oft genug *fühlen* wir einfach, dass sie eben nicht stimmig sind.

Schon in frühester Kindheit habe ich genau gemerkt, wann mich meine Eltern toll fanden und wann nicht, wann sie meine Aktivitäten missbilligten oder sich weniger dafür interessierten. Die Meisten passen daraufhin ihr Verhalten an. Welches Kind möchte nicht toll gefunden werden? Für mich war das immer seltsam. So bekam ich beispielsweise für eine eher lapidare gute Schulnote viel Anerkennung. Als ich jedoch mit acht Jahren einen Papierautomaten baute, erntete ich wenig Begeisterung. Oben steckte man in den Automaten eine Mark rein, und unten kam eine Murmel raus. Es gab sogar einen Geldprüfmechanismus, der funktionierte. Begeistert präsentierte ich diese Maschine meiner Familie. Aber Erwachsene fanden Murmeln wohl nicht so spannend wie ich als Achtjähriger, und die Anerkennung fiel sehr verhalten aus. Für die Zwei in der Schule hingegen bekam ich ungeheuer viel Zuspruch. Was habe ich als Kind daraus gelernt? Langweiliger Lehrstoff ist wertvoller als eine originelle Erfindung. Vielleicht wäre ich Erfinder geworden, wer weiß das schon? So habe ich irgendwann ein Abitur gemacht, was mich weder interessierte noch wirklich für mein Leben weiterbrachte.

Anfangs möchten wir den Eltern genügen, später – nachdem wir dieses Verhalten verinnerlicht haben – Lehrern, Vorgesetzten und Kollegen. Dazu beobachten wir, wie die sich verhalten und wie deren Echo auf uns ist. Das, was sie als »richtig« oder »falsch« verinnerlicht haben, geben sie uns weiter. Und so geht das von einer Generation zur nächsten. Unsere Konditionierungen starten ja nicht erst mit der Geburt, sondern schon einige Generationen vor uns, mit den überlieferten und verinnerlichten Prägungen unserer Ahnen, mit all ihren Vor- und Nachteilen.

Hinterfragen war mir immer wichtig: Ist es heutzutage wirklich sinnvoll für ein Kind, jeden Tag zur selben Uhrzeit im selben Gebäude zu sein, um etwas zu lernen, was auf einem für alle gleichen Plan steht, nur weil dieses Vorgehen lange vor meiner Zeit als richtig gewertet wurde? Ich denke, mit einem eindeutigen Nein als Antwort stehe ich sicherlich nicht allein da. Dennoch machen alle mit, Generation für Generation. Warum? Weil es eben so ist, und weil es keine Alternativen gibt? Ich habe ja auch mitgemacht, wenn auch widerwillig.

Allein schaffen wir Veränderungen des Systems tatsächlich nicht. Selbst diejenigen, die länger gegen den Strom schwimmen, werden irgendwann müde. Und wenn wir selbst Kinder haben, geben wir ihnen die Anpassung an das Gegebene weiter, weil sie ansonsten nicht in der Gesellschaft klarkommen würden.

Ich habe oft darüber nachgedacht, wie ich diese Fragen verantwortungsbewusst mit einem Kind gelöst hätte. Wäre ich wirklich zehn Jahre lang meiner anfangs sehr diffusen *millionways*-Idee nachgelaufen, hätte dafür massenhaft Schulden gemacht und das Ganze ohne eine feste Perspektive? Hätte ich mein Kind tatsächlich nicht in eine Schule geschickt, mit allen Konsequenzen, in Deutschland gemaßregelt zu werden und sich strafbar zu machen? Hätte ich mein Kind einer solchen Außenseiterrolle ausgesetzt? Ich weiß es nicht, denn ich habe bisher keine Kinder. Gedankenspiele bleiben oft ergebnislos, weil sie so beliebig sind. Doch aus Sicht unserer Gesellschaft wäre ich mit solchen Handlungen auf jeden Fall ziemlich verantwortungslos gewesen – und dieser Maßgabe ordnen die Meisten sich lieber unter, Zwang hin oder her. Aus der Prägung erfolgt das Handeln. Wir agieren und reagieren, wie es in uns angelegt ist. Was bringt es, sich ständig über Dinge aufzuregen, die andere Menschen ganz selbstverständlich zu tun scheinen? Die meisten anderen regen sich nicht einmal auf. Folglich muss ja an mir was falsch sein, schlussfolgern wir.

Julia, eine sensible, schüchterne und kunstinteressierte Dreißigjährige, berichtete uns, dass sie sich nach Aufnahme ihres neuen Jobs als Künstlerbetreuerin in einer klassischen Konzerthalle immer öfter niedergeschlagen und schlapp fühlte. Sie hatte sich diese Arbeit eigentlich gewünscht, die Nähe zur Musik und das elegante ruhige Publikum reizten sie. Auch in den folgenden Wochen wurde es nicht besser, die Eingewöhnungszeit war nicht aufregend, sondern einfach nur ermüdend. Ihr Gefühl zeigte ihr, dass etwas nicht stimmte. Dass sie vielleicht gar nicht zu diesem Job passte, nicht in dieses Umfeld. Das Bild, das sie vorher von der Tätigkeit hatte, entsprach nicht der Realität. Sie sah Musik, aber das war ja gar nicht ihre alltägliche Arbeit. Was sie den Tag über machte, war, den Künstlern Getränke und Essen zu bringen, Wünsche zu erfüllen und den Raum hinter ihnen aufzuräumen.

Julias Gedanken aber kreisten eher um die Frage: »Was mache ich falsch?« Anstatt einfach dem Gefühl zu vertrauen, dass sie in dem Beruf einfach an der falschen Stelle ist. Die vorgelebte Regel war: Sie hat einen Job angenommen und muss nun den Arbeitsvertrag erfüllen – so ist das eben. Sonst verdient man kein Geld, kann die Miete nicht zahlen und lebt irgendwann auf der Straße. Und zack, hatte Julia sich den Zwängen gebeugt. Das Gleiche passiert Managern oder Firmengründern. Die Idee von Beruf und täglicher Routine ist oft anders als die Realität. Und doch machen viele weiter und arbeiten bis zum Umfallen.

Wie durchbricht man diesen Kreislauf? Meine These ist, dass dies nur möglich ist, wenn wir wieder auf das hören, was wir fühlen. Die meisten Menschen machen das Gegenteil, genau wie Julia. Sie stellen sich selbst in Frage: ob sie vielleicht zu überempfindlich sind, zu anstrengend, zu anspruchsvoll, zu schlecht, einfach unpassend. Manche müssen möglicherweise überhaupt erst wieder lernen, zu fühlen und das Innere zu spüren. Selbst bestgemeinte Ratgeber sind selten eine Hilfe, weil sie uns wieder von uns wegführen. Nur in Büchern zu lesen oder von Wissenschaftlern erläutert zu bekommen, dass wir eigentlich ganz anders leben könnten, ist eher schmerzhaft als hilfreich. Schließlich können wir tatsächlich nur ganz selten einfach den Job kündigen und zum Beispiel Sänger werden. Also leben wir so weiter. Eine Alternative fehlt, jedenfalls bisher.

Wenn wir aber unser bisheriges Leben einfach genauso weiterleben könnten und *parallel* dazu Alternativen aufbauen? Dann hätten wir höchstens noch ein Zeitproblem. Jeder von uns kann schauen, welche Tätigkeiten er liebt, und dann überlegen, was man damit machen könnte. Du auch! Das haben mir alle Gespräche und Ergebnisse unserer Stiftung gezeigt. In dem Moment, wo der Zwang wegfällt, von jetzt auf gleich eine völlig neue Existenz aufbauen zu müssen, fühlte sich dieser Schritt wesentlich leichter und weniger bedrohlich an. Wer Fotografie liebt, macht wie unser Steuerberater erst einmal mit seinen Fotos bei einer Ausschreibung mit oder besucht einen Fotokurs an der Volkshochschule. Das geht auch abends, ohne gleich den Beruf aufzugeben. Aber einen festen Platz im Leben gewinnt dieses schlummernde Potential nur selten, weil es in Gedanken allenfalls ein »Hobby« bleibt. Meistens wird weder ein gelebtes Talent daraus, noch kann es je eine Alternative werden, die uns voller Begeisterung damit eines Tages unseren Lebensunterhalt verdienen lässt. Damit wird letztlich immer die Zeit fehlen. Das nennt man wohl Teufelskreis.

Als ich in den letzten Jahren unterwegs war, um Fördergelder für unsere Stiftung zu sammeln, passierte es in der Folge einiger Akquisegespräche, dass Unternehmer ihren Job wechselten oder an den Nagel hängten. So auch bei einem führenden Vorstand eines großen Unternehmens aus der Werbebranche: Eigentlich ging es um Fördergelder für eines unserer Projekte, doch während der Präsentation unserer Idee schwappte die Begeisterung dermaßen über, dass dieser Mann uns seine Träume erzählte. Er gärtnerte für sein Leben gern. Studiert hatte er, weil das in seiner Familie außer Frage stand. Karriere machte er Zug um Zug – ein Schritt folgte auf den nächsten. Doch der Stress der Führungsetagen brachte ihn fast um: Einen Herzinfarkt hatte er bereits hinter sich, nur beim Gärtnern fand er Ruhe. Das sei wie Meditation für ihn, erzählte er uns. Bis dahin lebte er das lediglich mit seiner kleinen Orchideenzucht aus, nur so für sich, auch weil ihm für mehr die Zeit fehlte.

Kurz nach unserem Gespräch bekam ich eine Mail. Der Vorstand hatte seine Arbeitszeit auf 50 Prozent gesetzt – Jobsharing – und sich in eine Landgenossenschaft eingekauft. Nun ist er mit seiner Familie ein Teil eines »Urban Gardening«. Neben der Muße, die er neu erlebt, verbringt er nun mit seinen Lieben mehr Zeit miteinander – selbst die pubertierende Tochter fände das »cool«. Und sie habe schon lange nichts mehr cool gefunden, was von ihm gekommen sei, allein das sei es ihm wert. Doch da ist mehr: Er fühlte wieder, dass seine anderen Facetten etwas wert seien. Gerade die Facetten, die er an sich selbst so mochte – in seinem Fall ganz einfach Blumen zu züchten.

Viel zu selten kommen Menschen auf den Gedanken, ihre Zwänge zu verlassen und wirklich ein Projekt aus ihren Neigungen oder Wünschen zu machen. Es fehlt eine praktische Möglichkeit. Wie das gehen kann, dazu komme ich ausführlich in Kapiteln 4 und 5. Zunächst geht es darum zu erkennen, dass Talente und Leidenschaften vernachlässigt werden – bis sie fast vergessen sind.

Warum ist das so? Aus meiner Sicht ist das die Folge der verinnerlichten Zwänge und gefestigten Konditionierungen. Oft ist das die Einteilung des eigenen Lebens in »Arbeit« und »Freizeit«. Alles, was Arbeit ist, ist der Ernst des Lebens, hier wird Geld verdient und für die Existenz gesorgt, das ist wichtig und gewichtig. Alles andere ist Freizeit, ist Spaß, ist Ausgleich für die Qualen der Arbeit – hier darf man ausruhen, inspiriert werden, feiern und andere Facetten von sich ausleben. Aber die beiden Bereiche werden strikt voneinander getrennt gewertet. Vermischt werden sie höchstens dann, wenn die Arbeitszeit zunehmend zu Lasten der Freizeit geht oder schleichend durch allzeitige Verfügbarkeit in diese überschwappt. Das sehen wir besonders bei Unternehmern oder Existenzgründern, die allzu oft gerne bereit sind, bis zu 24 Stunden am Tag an genau einer Sache – ihrem Start-up eben – zu arbeiten. Notgedrungen haben sie den neuen Glaubenssatz verinnerlicht: »Für mich sind Arbeit und Freizeit eins, weil ich mein Start-up so liebe.«

Der Irrglaube ist stets derselbe: dass wir uns auf nur eine Facette fokussieren, die wir zu Lebensinhalt und Lebensunterhalt machen, und dass alles andere, was uns ausmacht, maximal ein Hobby ist, das nebenbei ein bisschen Spaß macht. Natürlich könnten wir auch mehrere Jobs gleichzeitig haben, aber das ergibt sich eher aus dem Zwang, über die Runden zu kommen: die Putzfrau, die gleichzeitig Nanny und Taxifahrerin ist. Aber das ändert nichts daran, dass das, was uns eigentlich Freude macht, getrennt bleibt von dem, was unser regulärer Broterwerb ist.

Berühmte Ausnahmen gibt es natürlich zuhauf. Sicherlich ist jemand wie Leonardo da Vinci mit seinen mehrfachen Begabungen ein Sonderfall. Oder jemand wie Benvenuto Cellini, der italienische Bildhauer und Goldschmied, der gleichzeitig Musiker, Schriftsteller und Abenteurer war. Beide gelten als das Idealbild eines »uomo universale«, eines Universalmenschen – umfassend gebildet, vielseitig, im Einklang mit der Natur lebend, kreativ und unabhängig von religiösen Dogmen. Das Ideal der Renaissance. Natürlich geben solche Idealbilder nicht unbedingt das Leben der Mehrheit wieder, doch sie verraten viel über eine Epoche. Wie sehr sich doch das Idealbild der Renaissance von Wunschlebensläufen der Eliten unserer Zeit unterscheidet.

Wir sind auf Spezialisierung und Fokussierung getrimmt. Wenn wir studieren, dann nicht mit dem vorrangigen Ziel, als ein umfassend gebildeter Mensch wieder rauszukommen. Das zeigt bereits die Frage, die fast jeden Studenten irgendwann wahnsinnig macht: »Und was willst du damit machen?« Dass jemand gleichzeitig Autor, Arzt, Unternehmer und Maler sein könnte, finden wir bemerkenswert oder gar verrückt. Jemand ist entweder Manager oder Kreativer, zahlenbegeisterter Versicherungsmensch oder flippiger Künstler, Angestellter mit Überstundenkonto oder eben zu 100 Prozent Start-up-Unternehmer. Wofür auch immer wir uns entscheiden: Wir müssen in erster Linie Geld verdienen und den Lebenslauf pflegen. Spaß können wir in der Freizeit haben – sofern die noch existiert.

So abgespalten von Freizeit und Privatleben kann Arbeit gar nicht unseren eigentlichen inneren Wünschen entsprechen. Darum fühlen wir uns nie zufrieden, egal was wir erreicht haben: hohes Gehalt, einen angesehenen Posten oder ein schönes Büro. Selbst wer zig Male befördert wurde, viel Geld verdient und sich dadurch letztlich mehr Hobbys leisten kann, ist seltsamerweise selten wirklich innerlich ruhig und zufrieden. Ich habe in all den Dialogen mit den unterschiedlichsten Menschen tatsächlich eher einen ausgeglichenen Obdachlosen als einen zufriedenen Manager kennengelernt. Oft haben mir Unternehmer all das, was man mit dem verdienten Geld kaufen konnte, nur als Kompensation geschildert, um ein Gegengewicht zu dem zu schaffen, wozu sie sich täglich quälen. Was auf den ersten Blick zynisch klingt, ist zumindest eine reale Seite der Obdachlosigkeit. Ich erinnere mich sehr gut an den Satz von Mario, einem befreundeten Obdachlosen: »Ich stehe morgens auf und habe absolut keinen Druck, keinen Zwang und keine Verpflichtungen.«

Ich möchte Obdachlosigkeit auf keinen Fall romantisieren – aber den Satz habe nicht ich geschrieben, sondern Mario hat ihn in einem nachdenklichen Moment gesagt. Und er hat ja recht. Natürlich muss auch er überleben und irgendwie an Geld kommen, um das Nötigste zu kaufen. Aber er hat weder starre Zeitpläne noch Vorgesetzte noch Familie, geschweige denn eine drängende Steuererklärung. Natürlich fehlt ihm vieles, aber dafür hat er etwas ganz anderes, was wir alle nicht mehr haben: eine spezielle und vollkommen vergessene Art von Freiheit. Als ich abends für mich allein darüber nachdachte, empfand ich den Gedanken nicht mehr als zynisch. Auf eine Art ist Marios Leben um einiges natürlicher als unseres. Weil es viel weniger Zwänge kennt.

Dieses Getriebensein, das niemals zu Zufriedenheit führt, beobachte ich überall. Natürlich können wir anfangen zu meditieren oder anderer Leute Ratschläge zu befolgen, wie man wieder »runterkommt«. Aber vielleicht wäre es besser, erst mal damit aufzuhören, ständig zu rennen, ohne zu wissen wohin! Wenn all das Mühen um Erfolge, Anerkennung und Ziele am Ende ohnehin nicht zu Ruhe und Glück führt, dann sollten wir möglicherweise besser einmal stehen bleiben, um zu schauen, was noch da ist – in uns, nicht nur um uns herum.

Genau darin liegt für mich der Schlüssel, um endlich real etwas Neues umzusetzen – parallel zum jetzigen Leben. Ich bin mir sicher, dass auch du diesen ersten Schritt nicht bereuen wirst, wenn du zumindest wieder anfängst, dich mit deinen Träumen, Wünschen und Leidenschaften zu beschäftigen.

Du weißt ja im Grunde, was dir Spaß macht! Und egal ob es Zeichnen, Reiten, Musik auflegen, Schreiben oder Zuhören ist: Nimm diese Dinge doch zumindest für einen Augenblick ernst und mache zumindest einmal in der Woche bewusst etwas damit. Ich habe immer wieder gesehen, wie dann auch der Beruf wieder mehr Freude machen kann. Und, wer weiß, vielleicht wird er irgendwann sogar wie von selbst und ganz ohne Zwang durch die »Hobbys« und neuen Visionen und Tätigkeiten abgelöst.

Gipfel der Unzufriedenheit

Nachdem *millionways* seine dreijährige Testphase im Sommer 2016 beendet hatte und wir die etwa fünftausend intensiven Interviews auswerteten, die wir bis dahin geführt hatten, wurde deutlich, dass wir – wie erwartet – keine klare und einheitliche Zielgruppe haben. Man hätte denken können, dass uns anfangs nur die Orientierungslosen anrufen, die gar nicht wissen, was sie in ihrem Leben wollen. Aber dem war nicht so. Wir sahen eine extrem bunte Mischung an Menschen, Geschichten und Wünschen.

Dass in Gesprächen überraschend schnell Vertrauen entstand und dass uns die Anrufer sehr offen an ihren ungelebten Träumen teilhaben ließen, zeigte uns, dass wir einen Nerv getroffen hatten. Diese Vielfalt und Tiefe war wunderschön und überzeugend – denn daran konnten wir zumindest grob ablesen, dass es bei *millionways* tatsächlich um das Menschsein an sich geht.

Bei den Auswertungen nach Altersgruppen gab es eine interessante Beobachtung. Plausibel war eine große Gruppe der bis Fünfundzwanzigjährigen. Das hatten wir erwartet: Diese

Gruppe steht ganz am Anfang, meist kurz vor dem Eintritt in einen Beruf. Auch mit der weiteren großen Gruppe der über Fünfundvierzigjährigen hatten wir gerechnet: Die meisten von ihnen haben bereits etwas erreicht und sind nun bereit, sich umzuorientieren, etwas Neues zu probieren. Spannend waren die zwanzig Jahre dazwischen. Die, die uns anriefen, waren weitaus unzufriedener mit ihrer Lebenssituation als alle anderen Altersgruppen.

Bei der Altersgruppe bis 25 drehen sich die Interviews meist darum, wie sie ihr Leben gestalten sollten und ob sie das so wollten, wie bei Leon etwa. Leon macht gerade seine Ausbildung als Orthopädiemechaniker. Klar wollten seine Eltern, dass er studiert. Seine Lehrer hatten ihn gedrängt: Er könne mehr, wenn er nur wolle, bei seinen Noten in Naturwissenschaften und Mathe. Das solle er nicht wegwerfen, mit einem Studium stünde ihm schließlich die Welt offen. Doch der Zwanzigjährige hat etwas gefunden, was ihm mehr Spaß macht. Sein Interesse gilt besonders den elektronisch gesteuerten Hilfsmitteln, und zugleich kann er sich handwerklich ausleben. Er wolle jetzt erst einmal arbeiten, eine eigene kleine Wohnung haben und auf eigenen Beinen stehen. Ein Studium könne er später immer noch dranhängen – das Leben sei schließlich lang genug. Er kann gar nicht nachvollziehen, »warum die alle so einen Druck machen«.

Bei den über Fünfundvierzigjährigen geht es sehr oft darum, »endlich etwas Sinnhaftes zu machen«, oder darum, anderen helfen zu können. Beate, 48 Jahre, beispielsweise hatte einen sicheren Job als Personalleiterin. Bis ihre Kinder groß waren, war das eigentlich ganz praktisch. Doch seit die aus dem Haus waren, langweilte sie ihre Arbeit immer mehr. Sie ging eher nur noch aus träger Gewohnheit hin. Ein Urlaub in Malta ließ sie aufwachen: Sie war dort, als Hunderte geflüchteter Menschen ertranken. Beate war erschüttert. Zurück in

Deutschland, gab sie tatsächlich ihren Job auf und machte eine Umschulung zur Sozialberaterin für Migration. Seither begleitet und berät sie Flüchtlinge nach ihrer Ankunft in Deutschland, besonders die Arbeit mit Familien erfüllt sie. Wenn sie in »ihre Familien« kommt und von den Kindern umringt wird, merkt sie, wie ihr das gefehlt hat. Sie sagt: »Ich bekomme alles tausendfach zurück!«

Die Altersgruppe zwischen diesen beiden »Spitzengruppen« zeigte sich bei den Interviews weniger konkret. Sie scheint nicht so recht zu wissen, was sie eigentlich will, und macht oft widersprüchliche Aussagen: Einerseits sagt die Mehrheit, dass sie mit ihrem Leben recht zufrieden sei, überlegt aber andererseits, ob das, was gerade ihren Alltag bestimmt, wirklich alles sein könne. Dazwischen schwanken sie zumeist diffus hin und her, was ihnen keinen wirklichen Impuls zur Veränderung gibt. Genau genommen zeigt sich diese Altersgruppe als die Suchenden, denen am schwierigsten zu helfen ist.

Kim verabscheute schon immer die Schule, ging aber regelmäßig hin. Heute ist sie 27. Nach dem Abi ging sie zuerst für ein Jahr nach Australien und verdiente sich dort mit allem Geld, was ihr dieses Auslandsjahr bot. Sie unterrichtete Kinder, bestellte Felder mit einem großen Traktor und jobbte in Cafés. Danach begann sie in Deutschland ein Germanistikstudium, ohne jede Leidenschaft. Während ihrer Schulzeit hatte sie noch gern geschrieben – zumindest in ihr Tagebuch –, und ihr Australien-Blog wurde viel geklickt. Aber dieses stupide Lernen nach vorgegebenen Kategorien lähmte ihre Energie dermaßen, dass sie ihr Studium immer wieder schleifen ließ und schließlich schmiss. Inzwischen hat sie eine Lehre als Schneiderin abgeschlossen – doch in diesem Beruf arbeitet sie nicht mehr. Vielleicht will sie Designerin werden – aber für einen kleinen Laden fehlt ihr das Geld. Vielleicht will sie irgendwann Kinder – allerdings hast sie den passenden Mann noch nicht kennengelernt. Vielleicht wartet auch etwas ganz anderes auf sie – jedoch fehlt ihr dazu die Idee.

Stefan, 42, hatte früh sein abgeschlossenes Masterstudium als Ökonom in der Tasche. Überhaupt hatte er stets gute Noten, und es überraschte niemanden, dass er sein Abi mit einer glatten Eins abschloss. »Der Junge wird seinen Weg machen«, prophezeiten alle. Doch nach dem Master kam nichts, völlige Orientierungslosigkeit. Zwischen den vielen Stellenangeboten, die er hätte antreten können, war nicht eines, das ihn reizte. Eigentlich wollte er doch viel lieber Arzt werden! Inzwischen hat Stefan auch ein Medizinstudium absolviert, nur das praktische Jahr im Krankenhaus fehlt ihm noch. Aber worauf soll er sich spezialisieren? Will er Krebskranken helfen oder alten Menschen auf der Palliativstation? Kinderarzt wäre auch super, oder geht er lieber gleich in die Forschung? Er weiß es nicht. Was immer ihm vorgestellt wird, ist mit einem Gefühl latenter Unzufriedenheit behaftet. Stefan ist übrigens auch ein begnadeter Pianist – Chopin und Rachmaninow spielt er mit einer Leichtigkeit wie andere den Flohwalzer. Doch er hatte auf seine Mutter gehört und »was Anständiges« aus seinem Leben gemacht. Auch wenn er dann und wann kleine Konzerte im Bekanntenkreis gibt, für eine Musikkarriere sei es zu spät, sagt er, das »kicke« ihn mittlerweile nicht mehr.

Die Jahre von Ende 20 bis Mitte 40 sind in der Regel die Zeit, in der wir die vorher getroffenen Entscheidungen leben. Ausbildung oder Studium sind beendet, und dann wird es ernst, wir treten die ersten Jobs an und schlagen so unseren Lebensweg ein. Und wenn man erst mal auf diesem Weg ist, fühlte es sich wie Scheitern an, ihn wieder zu verlassen. Schließlich hat man dafür ja fünfzehn bis zwanzig Jahre lang eine Ausbildung gemacht und sich nach oben geackert. Die

Entscheidung ist also getroffen, und andere Gedanken, Wünsche und Ideen werden verdrängt.

Die bis Fünfundzwanzigjährigen sind wie im Klischee meist noch voller Hoffnung, Spannung und Elan. Alle Möglichkeiten liegen vor ihnen. »Wenn das nicht klappt, dann nehm ich halt das«, heißt die Devise. Selbst wenn sie mit schlechten Schulnoten abgingen, heute bekäme man doch immer was.

Vielleicht ist das mit ein Grund, warum sich bei der Altersgruppe dazwischen dieses diffuse Unwohlsein einschleicht. Man findet doch immer etwas. Aber was ist das? Ist es das, was sie sich wünschen? Das Leben scheint noch so lange vor ihnen zu liegen – sollen sie das, was sie jetzt tun, auch noch die ganzen nächsten Jahre machen? Ob es nicht doch etwas anderes gibt? Wenn sie aber jetzt unterbrechen und neu anfangen, was ist dann mit Kindern, dem nicht abbezahlten Haus? Muss man nicht erst mal einen gesicherten Job haben? Weil all die anderen um sie herum »etwas gefunden« haben, müssen sie ebenfalls irgendetwas Handfestes vorzuweisen haben.

Das Gefühl des dauernden Schwankens beschreiben sie als ständigen Druck, als dauernd lauernde Gedanken im Hinterkopf, die sich nicht oder schwer abstellen lassen. Sie fühlen sich getrieben, aber wissen nicht, wohin. Sie glauben es zeitweise zu wissen, stellen das aber am nächsten Morgen bereits wieder in Frage. Es sind rationale Gründe – eine Gehaltserhöhung etwa, ein Urlaub, den man sich endlich leisten kann, ein Haus, von dem man träumt, der Erfolg des eigenen Unternehmens oder vielleicht gar der Gang an die Börse, verbunden mit finanziellem Reichtum. Das hält sie auf ihrem Weg. Doch wie von einem Haus träumen, wenn es allein so anstrengend ist, die monatliche Miete zu verdienen? Was nutzt der Urlaub, wenn man vorher zig Überstunden macht, um den Schreibtisch perfekt zu übergeben? Und was bringt er, wenn man nach dem Urlaub wieder abarbeiten muss, was zwischenzeitlich liegengeblieben ist? Und was bringt künftiger Reichtum, wenn das Start-up Zeit und Geld wie ein Raubtier verschlingt.

All das kann man in den vielen Erzählungen der Protagonisten dieser Altersgruppe hören. Zufrieden und entspannt sind sie nicht. Diese Unzufriedenheit sollte nicht unterschätzt werden. Die jährliche Gallup-Studie unterstreicht mit den aktuellen Zahlen diesen Missstand: Bei der Frage um die Zufriedenheit mit dem ausgeübten Job gaben 68 Prozent der Befragten an, dass sie nicht mehr engagiert seien und nur noch »Dienst nach Vorschrift« machten.[22] Im Jahr zuvor hatten sie ausgeführt, was die Gruppe »aktiv unengagiert« in der Arbeitswelt bedeutet: Sie können sich mit ihrer Arbeit nicht identifizieren bis hin zur »inneren Kündigung« und gehen gegenüber ihrem Unternehmen auf Distanz – das heißt, sie zeigen unerwünschtes Verhalten, das zu Lasten der Leistungs- und Wettbewerbsfähigkeit der Unternehmen geht und gleichzeitig ihr gesamtes kollegiales Umfeld mit herunterzieht.[23] Bei unserer Stiftung rufen diese Menschen an, weil sie ihre Lebens- und Arbeitssituation überdenken und verändern wollen. Nur wissen sie nicht, wie. Und offenbar hört ihnen bislang auch niemand richtig zu. Ihre Wünsche sind in kaum greifbare Ferne gerückt. Sie scheinen vergessen zu haben, wie man für sich selbst sorgt.

Wenn man den über fünfundvierzigjährigen Menschen zuhört, geht es nicht mehr um eine Erhöhung des Einkommens: Sie streben vielmehr eine Steigerung der Lebensqualität an, die zu einer Verbesserung des subjektiven Wohlbefindens führt. Sie suchen nach etwas, was ihnen so sinnvoll erscheint, dass sie sich damit Tag für Tag beschäftigen wollen. Sie haben bereits erfahren, dass mehr Einkommen nicht automatisch zu einem Mehr an Glücksgefühl führt. Im Gegenteil: Wenn das, was sie tun, zu mehr Zufriedenheit führen würde, wären sie oft sogar bereit, Einkommenseinbußen hinzunehmen. Doch um durch ihre Arbeit mehr Lebensqualität zu empfinden, muss das, was sie da tun, in ihrem Wertesystem einen Sinn ergeben. Sie wollen mit zunehmendem Alter »etwas hinterlassen«, »etwas Gutes getan haben, an das man sich später erinnert«.

Je älter unsere Interviewpartner sind, desto seltener geht es bei den Gesprächen um berufliche Erfolge – sie bewegen eher zwischenmenschliche Themen. Das, »was nachhaltige Spuren im Leben« hinterlassen hat. Sicher gibt es Ausnahmen wie sehr erfolgreiche Unternehmer, deren Unternehmen zu ihrem »Kind« geworden ist: Sie schwärmen dann davon, oft bis ins hohe Alter. Aber meist hören wir eher von dem Kampf, bis die Firma erfolgreich war. Wie einem die Ehefrau in der Zeit beistand hat oder wie nach der Scheidung eine zweite Frau diesen Platz füllte. Von harten Einschränkungen, ohne auch nur einen Pfennig, von Gerichtsvollziehern und Mietschulden, und wie sie all das gemeistert haben. Von der Freude über die Kinder, als diese eingeschult wurden und die Schule Jahre später als fast Erwachsene wieder verließen.

Diese Beschäftigung mit zwischenmenschlichen und familiären Themen hat uns bei der Auswertung der Interviews der Älteren nicht wirklich überrascht. Manche tun es als »altersmilde« ab, schreiben, es sei eine Art Resümee, weil das eigentliche Leben bereits stattgefunden habe. Ich sehe das anders, mit der Kenntnis der anderen Altersgruppen: Im Grunde ist es eine Rückkehr zu dem eigentlich Wichtigen! Diese Menschen kennen den Abschnitt ihrer Träume, sie haben die Realität durchlebt, haben sich nach allem gestreckt, was ihr Umfeld ihnen als erstrebenswert aufzeigte. Sie haben erfahren, was es heißt, sich selbst etwas vorzumachen, sich zu verlieren und seine Unzufriedenheit im abendlichen Wein zu ertränken. Sie kennen Burnout, Depressionen, Herzinfarkte – und dabei so zu tun, als könne man trotzdem noch. Und heute, zum Zeitpunkt der Gespräche, lernen sie wieder – oder haben es bereits gelernt –, sie selbst zu sein, als Vater, Großvater, liebender Mann oder Frau. Gutes Essen genießen, viel reisen, die Welt entdecken, im Idealfall ist ihr Interesse für fremde Kulturen geweckt, die Neugier auf Unbekanntes und darauf, möglichst viel davon zu lernen. Genau wie bei Kindern am Anfang ihres Lebens kommt diese Offenheit für Neues in dieser Lebensphase wieder zurück. Mich hat das schon immer sehr inspiriert, und gerade als jüngerer Leser dieses Buchs kannst du tatsächlich davon lernen. Was die älteren Menschen später vermissen, ist das, was du heute nicht tust. Wenn man so viele Lebensgeschichten intensiv angehört hat, dann ist das viel mehr als nur ein Sinnspruch bei Facebook auf einem Foto mit Sonnenuntergang.

Die Frage ist nur: Warum verlieren so viele von uns in der Zwischenzeit diese Neugier und Experimentierfreude? Warum pendeln sie zuvor scheinbar steuerlos durch den Ozean, obwohl sie doch einen sicheren Hafen ansteuern wollten? Wann und warum haben sie ihren Kurs verloren? Warum kann nicht – zumindest parallel zu all den selbst und von anderen auferlegten Zwängen – das lebendige Innere mit allen Wünschen, Träumen und Ideen weiterexistieren?

> Warum verlieren so viele von uns Neugier und Experimentierfreude?

Ich will und wollte das nie akzeptieren. In einem früheren Leitbild von *millionways* schrieben wir mal: »Der Sinn des Lebens besteht nicht darin, als arbeitender Mensch zu funktionieren, sondern als lebender Mensch zu existieren.« Möglicherweise hat mich diese Einstellung vor allzu viel Konformität bewahrt. Bei all den Zwängen, die auch mich in der Gründungsphase von *millionways* oder beim Schreiben dieses Buchs unter hohem zeitlichen Druck packten, wollte ich diesem Getriebensein niemals zu viel Platz gewähren. Die Gefahr ist groß, auch für mich, weil wir gar nicht mehr hören, was da noch ist, und weil die Regeln in unseren Köpfen uns ja Tag für Tag klarmachen, dass es ohnehin keine Alternative gibt.

In meinem Fall war es wohl die Freude am Zuhören, meine Begeisterung daran, an den Lebensgeschichten meines Gegenübers teilhaben zu dürfen. Die habe ich mir nicht nehmen lassen. Und obwohl ich durch diese Gespräche viel gelernt habe und einige Schlüsse für unterschiedliche Altersgruppen ziehen konnte, bedeutet das keine Allgemeingültigkeit. Ansonsten würde ich hier ja selbst Schubladen konstruieren und die Altersgruppen darin aufteilen, und das wäre viel zu einfach. Es gibt junge Menschen mit begeisternden und mutmachenden Lebensgeschichten, und es gibt verbitterte alte Menschen, die nicht von ihrer schönen Vergangenheit erzählen, sondern nur noch über alles meckern. Aber ich finde, gerade deshalb sollten die Menschen, die an unterschiedlichen Situationen im Leben stehen, miteinander reden. Sie können voneinander lernen – der gerade hoch Motivierte vom akut Frustrierten und umgekehrt. Gerade im Offenbleiben liegt die Chance, das Potential eines Menschen oder einer neuen Situation zu erkennen. So habe ich erleben dürfen, wie wertvoll es ist, wenn wir ältere Menschen mit jüngeren zusammenbringen – wenn die Erfahrungen und die Kontakte der einen sich mit innovativen Ideen der anderen verbinden.

Eines Tages rief uns eine neunzigjährige Frau aus einem Altersheim an. Das allein ist schon eher selten. Ihr Wunsch war es, in ihrer Freizeit etwas Sinnvolles zu machen. Was genau, konnte sie uns nicht sagen. Es müsse ja auch etwas sein, was sie noch leisten könne, »wozu die Kraft noch reicht«. Wir brachten sie zunächst einfach nur mit jungen Menschen zusammen. Schnell wuchs eine gegenseitige Sympathie: Die Jüngeren waren begeistert über den Elan und die Ausstrahlung der Neunzigjährigen. Sie wiederum war entzündet und angesteckt von deren Ideen, die aus ihren Erfahrungen entstanden. Irgendetwas Reales musste man daraus machen – das wurde schnell allen Beteiligten klar. Nur was? Gemeinsam brainstormten sie mehrfach im Monat, und die Gruppe der Teilnehmer wurde immer größer. In einem Altersheim wird natürlich jede unterhaltsame Aktivität dankend aufgenommen, aber in diesem Fall ging es um viel mehr – um die Lebenserfahrung und die Ideen der alten Menschen und die Energie und Talente der jungen. Für alle vollkommen unerwartet und ungeplant war dies der Start für ein Unternehmen, das Produkte vertreibt, die mit dem geistigen Input und den Ideen der Senioren entworfen und entwickelt werden.

Besonders schön daran ist, wie unterschiedlich die Produktideen waren. Es gab hipstertaugliche Spaßideen wie das »Comeback der Kittelschürze«, was ich mir im Berghain durchaus vorstellen kann. Ernstere Themen wie ein wirklich gutes Seniorenhandy oder einfache Küchenutensilien, die die Senioren zu den Brainstormings mitbrachten und die nun nachgebaut werden. Die Kreativität entstand von selbst – da brauchte weder eine PR-Agentur zu helfen noch irgendetwas erzwungen zu werden. Es kamen einfach Menschen mit unterschiedlichen Talenten, Energien und Wünschen zusammen, und daraus entstand etwas vollkommen Unerwartetes, das ab 2017 möglicherweise Hunderten Menschen eine neue Aufgabe gibt. Denn *millionways* konnte ein großes deutsches Einzelhandelsunternehmen als Vertriebspartner gewinnen – ohne den Input und die Erfahrung der Neunzigjährigen wäre das niemals passiert.

Ich bin fest davon überzeugt, dass die Gesellschaft vielseitiger und spannender wäre, wenn in verschiedenen gesellschaftlichen Bereichen heterogene Gruppen zu Teams geformt würden, die gemeinsam an Projekten, Unternehmen oder Aufgaben arbeiten. Dabei geht es nicht nur um verschiedene Altersgruppen, sondern generell unterschiedliche Menschen, die sich ansonsten niemals begegnet wären und die durch ein gemeinsames Ziel verbunden werden. Ich werde in Kapitel 5 noch darauf eingehen, wie man das innerhalb von Städten und Gemeinden umsetzen kann.

In einigen Unternehmen hat sich die Methode, mit heterogenen Teams zu arbeiten, mittlerweile etabliert, aber innerhalb der Gesellschaft, im öffentlichen Sektor oder eben auch in der Wirtschaft allgemein ist das leider noch eine Ausnahme. Weil die Wege fehlen – wie soll ich einen Menschen mit denselben Zielen finden? Das kann man meist nicht bei Facebook eingeben. Aber wenn solche Teams erst einmal entstanden sind, passieren oft ganz von selbst produktive Dinge. So kann eine Gruppe von der anderen lernen und jeder Mensch den anderen inspirieren. Dabei muss es gar nicht immer um tiefschürfende Themen gehen, und es muss auch nicht jedes Mal ein großes Unternehmen dabei herauskommen – Inspiration ist viel einfacher. Die Energie, die entsteht, wenn Menschen mit unterschiedlichen Talenten an einem gemeinsamen Ziel arbeiten, ist unendlich. Wir wissen das aus all den großen und kleinen Erfolgsgeschichten, die wir täglich in den Medien lesen.

Der Fehler ist nur, zu denken, dass du nichts damit zu tun hast. Dass es immer die anderen sind, denen solche Geschichten passieren. In einem Lied der Band Kettcar heißt es, dass die guten Geschichten nur denen passieren, die sie erzählen können. Also erzähl dir deine Geschichte!

2 Konventionen bestimmen unser Leben

Viele Probleme, denen wir täglich begegnen, haben eine einfache Ursache: Entfremdung durch Konventionen. Ich meine damit nicht das Postulat von Karl Marx, dass wir uns von unserer Arbeit (und damit auch uns selbst) entfremden, obwohl das sicherlich richtig ist. Doch das ist nur ein Aspekt: Der eigentliche Grund unserer Unzufriedenheit ist, dass wir uns von uns selbst, von unserem wahren Kern, entfremdet haben. Wir hören nicht mehr auf unsere Bedürfnisse. Wir leben nicht mehr im Einklang mit der Natur – was gute Gründe hat, schließlich möchte niemand bestreiten, dass isolierte Häuser, Kühlschränke und viele andere Wunder moderner Technik überaus nützlich und sinnvoll sind. Doch wir haben es auf die Spitze getrieben. Nicht nur wissenschaftliche Erkenntnisse bestätigen das, sondern auch das Verhalten der Menschen.

Im Lauf der Evolution haben Lebewesen ihre Fähigkeit perfektioniert, sich an ihre Umgebung anzupassen. Dieser Mechanismus der Anpassung an sich ändernde Bedingungen hat über Millionen von Jahren zur Optimierung der Lebensbedingungen geführt: Tiere bekamen ein dickes Fell, um in kalten Umgebungen zu überleben, entwickelten einen Panzer gegen Feinde. Sie kamen aus dem Wasser und eroberten das Land – aus Flossen wurden Beine. Andere erhoben sich in die Lüfte und entwickelten Flügel. Manche gingen zurück ins Wasser und passten sich wieder dort an. Von Generation zu

Generation veränderten sich die Merkmale einer Population und wurden weiter vererbt. Um die eigene Existenz zu sichern, mussten sich Lebewesen ständig weiterentwickeln.

Auch der Mensch entwickelte sich seit Beginn seiner Existenz, indem er sich an die Natur seiner urbanen Umgebung anpasste. Und hörte damit irgendwann auf – denn inzwischen sind wir längst die wohl erste Lebensform, die in allumfassendem Ausmaß die Umgebung an sich anpasst. Wir haben Städte errichtet, Länder erschlossen und im Zuge dessen zahlreiche Kriege geführt. Wir kommunizieren weltweit, wir reisen weltweit, und wir arbeiten weltweit. Würde man den Planeten von außen beobachten, sähe man eine beeindruckende Infrastruktur, ein offenbar funktionierendes System, das sich selbst am Leben erhält und das die Entwicklung auf Rekordgeschwindigkeit beschleunigt hat.

Der Haken: Die Anpassung an die Umgebung scheint für den Menschen nicht mehr erforderlich. Das Erschaffene ist nicht natürlich, und das spüren wir. Da wir weiterhin nach einer stimmigen Umgebung suchen, passen wir uns heute an andere, künstliche Sachen an: an Strukturen, die sich in den letzten Jahrhunderten durch uns entwickelt haben.

In der Natur wachen die Lebewesen auf, wenn die Sonne aufgeht. Manche, wenn die Nacht hereinbricht oder wenn ein Feind kommt. Sie schlafen, wenn sie müde sind. Sie machen eben das, was sie fühlen, was sollten sie auch sonst tun? Wir machen, was in unseren Plänen steht. Gefühle sind dabei irrelevant, denn Pläne lassen Emotionen außer Acht. Wir werden von einem Wecker aus dem Schlaf gerissen, egal, wann wir ins Bett gegangen sind, wie unsere Tagesstimmung ist und wie müde wir sind. Und idiotischerweise stellen wir uns diesen Wecker auch noch selbst, mehr oder weniger freiwillig. Das nur ein Beispiel – und zwar eines, unter dem ich als Nachteule in der 9-to-5-Welt nun wirklich schon oft gelitten habe.

Unser Alltag findet in künstlich geschaffenen Räumen statt. Wir leben, arbeiten und fahren mit vielerlei Technik, abgeschottet gegen Wind und Wetter. Zunehmend findet unser Leben in einer digital projizierten Welt statt. Vor nicht allzu langer Zeit waren wir noch ganz und gar Naturwesen, doch davon haben wir uns weitgehend verabschiedet. In der Natursoziologie werden uns Menschen Begriffe wie »Technosaurier« zugewiesen, wir sind bis auf Ausnahmen nur noch Gäste der natürlichen Umwelt – obwohl wir von der Natur eigentlich nicht abgetrennt sein können, denn wir sind und bleiben ja Wesen der Natur. Und trotzdem leben wir größtenteils entkoppelt und entfremdet von ihr.

Dabei ist es eigentlich ganz einfach: Das Natürlichste auf der Welt ist es, so zu sein, wie man eben ist. Aber was bedeutet das genau? Wie *ist* man? Für alle Lebewesen außer den Menschen ist es einfach: Ohne das Bewusstsein einer Alternative können Kühe, Hunde oder Gelbkopfschildkröten ausschließlich sie selbst sein.

Das sieht in der Realität recht simpel aus: Ein glückliches Schwein erkennt man wirklich an seinem Gesicht: Die Augen strahlen, der Blick ist aufmerksam und wach. Es darf in einer Gruppe leben, sich aussuchen, wo es fressen möchte, wo es sich hinlegen will, es darf sich wälzen, herumrennen und sich auch mal mit einem Artgenossen streiten. Auf Gut Wulksfelde in Hamburg beispielsweise sind die Schweine weder aggressiv noch depressiv: Die Hühner picken sich zufrieden aus der Wiese, worauf sie Lust haben. Die Rinder stehen auf der Weide, fressen Gras und verjagen die Fliegen. Auch Esel, Kaninchen, Meerschweinchen, Ziegen und Schafe sind einfach zufrieden, weil auf diesem Hof die Bedingungen stimmen. Sie dürfen einfach sie selbst sein und so leben, wie es ihren Bedürfnissen und ihrer Art entspricht. So einfach ist das für unsere Mitlebewesen.

Wenn diese Lebensbedingungen stimmen, kennt das Tier keine Unzufriedenheit mit sich oder mit seiner Rolle in seinem Umfeld. Mir ist bisher keine Kuh bekannt, die ihren schwarzen Fleck am Hals lieber hinten rechts hätte, auch habe ich von keinem Vogel gehört, der unzufrieden mit Form und Farbe seiner Federn wäre.

In der Natur gibt es kein zufrieden oder unzufrieden mit sich selbst. Es gibt nur richtige oder falsche Bedingungen, unter denen Tiere leben müssen. Wenn die Kuh in einen Kuhstall mit artfremden Bedingungen gestellt wird, dann ist das naturgemäß falsch. In einer Schweizer Forschungsanstalt testeten Verhaltensforscher beispielsweise, auf welcher Unterlage Rinder am liebsten ruhen, denn mehr als 16 Stunden macht eine Kuh nichts anderes als herumzuliegen und wiederzukäuen – ein herrliches Leben, wenn die »Matratze« stimmt. Sie fanden heraus, dass Rinder, die auf einem zu harten Betonboden stehen, es vermeiden, oft aufzustehen oder sich hinzulegen. Mit dem richtigen Bodenbelag bewegten sich die Tiere natürlicher, öfter und blieben insgesamt gesünder – was am Ende auch den Einsatz von Antibiotika reduzierte.[24]

Aber diese Zufriedenheit oder Unzufriedenheit hat ihre Ursache in den von Menschen geschaffenen Bedingungen. Nun behaupten manche, die Zufriedenheit von Tieren könne man nicht mit der von Menschen vergleichen, da Tiere gar keine Gefühle hätten. Doch das ist erwiesenermaßen Unsinn: Wer mit Tieren zusammenlebt, weiß, dass dem nicht so ist. Sogar ein Bewusstsein für sich selbst wurde inzwischen belegt, wie Wissenschaftler der University of Wisconsin-Madison herausfanden:

»Bisherige Studien per Rouge-Test hatten gegen ein Ich-Bewusstsein bei Rhesusaffen gesprochen: In Spiegelbildern schienen die Tiere eher Artgenossen als sich selbst zu erkennen. Die Videoaufnahmen des Forscherteams legen nun das Gegenteil nahe. Die Affen betrachteten im Spiegel – teils unter akrobatischen Verrenkungen – selbst Körperstellen, die sonst nicht in ihrem Blickfeld lagen. Diese Stellen berührten sie immer am eigenen Körper, nie am Spiegel.«[25]

Nutztierethologen in Deutschland und der Schweiz beschäftigen sich in den letzten Jahren verstärkt mit den Gefühlen von Schafen, Schweinen oder Rindern. Jede Tierart zeigt ihre Gefühle anders: Das Schwein grunzt in verschiedenen Tonlagen, dem Schaf lässt sich eher an den Ohren ablesen, wie es sich fühlt, dem Hund am Schwanz. Bei all dieser Verhaltensforschung sind aber bisher keine Zwänge bekannt, die ein Tier sich selbst auferlegt.

»Kein Tier fühlt diese Qual; alle Tiere sind vollkommen zufrieden mit dem, was sie sind. Der Mensch ist das einzige Tier, das im Innersten unzufrieden ist ...«[26]

Der Mensch verfügt über wesentlich mehr Möglichkeiten und nutzt diese auch. Insbesondere hat er die Möglichkeit, unzufrieden zu sein, und macht davon von Herzen gern Gebrauch. Aber warum? Was hindert uns Menschen daran, einfach zu sein, wie wir sind und fühlen?

Dieses darf man nicht – jenes muss man doch

Beginnen wir am Anfang unseres Lebens: In der Regel werden wir schon als Kleinkind daran gehindert, nach unserem inneren Antrieb zu leben. Kinder können hierzulande schwer eine der wichtigsten Triebfedern der Entwicklung ausleben: ihre Neugier. Sie können eben nicht ohne Einschränkungen ihre Umgebung entdecken und erforschen – weil aus Sicht westeuropäischer Eltern zu viele Gefahren drohen: Autos und Züge, Drogen, Entführer und Bakterien oder herunterfallende Balkone. Die Liste der Einschränkungen ist lang. »Du musst aufpassen!« Oder: »Das darfst du nicht …« So bedauerte bereits Albert Einstein, der weltberühmte Physiker: »Jedes Kind bringt eine göttliche Neugier mit, die so oft frühzeitig verkümmert.«

Ja, man beraubt Kinder unbewusst ihrer Abenteuer, Entdeckungen und Begegnungen mit der Natur. Damit hindert man sie daran, die Welt zu begreifen. Das Wort heißt ja nicht umsonst »be-greifen«. Wie soll ein Kind etwas begreifen, wenn es dies nie greifen durfte – oder fühlen, schmecken, ausprobieren. Selbstverständlich ist der Sand im städtischen Sandkasten des Kinderspielplatzes dreckig: Wahrscheinlich haben Katzen hineingepinkelt, und die waren sicher nicht die Einzigen. Auch der Feinstaub der Autos könnte sich abgelagert haben. Überhaupt, wer weiß schon, was da für Viecher drin herumkrabbeln?

Wie wenige Kinder noch mit einem Mistkäfer oder einer roten Waldameise interagiert haben, mag zwar auf den ersten Blick nicht dramatisch sein, aber es ist ein Symptom für eine umfassende Entfremdung von der Natur – der äußeren und der inneren. Dadurch, dass die Eltern selbst nicht im Einklang mit der Natur und ihren Bedürfnissen leben, sind Kinder von Anfang an gezwungen, sich einem verfremdeten Lebensinhalt anzupassen.

Hören sie dann ständig Sätze wie »Man kann doch nicht …« – egal, ob sie nackt auf einen Birnbaum klettern oder ganz unvoreingenommen den Rollstuhl des Nachbarn testen möchten –, ist es mit der Neugier und der Freiheit der Selbstentwicklung schnell vorbei. Die berechtigten Nachfragen des Kindes bleiben unbeantwortet: »Warum darf ich nicht? Wieso ist das verboten? Was passiert denn dann?« Oder sie werden mit Scheinargumenten erwidert.

So erzählte Matthias, dass seine Mutter ihn tatsächlich mit folgendem Satz daran hinderte, als Fünfjähriger nackt im Garten herumzulaufen: »Wenn der Schwan (vom See nebenan) in den Garten kommt, beißt er dir deinen Pillermann ab.« Dass diese Botschaft einzig der Scham der Mutter entsprang, diese aber nicht drüber sprechen konnte, was eine Folge ihrer Erziehung war, konnte er als kleiner Junge nicht wissen. Er hatte immer das Gefühl, dass irgendwas am Nacktsein oder an der Begründung nicht stimmte, hätte aber nicht gewagt, an der Aussage seiner Mutter zu zweifeln. Besser zweifelte er seine Empfindung an und schwieg. Damit einhergehende Gefühle wurden verleugnet und unterdrückt.

Sandra hat ein behindertes Kind und erzählte mir, wie unverstellt sich Kinder ihrem Sohn im Rollstuhl näherten. Sie fragten, warum er nicht laufen könne und ob es wehtue, wenn man nicht laufen kann. Meistens jedenfalls. Denn es gab Eltern, die ihr Kind gleich ganz eilig wegzogen: »Sowas fragt man nicht!« Oder: »Lass den mal!« Diese Kinder lernen, ihre Neugier zurückzuhalten und ihren Impulsen nicht nachzugehen – und erfahren dabei nichts über individuelle Lebensformen. Sie speichern nur, dass man mit Anderssein offenbar nicht offen umgehen kann. Sie fühlen die Befindlichkeit ihrer

Eltern, wissen nicht, warum, und werden selbst künftig diffuse Vorbehalte haben.

Wie Prägungen der Kindheit das weitere Leben beeinflussen, wird mir immer wieder erzählt. Michaels Oma hat auf die Frage, wie es ihr geht, stets geantwortet: »Man muss ja zufrieden sein.« In Michaels Elternhaus war es unüblich, dass man nachspürte, ob und warum man unzufrieden war. Auch nachdem er mit einem Burnout zur Therapie gefunden hatte, war es noch ein langer Weg für ihn, sich diese Missempfindung überhaupt zu gestatten. Bis dahin hatte er allen und letztlich sich selbst ständig den glücklichen Familienvater und Abteilungsleiter vorgespielt.

Hinter gängigen Floskeln wie »Man muss ja …« oder umgangssprachlich »Muss ja!« steht ein kategorisches »Man darf nicht jammern!«, was so oder so viele von uns aus ihrer Kindheit kennen dürften. Diese Botschaften stecken als Leitsätze ein Leben lang in den Köpfen, bewusst oder unbewusst, so banal sie auch klingen mögen.

Kein Wunder, dass Erwachsene zum Beispiel bestenfalls im intimsten Umfeld noch so richtig albern sein dürfen, nicht aber in der Öffentlichkeit. Aber: Wäre es nicht allzu menschlich, auch mal sinnfrei Verrücktes zu tun? Wohlgemerkt ohne Alkohol, einfach im Alltag. Wo albern Erwachsene öffentlich auf der Straße rum? Nicht, um Aufmerksamkeit zu erregen, sondern weil sie sich gerade so fühlen? Für uns Menschen fühlt sich die Außenwirkung leider oft unheimlich wichtig an. Man möchte souverän, stark und geordnet erscheinen. Aber genau das ist aus meiner Sicht oftmals ein unnatürlicher Zustand: Warum kann man nicht einfach die Emotionen rauslassen, also ungehemmt lachen, anderen Fragen stellen, singen oder einfach etwas zappeln? Man muss ja nicht – um bei der Tieranalogie zu bleiben – wie ein wild gewordener Affe bei der kleinsten Bewegung eines Artgenossen herumhüpfen und absurde Geräusche machen. Unsere Impulse sind oft andere, als weltmännisch und geordnet der Welt gegenüberzutreten.

Und damit noch nicht genug. Nicht nur, dass uns von Kindesbeinen an Verhaltensregeln eingeredet werden, die oft noch von unseren Ahnen stammen und früher möglicherweise sogar ihre Berechtigung hatten. Zugleich müssen wir uns von klein auf an einen Biorhythmus gewöhnen, der nicht unserer ist: Eltern, Kindergärten, Schulen – alles ist nach unserer Arbeitswelt getaktet. Kinder werden zwangsläufig dem Rhythmus der Eltern angepasst, wenn es zum Beispiel ums Essen oder Schlafen geht. Schlafmediziner berichten: Der hierzulande übliche Schulbeginn entspricht nicht den biologischen Rhythmen der Kinder. Seit Jahren wird über die unterschiedlichen Typen »Nachtigallen« und »Nachteulen« diskutiert, doch eine individuelle Anpassung an die vom Kind vorgegebenen Zeiten des Schlafens, Wachens und Lernens scheitert an den Zwängen unserer Leistungsgesellschaft.

Damit müssen wir klarkommen, irgendwie. Haben wir endlich das Erwachsenenalter erreicht, haben wir schon fast verlernt, richtig spontan zu fühlen. Wenn ich davon spreche, dass man sich selbst und seine Bedürfnisse spüren sollte, werde ich oft ratlos angeschaut. Das Hineinspüren zu den natürlichen Empfindungen hat keinen Raum in unserem Leben erhalten und später einen entsprechend geringen Stellenwert. Was allerdings im jungen Erwachsenenalter kaum jemand mehr bemerkt oder hinterfragt, weil diese »Unnatürlichkeit« so selbstverständlich in der Gesellschaft etabliert ist. Man wacht nicht nach seiner inneren Uhr auf, sondern wird von einem Wecker zu einer von außen bestimmten Uhrzeit aus dem Schlaf gerissen. Beim Lesen dieses Satzes werden viele denken: »Na klar, wie soll es sonst auch gehen?« Und sie beweisen damit nur meine These, dass solche Konventionen eben viel zu normal und scheinbar unverrückbar geworden sind. Bloß warum ist das so?

Die Taktung unseres Alltags

Vor der Industrialisierung haben sich die Menschen nicht um Uhrzeiten gekümmert. Für sie war wichtig, wann die Sonne auf- und unterging. Die meisten Menschen wachten automatisch langsam mit der Dämmerung auf, und die war je nach Jahreszeit mal früher, mal später. Mit der Industrialisierung endete diese Ära. Menschen arbeiteten von nun an in Fabriken, es gab Arbeitsteilung und einheitliche Arbeitszeiten, sodass man sich dem Rhythmus der Maschinen unterordnen musste. Pünktlicher Arbeitsbeginn, striktes Einhalten von Pausen und regelmäßige Schichten wurden immer mehr zur Normalität.[27] So entstand unser Leben nach dem Diktat der Uhr. »Kontrolluhren, Arbeitszeitmessgeräte und Fabrikuhren belegen eindrücklich, dass die Industrialisierung Arbeiter und Angestellte in den Betrieben einer ›fremdbestimmten‹ und immer gleichen Arbeitszeit unterwarf.«[28]

Anschließend verläuft ein Tag weiterhin im »fremdbestimmten« Takt. Eine spontane Lebensgestaltung nach Stimmung können wir uns heute überhaupt nicht vorstellen – ob es um die durchgeplanten Nachmittage der Kinder geht oder der Feierabend von Fußballspielen dominiert wird. Selbst Urlaube verbringen Erwachsene und Familien mit All-inclusive-Bespaßung. Einfach mal Zeit zu haben und abzuhängen wird als Langeweile oder unausgefüllte, wenn nicht gar vergeudete, Zeit empfunden: »Man muss doch was erleben!« Und nach dem Urlaub »muss man doch was zu erzählen haben«. Schließlich: »Man kann doch nicht einfach nur nichts tun.«

Man kann schon. 2010 lernte ich Florian, einen körperlich schwer behinderten jungen Mann kennen. Er schilderte mir, wie

Eine spontane Lebensgestaltung nach Stimmung können wir uns heute überhaupt nicht vorstellen.

er sich durch die ihm auferlegten Zwänge gequält hat. Egal welche berufliche Beratung er durchlief, nie bot man ihm die Möglichkeit, seinen Interessen und Fähigkeiten entsprechend ausgebildet zu werden. Für die einen Arbeiten war er zu behindert, für spezielle Maßnahmen zu »normal«. Alle Wege führten ihn in Werkstätten für behinderte Menschen. Doch die handwerklichen Tätigkeiten überforderten ihn körperlich und unterforderten ihn geistig. Es ging ihm zunehmend schlechter, bis er fast seinen Lebensmut verlor – und das für monatlich durchschnittlich 180 Euro. In dieser Lebenskrise entschloss er sich, nur noch das zu machen, was er gern tat. »Behinderung muss ja auch zu was gut sein«, sagt er sich seither und lebt von der staatlichen Grundsicherung. Oft muss er sich Anfeindungen anhören: »Du kannst doch nicht einfach nichts tun!« Doch er hat im Internet herausgefunden, dass sein Platz in der Werkstatt dem Staat ohnehin mehr Kosten verursacht, als er nun monatlich bekommt. Also was soll's? Nun bildet er sich selbst im Netz weiter, liest, was ihn interessiert, und hofft, dass er eines Tages irgendwas arbeiten kann, was ihm Freude macht und wo sein Können wirklich anerkannt wird. Und bis dahin ist er entspannter und zufriedener als viele nichtbehinderte Menschen, die mir begegnet sind. Vermutlich kommt er dem Idealmenschen aus der Renaissance näher als die Meisten von uns.

Bis zur Rente scheinen die Meisten verlernt zu haben, wie sie ihren Tag ohne fremdbestimmte Planung verbringen können. Freizeit im Alter wird leider oftmals als Langeweile empfunden, und prompt fallen viele Rentner und Pensionäre in ein regelrechtes Loch. Deshalb wird von allen Seiten empfohlen, dass die Strukturierung des Tagesablaufs ein wichtiger Aspekt sei, um die freie Zeit erst richtig genießen zu können. Also, das muss man sich mal vor Augen führen: Nur wenn wir unsere freie Zeit in strukturierende Abschnitte teilen, in denen wieder einmal andere festlegen, was wir wo machen können, können wir endlich unsere Freizeit genießen, nach der wir uns während eines langen, mühevollen Arbeitslebens so sehr gesehnt haben?

Bloß nicht schwach sein!

Vor lauter »Du musst doch …« und »Du darfst nicht …« wissen viele im Lauf ihres Lebens auch nicht mehr, was sie eigentlich selber wollen und was nicht. Was von dem, was scheinbar meine Wünsche oder Ziele sind, kommt wirklich von mir? Und was habe ich inzwischen so verinnerlicht und adaptiert, dass ich es selbst nicht mehr merke? In der Altersgruppe der über Fünfundvierzigjährigen haben einige geschildert, dass dieses Hinterfragen in ihrem Umfeld oder ihrer Familie oft die Befürchtung auslöste, dass bei ihnen nun die Midlifecrisis begonnen habe. Dabei waren sie an diesem Punkt endlich mal wieder ehrlich zu sich selbst! Und selbst das war sofort mit einem unangenehmen Gefühl behaftet: Krise? Ich doch nicht!

Krisen werden mit Schwäche gleichgesetzt, Krisen lösen Ängste aus, Krisen haben andere! Dabei bedeutet Krise nichts anderes als eine »schwierige Lage, Situation, Zeit, die den Höhe- und Wendepunkt einer gefährlichen Entwicklung darstellt«.[29] Und ein Wendepunkt ist eine Weggabelung, an der wir uns entscheiden können, ob wir den Weg nun hier oder dort weitergehen. Ob wir weitermachen wie gewohnt oder ob wir eine andere Richtung einschlagen. Doch wenn das Hineinspüren in unser Inneres gleich wieder Ängste bei unserem Umfeld auslöst, bleibt man besser bei der gewohnten Rolle und erfüllt die Erwartungen anderer. Dabei sollten wir gerade dann auf unsere Emotionen achten, genau hier sind Hinweise darauf, was wir ändern können. In Kapitel 3 gehe ich darauf näher ein.

Marion meldete sich mit 37 in unserer Stiftung. Sie hatte gerade eine harte Zeit hinter sich. Zuerst hatte sie sich ein Jahr mit Rückenschmerzen rumgequält und war fast in eine Tablettenabhängigkeit geraten. Weil sie ohnehin privat und in ihrem Beruf völlig unzufrieden war, suchte sie lange nach Ausflüchten, um diesen Berg voller Probleme nicht angehen zu müssen. Lieber suchte sie die Schuld bei sich und spielte die ihr zugewiesenen Rollen weiter. Als endlich erkannt wurde, dass sie einen Bandscheibenvorfall hatte, folgten Spritzen und die Empfehlung zur Operation mit Versteifung der Wirbelsäule. Einer weiteren Ärztemeinung folgend entschied sie sich jedoch für eine eher konservativ ausgerichtete Reha. Währenddessen wurde Marion neben dem Training einer richtigen Körperhaltung klar, dass ihr Rücken den Zustand ihres Inneren spiegelte. In der Schmerztherapie lernte sie, dem Ursprung der Schmerzen nachzuspüren. Vorfall der Bandscheibe? Was war passiert? Ihr Rückgrat war so verbogen, dass dieses unter der Quetschung nachgab. Was hatte sie so verbogen? Durch dieses »Nach-innen-Hören« habe sie sich wieder selbst gefunden, sagt Marion. Langsam spürte sie wieder, was sie vom Leben eigentlich will. Heute ist sie nach einem Berufswechsel »völlig zufrieden«. Auch mit ihrem Mann hat sie nach der Trennung wieder ihren Frieden gemacht.

Lohnarbeit des Industriezeitalters und neue Start-up-Kultur

In der Welt der Nachkriegszeit, in der Europa in Trümmern lag und die Welt noch lange nicht vernetzt war, mussten die Menschen nicht nur arbeiten, um Geld zu verdienen und ihre Existenz zu sichern, sondern auch, um alles wieder aufzubauen. Wie man bei großen Katastrophen immer wieder beobachten kann, braucht es in solchen Situationen keine endlos langen Debatten und Gesetzgebungsverfahren. Vielmehr finden sich die Menschen in Gruppen, Dörfern und Regionen zusammen und beginnen mit dem Wiederaufbau, ganz pragmatisch. Für jeden Einzelnen ging es damals darum, eine Aufgabe wahrzunehmen, um eine Struktur und eine Gesellschaft aufzubauen, die gesamte Infrastruktur, die Wirtschaft, die Straßen und die Häuser, schließlich lag alles in Schutt und Asche. Um das wieder herzurichten, mussten die Menschen einfach funktionieren. Jeder musste den Part erfüllen, der gerade getan werden musste. Naturgemäß genoss die individuelle Selbstverwirklichung nicht gerade oberste Priorität.

Doch gehen wir noch ein Stück zurück. Zu Beginn des 19. Jahrhunderts lag Deutschlands Wirtschaft noch im Dornröschenschlaf. Die meisten Menschen arbeiteten jahraus, jahrein auf dem Feld oder im Stall. Es gab Familien, und jeder hatte seine Rolle: Die Väter sorgten für das Geld, und die Mütter kümmerten sich um den Haushalt. Das Handwerk litt unter starren Zunftregeln. Manche Familien versuchten, mit mühsamer Heimarbeit – beispielsweise mit Spinnen oder Weben – ihre Existenz zu sichern. Es war eine harte Zeit.

Ab 1835 entstanden landesweit Bahntrassen. Um diese zu bauen, wurde Eisen benötigt, und um Eisen zu Stahl zu verarbeiten, brauchte es Kohle. Ein Kreislauf entstand, der sich stetig selbst verstärkte und bald eine industrielle Eigendynamik entwickelte. In manchen Regionen waren 1850 schon mehr Menschen in der Industrie und im Handwerk beschäftigt als in der Landwirtschaft. Immer mehr Produkte wurden nicht mehr mit der Hand, sondern mit Hilfe von Maschinen hergestellt. Nach Jahrzehnten der puren Existenznöte und Armut entstand ein weiterer Wirtschaftszweig, die Nachfrage nach Konsumgütern. Die Textilindustrie boomte, Genussmittel wie Tabak oder Zucker – die davor reine Luxusgüter waren – fanden immer reißenderen Absatz. Auch die Arbeiter bekamen dank steigender Löhne ein kleines Stück vom Kuchen ab.

Mit einem solchen Wirtschaftswunder hatte niemand gerechnet. Die Industrialisierung brachte gewaltige gesellschaftliche Umbrüche mit sich. Nicht nur die zuvor beschriebene Taktung durch Zeit- und Kontrollmesser. Die Jahrtausende zuvor lebten und starben die meisten Menschen an dem Ort, an dem sie auch geboren worden waren. Nun wirkten Fabriken oder Kohlegruben wie Magneten: Menschen zogen der Arbeit hinterher – von Ostpreußen ins Ruhrgebiet, von Oberfranken nach Sachsen, von Mecklenburg nach Berlin. Gerade im Ruhrgebiet entstanden unversehens respektable Städte – einige wuchsen bis 1910 um das Zehnfache. Berlin knackte die Zwei-Millionen-Grenze bei der Zahl seiner Einwohner. Auch die Frauenbewegung erhielt durch die Industrialisierung Zulauf: Da Frauen als Arbeitskräfte benötigt wurden, nahmen sie immer öfter am öffentlichen Leben teil und gewannen dadurch neues Selbstbewusstsein. Kurz vorm Ersten Weltkrieg hatte sich der einstige Spätzünder Deutschland zum Industriewunder gewandelt und überflügelte in manchen Branchen sogar den Pionier Großbritannien.

Doch vor den Schattenseiten dieses Wirtschaftsbooms verschloss man die Augen: In den Städten kam der Wohnungsbau dem Bedarf nicht hinterher. Ganze Familien pferchten sich in ein einziges Zimmer und vermieteten manchmal sogar das letzte freie Bett an sogenannte Schlafgänger. Die Toilette im Treppenhaus musste mit den Mietern von nebenan geteilt werden. Wochenarbeitszeiten von 72 Stunden ohne Gesundheitsschutz waren an der Tagesordnung. Gerade in der Anfangszeit des Industriezeitalters war die durchschnittliche Lebenserwartung gering. Stickige Luft und verschmutzte Flüsse wurden damals als notwendige Begleiterscheinung des Aufstiegs hingenommen. Ein Bewusstsein für die Grenzen des Wachstums entstand erst ein Jahrhundert später.

Damals war es nicht ein genereller Anspruch des Einzelnen, etwas mit Leidenschaft zu machen, die Familie zu versorgen war das Hauptmotiv. Oder eine ausreichende Versorgung in Aussicht zu haben, um überhaupt eine Familie gründen zu können. Die Menschen waren damit beschäftigt, ihr tägliches Werk zu verrichten. Aber bei aller Härte, die das Leben mit sich brachte, dürfen wir nicht übersehen, dass auch die heutige Zeit andere Härten birgt. Denn damals war man nicht getrieben davon, etwas anderes aus sich zu machen als das, was möglich war. Die Meisten konnten die wachsenden Chancen, welche die Welt damals bot, noch gar nicht sehen – sie erfuhren ja kaum davon und wussten somit gar nicht, dass alles auch ganz anders gehen könnte. Oder die Alternativen lagen so weit außerhalb ihres Lebens, dass ein Streben danach nur vermessen gewesen wäre. Man verfügte lediglich über das Wissen aus Erfahrungen der Eltern, Familie, Nachbarn und Freunde – nicht über das unbegrenzte, jederzeit griffbereite Wissen aus der gesamten Welt.

Heute bekommen wir nicht nur die Erfahrung der vorigen Generationen serviert, sondern zugleich die Alternativen der ganzen übrigen Welt. Mit der Palette unbegrenzter Möglichkeiten steigen jedoch gleichzeitig die Ansprüche, diese Chancen zu ergreifen – etwas »aus sich zu machen«. Plötzlich liegt es in unserer Hand, etwas Besseres zu erreichen als unsere Eltern, Freunde oder Nachbarn. Schaffen wir das nicht, sind wir selbst schuld.

So haben die seit zwanzig Jahren sprunghaft gestiegenen Möglichkeiten auch ihre Schattenseite: Wir sind schwerer zufriedenzustellen. Natürlich waren die Eingeschränktheit und die realen Zwänge vor hundertfünfzig Jahren aus heutiger Sicht nicht besonders lebenswert. Aber zumindest hat in diesem Fall Unwissenheit tatsächlich zu einer größeren Zufriedenheit geführt: Erreicht zu haben, was möglich ist, macht zufrieden – selbst wenn das nicht viel ist. Nicht zu erreichen, was sich als Chancen im Leben anzubieten scheint und was so viele andere offenbar auch erreichen, macht unzufrieden. Oder anders gesagt: Wenn man damals vom Leben ausschließlich erwartete, eine vielleicht anstrengende Arbeit zu haben und seine Familie damit ernähren zu können, und man das auch erreichte, war man zufrieden. Weitere Bedürfnisse gab es zumindest bewusst nicht, weil einfach zu wenig sichtbare Möglichkeiten existierten. Heute ist es genau anders: Dadurch, dass wir um uns herum extrem viel mehr Möglichkeiten sehen, haben wir auch deutlich höhere Bedürfnisse und Ansprüche an uns selbst.

> Erreicht zu haben, was möglich ist, macht zufrieden – selbst wenn das nicht viel ist.

Ich will dich, vielleicht

Generell fühlen sich viele Menschen von scheinbar unendlichen Möglichkeiten überfordert. Wenn alles jederzeit austauschbar scheint, schwindet auch die Wertschätzung für Partner, Erlebnisse und letztlich für uns selbst. Holen wir uns das Gefühl der Wertschätzung zurück! Aber wo ist es geblieben?

Wenn alles jederzeit austauschbar scheint, schwindet auch die Wertschätzung für Partner, Erlebnisse und letztlich für uns selbst.

Über die Partnersuche in unserer Zeit wurde viel geschrieben – doch eine wesentliche Sache wird dabei oft vergessen: das Verhältnis zwischen dem Aufwand, den es kostet, einen Partner zu gewinnen, und der anschließenden Wertschätzung.

Horst, 70, ein Freund meines Vaters, erzählte mir während einer langen Autofahrt, wie Partnersuche in seiner Generation aussah. Als junger Mann hatte er keine Ahnung, wie eine Frau nackt aussieht. Er wusste nicht, wie man mit der ersten Freundin das »erste Mal zusammenkommt«. Denn mit den Eltern redete man nicht darüber, und die Freunde waren genauso ahnungslos wie er. Eine innere Ehrfurcht vor der ersten Berührung mit dem anderen Geschlecht steigerte sich damals in eine tatsächlich unerträgliche Spannung. Unfassbar, welche Mühe er sich gab, sich über Wochen und Monate an dieses »erste Mal« heranzutasten. Wie aufregend das war, dass er sich bis heute derart bildhaft daran erinnert, als sei es gestern gewesen.

Inzwischen wird »das erste Mal« eher rasch abgehakt. Man entledigt sich seiner Jungfräulichkeit, teilweise sogar explizit, um es »hinter sich zu haben«. Die Schwemme der Nacktfotos, die aufploppen, wenn man im Internet unterwegs ist, spiegelt die Beliebigkeit der menschlichen Körper. Heute haben wir, gewollt oder ungewollt, alles schon gesehen, ehe wir uns überhaupt danach sehnen konnten.

Anders die ersten Beziehungen, von denen Horst mir erzählte: ein enormer Aufwand. Fast jeden Tag ging er zu irgendwelchen Veranstaltungen, wo er irgendwann zufällig ein Mädchen kennenlernte. Dann wurden erst einmal die Telefonnummern ausgetauscht, Festnetz natürlich. Er rief sie an, zuhause, hoffte, dass sie drangeht und nicht ihre Eltern. Die erste Verabredung, Herzklopfen bis zum Hals. Ein Riesenaufwand, bis Horst endlich am Ziel war. Die Folge: gegenseitige Wertschätzung, denn das alles war nicht mal fix im Vorübergehen abgehakt.

Heute ist vieles anders – Facebook und Dating-Portale machen's möglich: Wir sehen nicht nur überall nackte Bilder von irgendwelchen Fremden, sondern auch von den Menschen, die wir schon kennen oder bald kennenlernen wollen. Ein Klick, und schon wissen wir, überspitzt beschrieben, wie sie in Unterwäsche aussehen. So können wir online schnell die inneren und äußeren Werte abchecken. Wenn die Person nicht unseren Ansprüchen genügt, klicken wir schnell weiter. Passt sie ins Raster, wird sie »gelikt«.

Die erste Begegnung läuft folglich mit einem Sack voller Erwartungen auf beiden Seiten ab. Schließlich sollen sich nun die ganzen Online-Selbstdarstellungen auch bewahrheiten. Und wenn nicht? Das nächste Date kann man sich ja problemlos binnen Minuten organisieren. Diese Beliebigkeit wird als »Freiheit« bezeichnet, für mich ist es viel zu oft die reine Gleichgültigkeit. Diese ist bereits vorhanden, bevor eine wirkliche Beziehung zwischen zwei Menschen entstehen kann – ein simpler psychologischer Mechanismus: Wenn etwas einfach und jederzeit zu haben ist, wird es beliebig, der Wert dessen sinkt und die Wertschätzung natürlich ebenfalls. Im Vergleich zur Geschichte von Horst ist das die Entzauberung von Liebesbeziehungen. Ich bin der Überzeugung, dass wir uns heute genau wie früher nach etwas Echtem sehnen, etwas Beständigem, nach einem Zuhause. Die Mechanismen, die wir dazu entwickelt haben, sind derzeit nicht tauglich, das zu leisten.

Bei der Partnersuche gibt es durchaus Parallelen zur Jobsuche beziehungsweise zur Beschäftigungssuche, weil es um viel mehr als nur um einen Job gehen sollte. Ein wirklich erfülltes Leben würde darin bestehen, seine Facetten ausleben zu können, sowohl im Privaten als auch im Beruf. Die moderne Beliebigkeit des Beziehungsmarkts lässt sich problemlos auf den Arbeitsmarkt übertragen: Auch da scheint alles jederzeit möglich zu sein. Wer selber gerade auf Arbeitssuche ist und nichts Passendes findet, kennt das Gefühl: Für alle anderen scheint alles möglich, nur für uns selbst nicht. Dann haben wir eventuell die falsche Jobplattform gewählt oder dort ein unzureichendes Profil erstellt. Vielleicht ist auch ohne Workshop oder den richtigen Coach gar nichts zu reißen. Es liegt schließlich an uns, was wir aus uns machen und ob wir mehr als den notwendigen Lebensunterhalt erwirtschaften, damit sich alle Wünsche erfüllen lassen. Welche Wünsche? Danach fragt sowieso niemand genau.

Es geht schließlich nicht darum, was wir uns wirklich wünschen oder wer wir wirklich sind, wir definieren uns vielmehr über das, was wir tun. Wenn wir uns kennenlernen oder vorstellen, folgt nach dem Namen und allenfalls noch dem Wohnort unweigerlich die Frage: »Und, was machen Sie beruflich?« Deswegen fallen viele arbeitslose Menschen auf einmal in ein tiefes Loch – nicht nur weil sie sich nicht mehr gebraucht fühlen, sondern auch weil sie nichts mehr zu sein scheinen. Also muss schnell etwas Neues her. Was bietet der Stellenmarkt? Was flattert durch das Jobcenter ins Haus? Wo lässt sich an der Biographie feilen, um uns in eine Stellenausschreibung einzupassen? Beliebigkeit und Austauschbarkeit allerorten.

Das eigene Unternehmen

Der Zeitgeist erklärt auch den gegenwärtigen Hype um Startups. Alles sieht verlockend einfach aus: Man hat eine Idee und wird damit Millionär – und manchmal klappt das ja auch. Das eigene Unternehmen zu gründen, ist der neue Zeitgeist-Lebenstraum.

Dabei war und ist echtes Unternehmertum immer mit sehr viel Arbeit verbunden: Ein Unternehmer alter Schule wie Werner Otto, Gründer des gleichnamigen Versandhauses, erschuf über Jahrzehnte ein großes Imperium mit vielen Arbeitsplätzen, Immobilien, Lagerhallen voller Waren. Der Wert des Unternehmens wurde an realen Dingen – Waren, Gütern, Arbeitsplätzen und Immobilien – gemessen. Auf der anderen Seite gibt es genügend Beispiele von Unternehmen mit virtueller Bewertung. Die Prinzipien der Börse, die vielen Normalbürgern auch heute noch ein Rätsel ist, machen es möglich, dass ein Unternehmen im Extremfall nur mit einer Idee einen Milliardenwert erreichen kann. Der dann natürlich schnell wieder verschwindet, wenn der nächste Hype entsteht.

Ein gutes Beispiel aus jüngster Vergangenheit ist Amen, das mehr durch prominente Investoren wie Ashton Kutcher berühmt wurde als durch seine Geschäftsidee. Denn die hatte wohl niemand richtig verstanden – es hieß nur, dass es das »next big thing« werden würde. Grundsätzlich ging es darum, Meinungen zu teilen. Benutzer trafen Aussagen zu Personen, Orten oder Dingen, und andere Benutzer konnten zustimmen (»Amen«) oder nicht. Wie auch immer: Das Unternehmen sammelte Millionen – ein paar Monate später war es verschwunden. So geht es vielen gehypten Start-ups, nur einige wenige schaffen es.

Die Frage lautet also: Werden Unternehmen gegründet, weil jemand eine große Idee hat und sich selbst damit verwirklicht? Weil jemand etwas Gutes für die Welt tun will? Oder weil es einfach nur ein ziemlich gutes Geschäft zum Geldverdienen ist? Wenn man Gründerbiographien liest, fällt zumindest auf, dass die vor allem in ihrer Anfangszeit passionierten Nerds wie Steve Jobs von Apple, Sergey Brin von Google oder Lars Hinrichs von Xing, die sich einer Sache voll und ganz verschrieben haben, oftmals langfristig erfolgreicher waren als die Retorten-Start-ups aus den vielen »Labs«, die von eingesetzten Managern geplant und geführt werden.

Die Frage für die Fünfzehn- bis Fünfundzwanzigjährigen, die in dieser Zeit aufwachsen, ist also dieselbe wie früher schon: Was möchte ich aus meinem Leben machen? Aber die möglichen Antworten sind deutlich vielfältiger als jemals zuvor. Möchte man wie Daggi ein YouTube-Star werden? Um dann zu zeigen, was man kann? Dann bleibt aber die Frage: Was kann ich denn? Möchte man tatsächlich ein Unternehmen gründen? Ist die Motivation Reichtum? Und ist die Motivation für den Reichtum wiederum, dann mit viel Geld das tun zu können, was man wirklich liebt? Was ist das überhaupt?

Mir sind Menschen begegnet, die bereits vor dem Schulabschluss überlegten, welches Start-up sie gründen wollen, wo sich vielleicht noch eine Marktlücke findet. Sie haben nicht darauf gehört, wo sie selbst sich gerne verwirklichen wollen, sondern welche Mini-Geschäftsidee es bisher nicht gibt und welche Domain zufällig noch frei ist. Viele Start-ups scheitern genau daran. Das Bedürfnis, »etwas aus sich zu machen«, »reich zu werden« oder »sich zu profilieren«, ist allgegenwärtig. Nach diesen Möglichkeiten suchen viele – nicht danach, sich zu verwirklichen, im Wortsinn von selbst wirklich zu sein.

Natürlich liest man immer wieder solche Geschichten: Ein Achtzehnjähriger programmiert eine App und wird über Nacht zum Millionär. Aber entspricht das den Bedürfnissen der heute jungen Menschen? Ist es wirklich tief im Inneren das, was wir alle wollen? Ich glaube nicht. Oft sind solche Geschichten auch nicht geplant. Das berühmteste Beispiel war eine der ersten Smartphone-Apps überhaupt – eine App, die

Furz-Geräusche abspielte. Sie wurde nach Eröffnung des App-Stores für das erste iPhone millionenfach heruntergeladen, was vermutlich auch daran lag, dass es damals noch nicht besonders viele Apps gab. Aber der Entwickler saß sicherlich nicht am Vorabend in seinem Büro und beschloss: »Jetzt werde ich schnell reich, und alles, was ich dazu brauche, ist eine Furz-App.« Ich gehe davon aus, dass es in Wirklichkeit einfach ein Spaß war, der zu unerwartetem Reichtum führte.

Nach außen sieht unsere heutige Welt nach Hochgeschwindigkeit aus, aber in den intimen Gesprächen zwischen zwei Vertrauten geht es immer noch um dieselben Themen wie früher: Eigentlich möchten wir nur ein Zuhause haben, wo wir so sein können, wie wir sind. Menschen, die uns sehen und das, was sie sehen, auch mögen, vielleicht eine Familie. Aber im Bewusstsein ist die Motivation, die eigene Familie zu gründen und zu ernähren, nicht mehr die treibende Kraft, allein schon deshalb, weil das selbst mit Arbeitslosigkeit kein existentielles Problem mehr ist. Doch oftmals heißt nun unser erstes Ziel Selbstverwirklichung, persönliche Zufriedenheit – und erst dann, auf einem guten Fundament, möchten wir eine Familie gründen. Möglicherweise ist das eine sehr gesunde Einstellung, die sogar glücklichere Kinder hervorbringen kann als früher. Aber ganz so einfach ist es eben doch nicht. Womit wir wieder am Anfang dieses Kapitels wären: den erschlagend vielen Möglichkeiten um uns herum.

Heute stecken wir mitten im »digitalen Wirtschaftswunder«. Die IT-Branche ist inzwischen der zweitgrößte industrielle Arbeitgeber hinter dem Maschinenbau.[30] Die Geschichte der weltweiten wirtschaftlichen Wunder liest sich wie eine Verheißung immer besser werdender Zeiten. Wie kann es sein, dass bei allem Zuwachs an

> Wie kann es sein, dass bei allem Zuwachs an Möglichkeiten, Informationen und Erfahrungen die Entfaltung der eigenen Potentiale auf der Strecke geblieben ist?

Möglichkeiten, Informationen und Erfahrungen die Entfaltung der eigenen Potentiale auf der Strecke geblieben ist? Haben wir nicht erstmals in der Geschichte der Menschheit die Möglichkeit, uns global zu vernetzen und gemeinsam mit anderen unsere Potentiale optimal zu verbinden und zu nutzen?

Okay, die Hippies zettelten in den Sechzigerjahren bahnbrechende Revolutionen neuer Entfaltungsmöglichkeiten an. Oder waren sie nur Zeichen und Auswirkung einer Wohlstandsgesellschaft? Aus heutiger Sicht muss ich feststellen, dass ihre Zeit keine wirkliche Potentialentfaltung im Sinne des Auslebens der eigenen Persönlichkeit brachte. Es ging zunächst um das Abschütteln alter Strukturen, um den Ausbruch aus verstaubten Traditionen, was damals ein wichtiger Schritt für die Entwicklung der Gesellschaft war. Provokation war hip, und das Leben wurde als Massenorgie zelebriert. Es ging noch nicht um Fragen wie: Welches Potential steckt in mir? Wie komme ich an meine verschütteten Talente? Was mache ich daraus? Das Wer-bin-ich der Hippies beruhte vor allem auf emotionaler Selbsterfahrung, manchmal versuchten sie auch, ihr Inneres mit Drogen zu ergründen. Aber auch sie schafften es nicht, an der mit der Industrialisierung entstandenen 9-to-5-Taktung unserer Zeiteinteilungsmaschinerie zu kratzen oder sie gar aufzulösen. Wahrscheinlich war das damals noch gar nicht möglich.

Immerhin sind die Arbeitszeiten im 20. Jahrhundert auf eine 40-Stunden-Woche oder gar noch weniger gesunken. Haben wir deshalb nun weniger Druck? Als Arbeitszeit wird die Zeit gezählt, die eine Person bei bezahlter Erwerbsarbeit verbringt. Viele Länder regeln die wöchentliche Arbeitszeit durch Gesetze, wie Vorgaben zu täglichen Mindestruhezeiten, zum Mindesturlaub oder zur Maximalzahl wöchentlicher Arbeitsstunden. Alles Drumherum, was es braucht, um uns arbeitswelttauglich zu halten, wie Arbeit im Haushalt oder Betreuung von Kindern, wird nicht mitgezählt – es ist und bleibt unbezahlte Arbeit.

Die Arbeitszeiten variieren heute scheinbar freiwillig. Aber: Familienstand, Kreditverpflichtungen und Lebensstil bestimmen diese »Freiwilligkeit« leider oft mit. So wird jemand, der seinen Nachwuchs bei der Ausbildung unterstützt und gleichzeitig sein Haus abbezahlen muss, mehr Stunden arbeiten als jemand ohne Kinder. Gesetze regeln nur die Normalarbeitszeiten, also die Arbeitsstunden pro Tag, pro Woche, pro Monat oder pro Jahr, die ein Arbeitgeber vom Arbeitnehmer verlangt. Überstundenregelungen gibt es zwar, aber in Zeiten von Minijobs oder befristeten Tätigkeiten auf Honorarbasis arbeiten viele Menschen in zwei bis drei Jobs gleichzeitig – und niemanden interessiert es. »9-to-5«, also die Taktung von 9 Uhr morgens bis 17 Uhr abends, wird sich auch deswegen auflösen, weil es viele gar nicht mehr schaffen, ihren Lebensunterhalt in dieser Taktung zu verdienen.

Der *Stressreport Deutschland* befragte bundesweit fast 18 000 Arbeitnehmer zu psychischen Anforderungen, Belastungen und Stressfolgen. Die Auswertung ist erschreckend: 43 Prozent der Befragten geben an, dass ihr Arbeitsstress in den vergangenen zwei Jahren zugenommen hat. Rund jeder zweite Arbeitnehmer (52 Prozent) arbeitet nach eigenen Angaben unter starkem Termin- und Leistungsdruck. Knapp 60 Prozent der Befragten gaben an, verschiedene Aufgaben gleichzeitig betreuen zu müssen. Jeder Vierte lässt Mittagspausen ausfallen, weil sie nicht in den Arbeitsablauf passen. 64 Prozent der Beschäftigten arbeiten dem Report zufolge auch am Samstag, 38 Prozent an Sonn- und Feiertagen. Fast die Hälfte der Vollzeitbeschäftigten arbeitet mehr als 40 Stunden pro Woche, rund ein Sechstel sogar mehr als 48 Stunden. Dies führt dazu, dass 40 Prozent der Befragten arbeitsbedingt nur selten oder nie Rücksicht auf familiäre oder private Interessen nehmen können.[31]

Da der Anstieg an psychischen Erkrankungen mit der sich stark wandelnden Arbeitswelt einhergeht, untersuchen zahlreiche Studien, welchen Einfluss der Job auf die psychische Gesundheit hat. »Fakt ist, dass chronischer Stress das Entstehen von Depressionen begünstigt«, kommentiert der Asklepios-Chefarzt Dr. Hans-Peter Unger. Denn die Gestaltung des Arbeitsumfelds ist entscheidend für die psychische Gesundheit – der Job hat sowohl gesundheitsfördernde als auch gesundheitsgefährdende Aspekte.[32] Ob nun Industriekonzerne die Arbeiter ausbeuten oder der Mensch aus selbstauferlegten oder Fremdzwängen heraus arbeitet, macht keinen Unterschied. So oder so geht es um unsere Verwertung zur Profitsteigerung anderer.

Neues wagen

Eine wichtige Gruppe, die seit den Achtzigerjahren etwas aus ihrem Potential gemacht hat, sind nach meinem Empfinden die Computernerds. Steve Jobs und Bill Gates – um die berühmtesten zu nennen – haben sich zugetraut, etwas Neues zu wagen. Sie taten einfach das, was ihnen Spaß brachte, und besaßen zugleich auch das nötige Ego und die Durchsetzungskraft als Talent. Was hätten ein Steve Jobs oder ein Bill Gates in den Sechzigerjahren getan? Steve Jobs war gemäß seiner Biographie ein ziemlich verwahrloster Kiffer, eventuell hätte ihm dieses Leben fünfzehn Jahre früher ja gereicht? Auf jeden Fall ist die Geschichte ihres Erfolgs nicht nur unmittelbar an den wirtschaftlichen Erfolg ihrer Produkte geknüpft, sondern auch an die Erkenntnis, dass sie sich selbst und ihre

Ideen verwirklicht haben. In den Achtzigerjahren gab es logischerweise schon deutlich mehr Möglichkeiten als in der Zeit der Industrialisierung, aber es war noch nicht so unüberschaubar wie heute: Es gab nur einige wenige IT-Firmen, und der Feind der Underdogs wie Steve Jobs war IBM, damals »big blue« genannt. Wenn man also in dieser Branche tätig sein wollte, waren die Mitspieler einigermaßen bekannt. Man sah eine Möglichkeit, und dann entstand das Bedürfnis, sie zu nutzen.

Heute ist beides potenziert: die Möglichkeiten und die Bedürfnisse. Dennoch geht es selten um das, was uns wirklich berührt und ausmacht. Es ist eben nicht nur eine Chance, sondern auch ein Problem, wenn (zumindest scheinbar) immer alles gleichzeitig möglich ist. Ideal wäre es, wenn wir zunächst herausfinden, was wir können, dann, was wir damit erreichen wollen, und dann die entsprechenden Möglichkeiten entdecken. Aber in der Realität ist es umgekehrt: Man sieht heute schon scheinbare Möglichkeiten, wenn man noch gar nicht weiß, was man kann oder will. So kann jetzt jeder mit einem Klick sehen, dass Daggi auf YouTube mit 16 Jahren bereits mehr verdient als die eigenen Eltern in ihrem ganzen Leben. Dabei kann man zumindest auf die Idee kommen, das ebenfalls zu wollen.

Woran mangelt es also? Aus meiner Sicht an Orientierung und Lehrinhalten, die Kindern von Anfang an ermöglichen herauszufinden, was sie ausmacht, wofür sie sich interessieren, wozu sie Lust haben. Und auch wir Erwachsenen sollten uns fragen: Was begeistert uns so, dass wir gar nicht aufhören wollen, dem nachzugehen? Worauf sind wir besonders neugierig? Dort liegen echte Potentiale. Dann erst können wir uns auf den Weg machen, unser Talent zu entwickeln, unsere Fähigkeiten zu erwerben und

> Was begeistert uns so, dass wir gar nicht aufhören wollen, dem nachzugehen?

schließlich etwas Reales daraus zu machen – sei es ein Projekt, ein Beruf oder tatsächlich ein Unternehmen.

So ist auch *millionways* entstanden. Durch Zufall bin ich in meinen Gesprächen mit Menschen einem offenbar allgegenwärtigen Problem begegnet, in diesem Fall der mangelnden Zufriedenheit. Dann habe ich meine Fähigkeiten entdeckt. Das, was mir liegt, und das, was mir nicht so liegt. Das, was ich kann, und was mir schwerfällt. Das, was ich gerne mache, wo ich mich jeden Tag drauf freue, und das, wozu ich mich durch die Woche quälen muss. Dann habe ich entdeckt, dass es vielen von uns so geht, aber niemand darauf hört – bis wir schließlich selbst nicht mehr auf uns hören.

Letztlich müssen wir unsere eigenen Träume, Wünsche und Bedürfnisse wieder ergründen, *bevor* wir nach Möglichkeiten schauen. Wenn du den Eindruck hast, dass es anderen so viel leichter fällt als dir: Das stimmt nicht! Es sieht nur so aus, weil uns die Geschichten so erzählt werden. Daggi ist eine Ausnahme, die es natürlich immer gibt – von den zufälligen Glücksfällen haben wir ja in Kapitel 1 schon gelesen. Diejenigen, die erfolgreich sind, haben meistens einen sehr harten Weg hinter sich. Du bist nicht zu langsam für diese Welt, nur weil du noch nichts gegründet und keinen YouTube-Channel hast. Suche nicht nach Möglichkeiten, sondern nach deinen Bedürfnissen. Niemand kennt deine Sehnsüchte und Motivationsfedern besser als du selbst. Nur wenn du dich kennenlernst, kannst du dich aus den Konditionierungen der »Du-musst-doch-und-du-darfst-nicht-Zwänge« lösen. Dann erst kannst du deinen eigenen Weg gehen, wirst du dir mit Freude aneignen, was du dazu brauchst, und dir das Leben nehmen, das du wirklich willst.

> Suche nicht nach Möglichkeiten, sondern nach deinen Bedürfnissen.

3 Wir müssen zu uns selbst finden

Da ich vor einigen Jahren selbst auf der Suche nach dem war, was mich ausmacht und was ich mit meinem Leben anfangen sollte, kenne ich die gutgemeinten Phrasen nur zu gut: Höre auf deine innere Stimme, geh, wohin dein Herz dich führt, und so weiter. Das klingt alles schön, und wir fühlen uns verstanden, aber es hilft natürlich auch nicht weiter.

Es gibt viele Möglichkeiten, sich selbst etwas vorzumachen, und in diesem Kapitel möchte ich einige davon beschreiben, so wie ich sie erlebt und beobachtet habe. Aber vorher soll es darum gehen, wie wir *wirklich* auf uns hören können. So schwer kann das doch nicht sein! Aus meiner Sicht ist es das auch nicht: Innerlich wissen wir eigentlich schon alles, was wir uns wünschen, und oft sogar, wie wir es erlangen könnten. Wir kommen nur nicht an das heran, was man als »Unterbewusstsein« bezeichnet. Und so bleibt es abstrakt und wenig hilfreich. Schauen wir, wie wir das ändern können.

Wie ist uns die Verbindung zu unserem Unbewussten denn überhaupt abhandengekommen? Eine mögliche Antwort: Die Errungenschaften der Technosaurier vermitteln die Sicherheit, das Überleben nicht mehr persönlich unter großer Anstrengung und Gefahr in der Wildnis meistern zu müssen. Wir brauchen scheinbar nur die uns zugewiesene Rolle als Rädchen im Getriebe der Funktionalisierungsgesellschaft auszufüllen, dann können wir alle Zutaten für ein komfortables

Leben erreichen. Natürliche Emotionen und Instinkte, die einst das Überleben in der Natur gesichert haben, haben in unserem hochtechnisierten Alltag ihren Stellenwert verloren. Wir lassen uns eher von Regeln, Dogmen, Zwängen, Glaubensrichtungen, theoretischen und politischen Konstrukten leiten, wie wir es in Kapitel 2 schon gelesen haben – vor allem prägen uns die Konditionierungen von Elternhaus und Schule.

Die Konsequenz: Wir werden zu Wesen, die sich offenbar nach allem Möglichen richten, nur nicht nach uns selbst. Bis zum Eintritt ins Berufsleben ist unsere Einzigartigkeit bereits auf der Strecke geblieben. Wir passen uns meist ohne viel Nachdenken irgendwelchen Bewerbungsleitfäden und Vorgesetzten an. Wenn die Anpassungsschmerzen zu arg werden, müssen Ratgeber her. Irgendwas machen wir falsch – das große Ganze zu hinterfragen, kommt uns selten in den Sinn. Stattdessen werden ständig neue Symptome behandelt. Je mehr wir uns in allgemeingültige Schablonen pressen, desto stetiger verlieren wir unsere Einzigartigkeit. Wohin verschwindet diese Einzigartigkeit, unsere ursprünglichen Wünsche, Talente und Ziele? Vielleicht nicht irgendwo nach außen, sondern in uns hinein, in unser Unterbewusstsein.

> Je mehr wir uns in allgemeingültige Schablonen pressen, destostetiger verlieren wir unsere Einzigartigkeit.

Bewusstsein vs. Unterbewusstsein

Durch den Verstand glaubt sich der Mensch allem überlegen, doch so einfach ist das nicht. Allein die Unterscheidung fällt schwer, ob wir etwas bewusst oder unbewusst tun. Wenn wir etwas immer wieder tun, tun wir es zunehmend unbewusst. Als wir beispielsweise den Führerschein machten, mussten wir beim Fahren zunächst über viele Handlungen bewusst nachdenken – heute passiert das meiste automatisch. In weniger eindeutigen Situationen fällt es Wissenschaftlern schwer herauszufinden, wann Prozesse wirklich bewusst ablaufen und wann unbewusst. Denn sobald Menschen während einer Tätigkeit befragt werden, werden ihnen ihre Handlungen bewusst. Befragt man sie aber erst im Nachhinein, wissen sie oft nicht mehr, ob sie ihre Tätigkeiten bewusst wahrgenommen haben.

Fakt ist: Unser Denkorgan leistet etwa 90 Prozent seiner Arbeit, ohne dass wir uns dessen bewusst sind. Jede Sekunde schicken unsere Sinne Millionen von Einzeleindrücken an das Gehirn. Müssten wir diese Informationen bewusst auswerten, wären wir schlichtweg überfordert. Nach vierzig Sinneseindrücken, die unser Gehirn erreichen, wird der stete Input daher auf einen anderen Speicher umgeleitet: ins Unterbewusstsein.[33]

Wenn wir bei unseren Interviews also herausfinden wollen, ob eine Lebenssituation aufgrund bewusster Ziele und Wünsche besteht oder eher von unbewussten Faktoren beeinflusst wird, werden die Aussagen diffus. Oft folgen staunende Erkenntnisse über ganz banale Ereignisse der Kindheit, die als Ursache hinter prägenden Konditionierungen stehen.

Wie kommt es dazu? Der größte Unterschied zwischen Mensch und Tier ist die Sprache. Wie der Psychologe und Wissenschaftsjournalist Bas Kast in seinem Bestseller *Wie der Bauch dem Kopf beim Denken hilft. Die Kraft der Intuition*[34] nahelegt, ist es eine Funktion der Sprache, die Arbeitsteilung in großen Gruppen zu regeln. In großen und komplexen Gruppen, deren Mitglieder unterschiedliche Rollen übernehmen, muss man sich abstimmen können – eine der zentralen Funktionen der Sprache. Kast unterscheidet zwischen einem »Sprach-Ich« und einem »Erfahrungs-Ich«. Das Sprach-Ich ist das bewusst-rationale Ich, das vermeintlich alle Entscheidungen trifft beziehungsweise diese begründen kann. Das Erfahrungs-Ich ist unser unbewusstes Ich, welches sich verbal nicht ausdrücken kann.

Ob Tiere nur über ein Erfahrungs-Ich verfügen, darüber lässt sich streiten. Heute wäre diese These vielleicht noch richtig, denn bisher sind sich die Wissenschaftler einig: Bewusstes Sprechen, Denken und Handeln ist das Alleinstellungsmerkmal des Menschen. Doch morgen haben wir vielleicht neue Erkenntnisse, denn auch die Interaktion in der Welt der Tiere ist viel komplexer, als lange Zeit angenommen wurde. Viele Tiere haben ihre Sprache, mit der sie sich untereinander verständigen – zum Teil sogar mit Menschen. Dass Wale über Gesänge kommunizieren, ist seit langem bekannt, doch worüber sie sich austauschen, wissen wir nicht. Was die Wissenschaft heute klar abgrenzt: dass Menschen mit Hilfe der Sprache indirekt Erfahrungen sammeln können. Das erleben wir täglich, wenn wir Bücher lesen oder fernsehen. Viele verbringen mehr Lebenszeit in der digitalen Welt als in der realen.

Ich habe bereits über Florian geschrieben: Er ist seit seiner Geburt schwer behindert. Seinen Körper kann er vom Hals ab abwärts nicht selbst bewegen. Therapien haben ihm bei seiner körperlichen und geistigen Entwicklung geholfen. Doch sprechen hat er im Fernsehen durch die *Sesamstraße* gelernt. Die Behindertenschule hat ihm Grundkenntnisse vermittelt – Wissensdrang entwickelte er dort nicht. Leidenschaft für wissenschaftliche Zusammenhänge kam durch Fachbeiträge im Fernsehen und Internet. Sein PC, den er mit einem Mundstab bedient, ist seine Welt. Was er vom Leben weiß – über Liebe, Reisen, gesellschaftspolitische Zusammenhänge –, stammt größtenteils aus der digitalen Sphäre. Er wird nie einen Dschungel bereisen können, kennt aber die Gefahren dort. Er hatte noch nie eine Freundin, hat aber zahlreiche Filme gesehen und sagt: »Ich weiß, wie es zwischen Liebespaaren abgeht.« Er war bisher noch nie auf einer Demonstration, kennt aber Zusammenstöße zwischen Demonstranten und Polizei aus YouTube-Clips.

Wir Menschen verfügen also über die Fähigkeit, Erfahrungen, die wir nicht selbst gemacht haben, aufzunehmen, zu lesen, zu hören, zu sehen oder anderen mitzuteilen (Sprach-Ich) und diese zu verstehen sowie in den eigenen Erfahrungsschatz aufzunehmen (Erfahrungs-Ich). Eltern geben Erfahrungen an ihre Kinder weiter, wenn sie ihnen etwas erklären. So müssen wir nicht selbst auf die heiße Herdplatte fassen, um zu merken, dass dies ziemlich wehtut – unsere Eltern hatten uns ja davor gewarnt. Doch gaben sie unserem Sprach-Ich weitere andere Prägungen mit auf den Weg: nämlich die Regeln, mit denen wir in großen Gruppen überleben können. Wie Bas Kast resümiert:

»Ein Großteil der Regeln, die wir über die Sprache von unseren Eltern beigebracht bekommen, zielt darauf ab, uns sozialkompatibel zu machen, und das heißt im Klartext: Die eigenen Bedürfnisse zugunsten der Gruppe und der Gesellschaft zurückzustellen.«[35]

Und das machen wir täglich. Die Prägungen und Konditionierungen sind mannigfaltig: Erst Mittagessen, dann Süßigkeiten. Erst Oma Frida einen Kuss geben, dann gibt's das Geburtstagsgeschenk. Erst die Schule fertigmachen, dann kann man zur Uni. Erst einen vernünftigen Beruf erlernen, dann geht's zur Musikschule.

Die Sprache ermöglicht uns – oder zwingt uns –, nicht nur unseren spontanen Regungen, Trieben und Emotionen zu folgen, sondern »vernünftige« Entscheidungen zu treffen. Das ist an sich hilfreich, das will ich gar nicht abstreiten. Doch es gibt einen Nebeneffekt: Die fortwährende Prägung, unsere eigenen spontanen Regungen und Impulse zu unterdrücken, führt auch dazu, unsere Bedürfnisse langfristig und kontinuierlich zu missachten. Und das ist, so meine These, heutzutage für uns Normalzustand geworden – mit weit reichenden Folgen.

Ich weiß noch, dass ich als Kind immer wieder darüber nachgedacht habe, ob Menschen aus zwei Hälften bestehen. Für mich war das so ein Bild – es gibt das Außen und das Innen. Ich schrieb kleine Texte über die Innenseiten von Außenseitern, weil ich mich selbst wie einer fühlte. Ich war nie ein klassischer Außenseiter, eher ein Exot. Ich wurde nie gemobbt, es war eher ein gegenseitiges Einvernehmen, dass ich nicht zum Rest gehörte. Und das war der Anfang meines Gefühls, dass Menschen aus zwei Hälften bestehen – so das naive Bild eines Neunjährigen.

Wie ich darauf kam? Es waren eher Beobachtungen und Intuitionen als harte Fakten. Ich spürte, dass meine Eltern nicht wirklich so lebten, wie es ihrem Inneren entsprach. Manchmal ging es nur um irgendwelche Feiern, zu denen sie eigentlich nicht wollten, aber trotzdem »mussten«. Ich verstand nicht, was sie dazu zwang – ich sah nichts Äußeres, keine Bedrohung oder Gefahr oder Notwendigkeit. Es war einfach nur die andere Hälfte von ihnen, die ich aus heutiger Sicht als die Konventionshälfte beschreiben würde. Sie war sehr oft sehr viel stärker als das Innere.

So begann ich dann schon früh darüber nachzudenken, wo ich eigentlich meine zweite Hälfte habe und warum ich diesen Einfluss der Gesellschaft nicht spürte. Heute klingt das wie etwas Positives, aber damals fühlte es sich für mich wieder nur exotisch an. Alle anderen schienen zwei Hälften zu haben und ich nur eine – fehlte mir etwas? War ich nicht in der Lage, »die Gesellschaft zu fühlen«? Denn das ist es doch, was die Konventionshälfte meistens tut. War ich etwa antisozial? Das wollte ich gewiss nicht sein.

Ich weiß noch, dass ich mir vor der Pubertät vorgenommen hatte, kein klassischer pubertierender Jugendlicher mit Rebellentum, Auflehnungsgeist und Zerstörungswut sein zu wollen. Und ich wurde so, ohne dass ich es merkte, erst recht zu einem »Rebellen«, weil ich diese Konvention nicht mitmachte. Das alles lief unbewusst ab. Ich weiß nur, dass es niemals irgendeine »Absicht« war, anders als die anderen zu sein. Es fühlte sich für mich eher wie etwas an, das mir fehlte.

Irgendwann kam ich darauf, dass ich mein Inneres besonders dann missachten würde, wenn ich versuchte, mir mit Krampf diese »zweite Hälfte« zu erschaffen. Offenbar entsprach es mir einfach nicht. Ich brauchte viele Jahre, bis Mitte 20, bis ich endlich akzeptierte, dass ich so in Ordnung bin, wie ich eben bin. Und mit dieser späten Erkenntnis war ich endlich einmal vollkommen normal – denn wie ich durch all die Gespräche und die Gründung von *millionways* erfahren durfte, ging es ja den Meisten um mich herum genauso.

Heute weiß ich, dass wir den Blick für unsere wirklichen Bedürfnisse verlieren, wenn wir immer nur das tun, was uns die Vernunft statt unser Inneres sagt. Mit dem Sprach-Ich setzen wir uns vernünftige Ziele: »Ich möchte mit dreißig heiraten und zwei Kinder haben.« »Ich möchte in der Großstadt leben und eine Karriere als Anwältin verfolgen.« »Ich will Unternehmer werden.« Doch ob diese Ziele mit unseren Bedürfnissen übereinstimmen, steht auf einem anderen Blatt. Ein Paradebeispiel sind Juristen, die Recht studieren, weil die Eltern es so wollten. Es ist kein Zufall, dass man häufig auf unglückliche Juristen trifft. Wir hören nur noch auf unser »vernünftiges« Bewusstsein, statt unser Unterbewusstsein für uns arbeiten zu lassen. So entfremden wir uns von uns selbst – das Resultat ist eine innere Unruhe, von der die *millionways*-Anrufer häufig berichten.

Celina habe ich auf einem Sommerfest kennengelernt. Normalerweise meide ich Partys und alle Orte, an denen ich auf Menschenmassen treffe. Doch der Freund, der dieses Fest in seinem Garten veranstaltete, kannte bereits alle meine Ausreden, und ich hatte keine andere Wahl als hinzugehen. Ich saß in der Ecke und wartete auf die Eröffnung des Buffets, als ich Celina sah. Genauer gesagt, hörte ich sie zuerst: ein schallendes Lachen, das alle Geräusche in hundert Meter Entfernung übertönte. Sie war ungefähr Mitte zwanzig, hatte einen langen Pferdeschwanz, trug ein pinkes Kleid und brachte fünf Freundinnen mit. Sie schien fast alle anderen Gäste auf der Party zu kennen. Ich beobachtete sie und wurde beinahe neidisch auf ihre sozialen Fähigkeiten, wie sie von Mensch zu Mensch ging, plauderte und ständig laut lachte. Offen gestanden ging mir das anfangs ziemlich auf die Nerven – bis ich Celina kennenlernte. Ich hatte recht gehabt: Ich war der einzige Mensch, den sie nicht kannte, schließlich hatte ich die letzten beiden Sommerfeste verpasst. Celina war die Cousine des Gastgebers und arbeitete als Texterin, wie sie mir verriet. Ihr lautes Lachen war zwar immer noch etwas gewöhnungsbedürftig, aber die Unterhaltung mit ihr war spannend. Wir verstanden uns sofort gut, ihre offene und lockere Art gefiel mir.

Nach der Party blieben wir im Kontakt, und als *millionways* jemanden gesucht hat, der Texte für eine lange Präsentation schreiben sollte, dachte ich sofort an Celina, und sie bekam den Auftrag. Damit begannen die Probleme.

Es fing damit an, dass sie ungewöhnlich viele Fragen stellte. Sie rief mich teilweise mehrmals die Stunde an, und jedes Mal verwickelte sie mich in ein langes Gespräch, bis ich irgendwann sagte, dass ich nun leider zu tun hätte und auflegen müsse. Kaum hatte ich aufgelegt, bekam ich eine lange E-Mail mit weiteren Fragen, aber auch mit Ideen zu völlig anderen

Bereichen – die zum Teil ganz gut waren. Dennoch war ich irritiert und fragte mich, ob ich die richtige Person für den Job ausgesucht hatte.

Zwei Wochen verstrichen, und ich hatte immer noch keine Präsentation, obwohl die Zeit langsam drängte. Als ich nachfragte, erklärte sie mir, die Recherchephase habe etwas länger gedauert, und sie beeile sich. Eine Woche später bekam ich die Präsentation. Sie war deutlich kürzer als vereinbart, ich vermisste einige Informationen, und es steckten auch mehrere Fehler drin. Halb so wild, doch es war offensichtlich: Celina war nicht besonders gut in ihrem Job. Und das wusste sie auch, wie ich merkte, als sie anrief, um nachzufragen, »ob alles auch angekommen« sei. Ihr Ton verriet schlechtes Gewissen und Unsicherheit – keine Spur von der fröhlichen, selbstbewussten Celina, die ich auf dem Sommerfest kennengelernt hatte.

Normale Auftraggeber hätten den Fall wohl einfach als schlechte Erfahrung abgeschrieben und sich jemand anderen gesucht. Ich vermutete mehr dahinter. Am nächsten Tag verabredete ich mich mit Celina in einem Café. Ich hatte ihr bereits von *millionways* erzählt, und sie hatte die Idee spannend gefunden. Wir redeten darüber, wie viele Menschen es gibt, die unglücklich im Job sitzen. Celina wusste das aus eigener Erfahrung: Bevor sie sich als Texterin selbstständig machte, war sie in einer PR-Agentur tätig. Zuständig war sie dort für Kunden aus der Modebranche, für die sie sich nicht interessierte. Ihre Chefin arbeitete rund um die Uhr und verlangte das Gleiche von ihren Angestellten, die sich täglich einen Wettbewerb lieferten, möglichst lange im Büro zu bleiben, selbst wenn es nichts mehr zu tun gab. Celina wurde immer öfter krank und fiel einmal sogar für mehrere Wochen aus. Als sie noch angeschlagen zurückkehrte, merkte sie, dass sie viel weniger verpasst hatte als gedacht. Ihre Kollegen waren auch ohne sie zurechtgekommen, und auf ihrem Schreibtisch lag genauso viel Arbeit wie an jedem anderen Tag – die ihr genauso wenig Freude bereitete wie zuvor.

Celina kündigte. Sie hatte genug Kontakte, um als Selbstständige Aufträge zu bekommen. Es sei ihr Traum gewesen, erzählte sie mir, zuhause oder in Cafés zu arbeiten und für Kunden zu schreiben, die sie sich selbst ausgesucht hatte – keine Hierarchien, keine festen Arbeitszeiten, völlige Freiheit. Doch Celina wirkte nicht glücklich, sondern enttäuscht, wenn sie von ihrer Arbeit sprach. Sie zögerte etwas, bevor sie weiterredete, schließlich war ich einer ihrer Auftraggeber. Dann sagte sie, dass sie in letzter Zeit immer mehr aufschiebe und immer länger für ihre Arbeit brauche, sie sei einfach nicht inspiriert. Sie verpasse Deadlines und wisse oft nicht, mit welcher Arbeit sie zuerst anfangen solle. Manchmal könne sie sich nicht einmal an den Schreibtisch zwingen. Einige Kunden seien ihr mittlerweile abgesprungen, weil sie immer zu spät abgegeben habe. Nach nur einem Jahr Selbstständigkeit fühlte sich Celina wie eine Versagerin. Sie hatte sich den Traum von der Selbstständigkeit erfüllt, aber keine gute Arbeit geleistet und fühlte sich immer schlechter.

Während ich zuhörte, dachte ich daran, wie anders Celina auf mich wirkte. Als ich sie kennenlernte, war sie laut, lebendig, locker. Nun sah sie nervös aus. Sie redete mal schnell und wirr, mal so langsam, als müsste sie erst die Worte erfinden, die ihr Versagen beschreiben könnten. Für mich lag es auf der Hand, dass sie einfach in einem falschen Job war. Celina war extrovertiert, sie brauchte den Kontakt zu anderen Menschen, das hatte ich schon beim Sommerfest gespürt, zu dem sie fünf Freundinnen mitgebracht hatte. Sie war eine geborene Netzwerkerin und Kontakteknüpferin, war sympathisch, hatte keine Schwierigkeiten, wildfremde Menschen anzusprechen und für sich zu gewinnen. Alle mochten sie. Und sie fühlte sich am wohlsten, wenn sie von Menschen umgeben war. So jemand konnte hinterm Schreibtisch niemals glücklich sein. Am Ende gab Celina zu, dass sie sich umso häufiger mit Freunden verabredete, je näher eine Deadline rückte. Das erkläre die Qualität der Präsentation, scherzte ich. Celina schien seltsamerweise erleichtert, als ich das sagte.

Unser Gespräch machte sie zunächst ratlos: Schreiben war das Einzige, was als Beruf für sie in Frage kam. In der Schule war sie gut in Deutsch, Aufsätze fielen ihr leicht, sie dachte immer, dass sie irgendwann einen Roman schreiben würde. Doch je mehr wir uns miteinander unterhielten, desto klarer wurde ihr, dass sie nicht den Großteil des Tages allein am Schreibtisch verbringen könnte – das passte einfach nicht zu ihrer Persönlichkeit.

Ein Jahr später postete Celina auf Facebook, dass sie gerade ein Volontariat beim NDR angefangen habe, spezialisiert auf Radio. Ich gratulierte und wünschte ihr viel Erfolg. Ein paar Monate später fragte ich nach, wie es ihr denn gefalle. Celina schrieb, dass sie wirklich glücklich mit ihrer Wahl sei: Sie ist umgeben von Menschen, sie redet den ganzen Tag und macht trotzdem etwas Kreatives mit Sprache. Und bisher war sie nicht ein Mal unpünktlich. Ihre Vernunft konnte ihr aber vorher offenbar nicht zu diesem Weg raten.

In unserer Zeit wird Vernunft sehr hoch bewertet. Auch dieses Buch besteht zu Teilen aus Erkenntnissen wissenschaftlicher Quellen. Indem wir wiederholen, was andere vor uns gesagt oder herausgefunden haben, sichern wir uns ab. Wenn ein Wissenschaftler diese oder jene These vorher bereits veröffentlicht hat, hat das Geschriebene eine größere Glaubwürdigkeit. Intuitives Vorgehen erfährt weniger Wertschätzung. Dabei steht Intuition bei den Marketingstrategen hoch im Kurs: Handys oder Notebooks sind »intuitiv« zu bedienen, textbasierte Gebrauchsanleitungen hingegen out. Auch erfolgreiche Unternehmer entscheiden vieles aus dem Bauch heraus, genau das macht sie oft besonders erfolgreich.

Die fehlende Wertschätzung intuitiver Erkenntnisse begegnete uns auch in Bezug auf *millionways* diverse Male. Als wir die Pressekonferenz zur Bekanntmachung der Stiftung vorbereitet haben, hatte eine bekannte PR-Agentur, mit der wir damals zusammenarbeiteten, ebenfalls einen »Einwand der Vernunft«: Die Berater waren der Meinung, dass die seinerzeit fünftausend Menschen, die uns in Interviews ihre Sehnsüchte, Träume und Zweifel anvertraut haben, nicht relevant für die Presse seien. Warum? Es sei nicht wissenschaftlich auswertbar, weil wir keinen standardisierten Fragebogen verwendet hatten, und deswegen keine Nachricht wert. Stattdessen sollten wir bei einem Marktforschungsinstitut eine Befragung beantragen – und damit dem Ganzen den Anschein des Wissenschaftlichen geben. Das taten wir – und heraus kam, wie in den anfangs zitierten größeren Studien, dass ein Großteil der Menschen zufrieden mit seiner Arbeit ist. Hierbei wurden von einem professionellen Marktforschungsagenten am Telefon innerhalb kürzester Zeit die ganz großen Fragen gestellt. Da sind diese Ergebnisse keine Überraschung, denn warum sollte man mit diesem Marktforscher über seine Probleme und Unzufriedenheit im Beruf sprechen? Dennoch galt das Ergebnis dieser »Studie« als relevanter als unsere mit viel Empathie, Behutsamkeit und Ruhe geführten intimen Interviews. Es bestand kein Verständnis dafür, dass uns Tausende von Menschen nur deswegen einen wertvollen Einblick in die Sehnsüchte, Träume und Ängste unserer Zeit gegeben hatten, weil wir sie nicht in standardisierte Fragebögen gepresst hatten.

Vernünftig, wie man uns zu handeln gelehrt hat, möchten wir uns am liebsten gegen alles Mögliche absichern. Schließlich kann man Bauchgefühl nicht messen oder vorhersagen.

Doch ist mittlerweile wissenschaftlicher Konsens, dass unser Unterbewusstsein dem bewussten Verstand haushoch überlegen ist, wenn es um komplexe und lebensweisende Entscheidungen geht. Das Unterbewusstsein ist schneller und hat viel mehr Datenmaterial. Es fällt uns aber unglaublich schwer, uns danach zu richten: Unsere Gesellschaft ist darauf gepolt, mit dem bewussten Verstand zu kommunizieren – auch dieses Buch mit seinen schwarzen Worten auf weißem Grund wird ja zuerst vom Verstand wahrgenommen. Vernunft wird ganz groß geschrieben. Wir lesen, hören und unterhalten uns mit Sprache, die Information transportiert, die für das Bewusstsein bestimmt ist. Wir sind so konditioniert, dass wir uns vor allem nach dem Bewusstsein richten. Selbst Coaching arbeitet vorrangig mit dem Bewusstsein.

Nichts gegen Bewusstmachung, aber die damit einhergehende Abwertung des Unbewussten ist wenig hilfreich. Insbesondere deshalb, weil wir uns allein schon aufgrund des riesigen Umfangs niemals *alles* ins Bewusstsein holen könnten, denn dann würden wir im wahrsten Sinne des Wortes *wahnsinnig*. In unserem Unbewussten sind unglaubliche Schätze gespeichert: Wer sie entdeckt und wieder wertschätzen lernt, kann wahre Wunder vollbringen. Das habe ich selbst erlebt.

> In unserem Unbewussten sind unglaubliche Schätze gespeichert: Wer sie entdeckt und wieder wertschätzen lernt, kann wahre Wunder vollbringen.

Ein Date mit mir selbst

Mandana, eine meiner Kolleginnen, hat mir vor zwei Jahren einen der interessantesten Impulse meines Lebens gegeben. Ich war gerade in einer recht orientierungslosen Zeit, *millionways* zeigte nicht die notwendigen Ergebnisse, und irgendwie hakte es gerade an allen Ecken und Enden. Also genau so eine nervige Phase, bei der ich anderen immer raten würde, sie sollten mal »auf ihre innere Stimme hören, die wisse schon alles«. Mandanas Vorschlag war simpel: Ich sollte einen Tag lang nichts tun – und zwar wirklich nichts. Ich versuchte mit ihr zu verhandeln, ob ich nicht zumindest Auto fahren oder Musik hören dürfe, aber: Nein, ich sollte ausschließlich mit mir sein und denken, fühlen und schreiben. Na gut, essen und trinken waren zumindest noch erlaubt. Ansonsten: kein Input, nur Output. Sie sagte, sie habe das auch schon einmal gemacht, und es habe unglaublich viel gebracht. Danach habe sie klarer gesehen, welche Schritte sie im Leben als Nächstes tun müsse und was ihr wirklich wichtig wäre. Und da sie noch sehr viel zappeliger und aktiver erschien als ich und es offenbar dennoch geschafft hatte, gab es keine Ausrede. Ich musste ran.

Ich wählte also den 2. Januar, einen Tag nach Neujahr. Die Verwunderung begann schon am Tag zuvor. Denn ich schlief schlecht, sehr schlecht. Dabei schlafe ich normalerweise wie ein Murmeltier – selbst in meinen schwersten Zeiten, als für den nächsten Tag der Gerichtsvollzieher angekündigt war, hatte ich keine Probleme mit dem Einschlafen. Anders in dieser Nacht, was ziemlich kurios war: Andere wälzen sich im Bett umher, wenn sie eine schwere Prüfung vor sich haben oder irgendetwas Wichtiges ansteht. Ich sollte einen Tag lang vom Aufwachen bis zum Einschlafen einfach nichts tun – wirklich nichts. Ich hatte eine Verabredung mit mir selbst. Und das machte mich so nervös, dass ich kaum einschlafen konnte.

Der Tag selbst begann ruhig. Ich schlief länger als normal – schließlich hatte ich eine unruhige Nacht hinter mir –, und so wirkte der Tag kürzer. Das erleichterte mich etwas. Alle

Geräte, vor allem Handys und Computer, hatte ich noch abends zuvor in den Keller gebracht, nur zur Sicherheit. Ich hatte allen angekündigt, an diesem Tag nicht erreichbar zu sein, und irgendwelche Notfälle waren nicht zu erwarten. Ich war also allein. Ich aß erst einmal etwas, das durfte ich ja. Anschließend fühlte ich mich tatsächlich entspannt, so wie wenn man eine Rede halten muss und großes Lampenfieber hat, und sobald man angefangen hat und im Fluss ist, hört die Nervosität langsam auf. Ich dachte den ganzen Tag über nach und schrieb ein ganzes Notizbuch voll, das ich von den Eltern meiner Partnerin bekommen hatte und auf dem stand: »Every journey begins with a first step.«

Es ist tatsächlich so, und das soll nicht übertrieben klingen: Der Tag hat mein Leben verändert, zumindest diese Phase meines Lebens. Ich schrieb über mich, über die Menschen, die mir nahestehen. Ich fragte mich, ob es in meinem Umfeld eine Lücke gibt, einen Menschen, der fehlt, ein Gefühl, das nicht abgedeckt ist. Ich schrieb über meine Ängste und meine eigentlichen Wünsche. Als ich das Buch am Ende las, war es tatsächlich eine kleine Offenbarung für mich: Das alles hatte ich selbst geschrieben, ohne irgendwelche Substanzen, ohne Coaches und ohne großartig darüber nachzudenken. Einfach hinsetzen, einen Stift nehmen und anfangen. Nicht filtern: einfach losschreiben und nichts bewerten, *jede* Idee ernst nehmen. Die Struktur des Buchs entwickelte sich erst während des Schreibens, und so kam plötzlich die Idee, zu allen wichtigen Menschen in meinem Leben ein paar Sätze zu schreiben: wie ich sie sehe, was sie sich aus meiner Sicht wünschen und was sie für mich bedeuten. Ich fand es sehr spannend zu sehen, welche Menschen in meinem Leben eine Rolle spielen und welche eben nicht.

Das war wahrscheinlich das Intimste, was ich seit fünfundzwanzig Jahren gemacht hatte. So ehrlich zu mir selbst war ich wohl schon lange nicht mehr. Es gab einige echte Erkenntnisse, mit denen ich nicht gerechnet habe und die sowohl meine Privatleben als auch *millionways* betrafen. Auf jeden Fall änderten sich in der Folge einige Dinge ganz real: Ich wurde entschiedener, teilweise härter – was in dieser Phase meines Lebens etwas Positives war – und fokussierter, was *millionways* betraf. Ich beendete viele Projekte, die ich nur halbherzig betreute, und konzentrierte mich voll auf das Wesentliche – was das war, wusste ich nun, zumindest für den Moment.

Es mag sein, dass diese Methode nicht für jeden so gut funktioniert. Aber *gedacht*, dass es mir nichts bringen würde, hatte ich vorher ja auch. Ich erwartete irgendeinen Meditationshokuspokus und dass ich am Ende einfach durchdrehen würde, weil der Tag so vergeudet würde. Ich hatte die letzten zehn Jahre damit zugebracht, den Leuten zu erzählen, dass sie auf sich hören sollen – und hatte es selbst nicht hinbekommen. Bis zu diesem 2. Januar. Ich möchte kein Ratgeberbuch schreiben, aber wenn ich mir eines für dich wünschen darf: Nimm dir solch einen Tag. Und zieh ihn wirklich konsequent durch. Auch falls stundenlang gar nichts passiert, halte durch, behalte den Stift in der Hand, und warte, bis etwas passiert, bis Worte oder Zeichnungen oder etwas ganz anderes kommen. Denn das wird geschehen.

Im Rückblick ist das ganz schön beängstigend. Wie weit sind wir gekommen, wenn die Aussicht, mit uns allein zu sein, uns dermaßen nervös macht? Gut, das ist jetzt nur meine persönliche Geschichte, aber nachdem ich es im Anschluss begeistert meinem Umfeld erzählte, reagierten alle ziemlich ängstlich: Den ganzen Tag? Wirklich gar nichts machen? Soll ich dann nur dasitzen? Wie soll ich das aushalten? Ich hörte all die Einwände und Fragen, die ich selbst hatte, einen Tag vor dem Date mit mir selbst. War das eine Begegnung mit meinem

Unbewussten? Im Grunde habe ich ja nur *nichts* gemacht, außer zu schreiben. Und dabei festgestellt, dass dieses Nichts ganz schön viel ist. Gerade *weil* der Verstand mich nicht mehr abgelenkt hat.

Ich erinnere mich sehr gut an ein Gespräch mit Kamilla, einer fünfundzwanzigjährigen Tschechin, die unter Muskelschwund leidet und daher seit ihrer Kindheit im Rollstuhl sitzt. Wir redeten viel über das Schicksal, und ich fragte sie, wie sie sich erkläre, dass sie mit dieser körperlichen Einschränkung leben müsse. Ihre Antwort berührt mich bis heute: Ihre Seele wollte lernen, Probleme innerlich zu lösen. Sie beschrieb mir, wie oft sie schreien möchte, mit der Faust auf den Tisch hauen oder einfach wegrennen. Wie sie sich innerlich als einen sehr temperamentvollen Menschen sieht, der nach außen nichts davon zeigen kann. »Ich muss alles mit mir selbst ausmachen«, sagte sie immer wieder, »kannst du dir vorstellen wie das ist?« Nein, das konnte ich natürlich nicht.

»Der Verstand, den Menschen einsetzen, um vermeintlich kluge Entscheidungen zu treffen, ist begrenzt und macht nur einen kleinen Teil unseres tatsächlichen Wissens aus«, sagt der amerikanische Intuitionsforscher Milton Fisher.[36] »Dennoch handelt es sich, wenn wir eine Intuition haben, um den Abruf von Informationen, die wir irgendwann über unsere fünf Sinne wahrgenommen und gespeichert haben. Und manchmal dringt aus diesem Wissensschatz ein kleiner Fetzen ins Bewusstsein, dann haben wir eine Intuition.«

Genau darum geht es: Innerlich wissen wir alles, was wir wollen, aber allein durch Nachdenken, Grübeln oder gar Unterdrücken von Impulsen kommen wir nicht mehr weiter. Es ist bemerkenswert, dass wir uns so sehr von unseren inneren Impulsen, unserer Intuition und unseren Emotionen entfernt haben, dass wir bewusst oft gar nicht mehr an sie herankommen. Dann werden Hypnosen und Persönlichkeitstests notwendig oder irgendwelche Therapien, die das Unterbewusstsein nicht erreichen.

Kennst du das Gefühl, dass sich ein Knoten in deinem Leben befindet, den du einfach nicht gelöst kriegst? Je mehr du darüber nachdenkst, desto fester wird er. Das kann uns verrückt machen. Oft *wissen* wir bewusst, dass die Lösung ganz einfach ist oder es sogar objektiv gesehen gar kein Problem gibt – aber unser Unterbewusstsein sieht immer mehr als unser Verstand und möchte uns durch diese Knoten auf etwas aufmerksam machen.

»Das Unbewusste ist ein abstraktes Konzept, das wir immer nur erschließen, nie empirisch direkt erfassen können.«[37] Für mich persönlich hat sich mein gesamtes Leben geändert, als sich bei mir solch ein unbewusster Knoten tatsächlich löste. Dies geschah bei einem Gespräch mit meinem Freund und Berater Harald. Wir sprachen oft über Themen wie Selbsterkenntnis und den Wunsch, »sich auszuleben«. An diesem Tag versuchten wir das Gefühl zu erspüren, das mich bis dahin daran hinderte. Es war eher ein Brainstorming: Wir warfen zahlreiche Begriffe in den Raum, aber nichts davon passte. Manche Worte waren lustig, manche hatten keine Wirkung, manches löste eine Kette von Assoziationen aus. Aber nichts berührte mich innerlich wirklich. Irgendwann fiel das eine Wort, das für mich bewusst überhaupt nicht passte, weil es viel zu groß war, aber sich unbewusst genau richtig anfühlte: »Todesangst«. Und tatsächlich: Mein akutes Gefühl in den Situationen, in denen eine wichtige Entscheidung anstand, war Todesangst.

Wir versuchten das zu erklären, für den bewussten Verstand. Gerade weil ich ja nicht wirklich gesellschaftskompatibel war, gab es wenig, woran ich mich festhalten konnte. Dass mich das unruhig und traurig und teilweise sehr müde machte, war mir klar. Schließlich wusste ich inzwischen, dass es so oder so ähnlich sehr vielen Menschen um mich herum ging. Aber Todesangst? Darauf wäre ich mit Nachdenken nicht gekommen. Doch genau das intuitiv aufgestiegene Wort war es, das unbewusst einen Knoten bei mir löste – ohne dass ich wusste, warum. Und nun, da ich mir bewusst gemacht hatte, dass ich ganz tief innen Todesangst fühlte, konnte ich bewusst wahrnehmen, dass diese Angst woandersher rührte. Dass sie für die anstehenden Entscheidungen unangemessen war – ich würde sicher nicht daran sterben. Und da ich das nun wusste, konnte ich seit diesem Tag mein Leben langsam weiter in eine vollkommen neue Richtung entwickeln.

Virtuelle Realitäten

Ich habe nun verschiedene Möglichkeiten beschrieben, unserer »inneren Stimme« zu begegnen. Aber was machen wir denn ansonsten? Der Tag ist voll von Möglichkeiten, uns von uns selbst abzulenken oder gar uns selbst etwas vorzumachen. Betrachten wir also einige Bereiche unseres Lebens, in denen wir uns oft zu sehr nach unserem bewussten Verstand und eben nicht nach unseren unbewussten Wünschen und Zielen richten.

Je unsicherer und übersichtlicher die Welt scheint, desto mehr wollen wir dazugehören, zu irgendetwas. Dafür laufen wir Trends hinterher, suchen uns immer neue Lifestyles und Subkulturen. Und dabei geht es längst nicht mehr darum, der Mehrheitsgesellschaft einen Mittelfinger zu zeigen. Es geht nicht mehr um Rebellion, Protest oder eine Anti-Mainstream-Haltung. Stattdessen sind Subkulturen zu Zufluchtsorten geworden für Menschen, die Halt suchen – in einer Gruppe, der sie sich zugehörig fühlen und in der sie sich vor einer immer schnelleren Welt abschotten können. Ob neue Lebensstile, Gruppen oder Trends: Wir suchen uns Schablonen, die uns Sicherheit geben sollen – und fühlen uns zugleich immer austauschbarer.

Ein gutes Abbild dieses Problems sind die allgegenwärtigen Selbstdarstellungen im Internet. Denn wenn wir ehrlich sind, hat das Innere mit dem dort Dargestellten nur selten etwas zu tun. Die sozialen Medien zeigen unsere Unsicherheiten in ihrer ganzen Pracht: In Partnerbörsen wird die fröhliche Leichtigkeit des Seins erwartet, also schreiben wir lustige Dinge. Ist Aussehen wichtig, tunen wir das Foto mit Hilfe von Photoshop oder mit einem passenden Instagram-Filter. Sind Kreativität und Intelligenz wichtig, bemühen wir den Thesaurus und wählen geistreich klingende Worte für einfache Sachverhalte. Je nach Trend erweitern wir unseren Wortschatz und geben uns mal urban, mal weltläufig. Auf Instagram bildet sich dieses Ungleichgewicht visuell ab, denn die saubere, geordnete und wunderschöne Welt ist sicher nicht der authentische Alltag der Mitglieder. Profile in Business-Netzwerken wiederum zeichnen einen beruflichen Erfolg, auch wenn der eine Illusion ist, und verfälschen oder verstecken die eigene Persönlichkeit, ganz so wie wir es in Vorstellungsgesprächen für Jobs gelernt haben.

> Der innere Frieden zeigt sich unter anderem in mehr Selbstbewusstsein, sich so darzustellen, wie man eben ist – ohne überhaupt darüber nachzudenken, wie man sich noch besser darstellen könnte.

Ist das nicht ein eindeutiges Zeichen von tiefer Unzufriedenheit, im Wortsinn? Zufriedenheit kommt letztlich von »Frieden«. Der innere Frieden zeigt sich unter anderem in mehr Selbstbewusstsein, sich so darzustellen, wie man eben ist – ohne überhaupt darüber nachzudenken, wie man sich noch besser darstellen könnte.

Die Tatsache, dass alles einfach zu haben, mit einem Klick jederzeit erreichbar und problemlos austauschbar ist, zeigt in

Wahrheit nur eines: dass wir auch selber austauschbar sind. Mit diesem Gefühl wandern wir durchs Leben. Das Profil auf Facebook ist ebenso kopierbar wie der Lebenslauf bei LinkedIn, Xing und Co. Deine Selbstdarstellerei ist austauschbar, grundsätzlich und jederzeit. Aber du nicht! Es Zeit herauszufinden, wer du hinter all dem Lärm und den Fassaden wirklich bist!

Auch sonst sind wir immer online und damit eben nicht bei uns selbst. Ich habe irgendwann mit Schrecken festgestellt, dass ich jeden Morgen kurz nach dem Aufwachen schon meine E-Mails gecheckt habe. Und den Tag über ging es so weiter: Die Vorstellung, etwas zu verpassen oder im entscheidenden Moment nicht erreichbar zu sein, war nicht mehr auszuhalten. Ständig switchte ich zwischen realer und digitaler Welt hin und her, wie die Meisten von uns. Niemand zwingt einen dazu, aber fast jeder macht es. Die reale Welt schränkte meine Aufmerksamkeit für die digitale Welt ein, und die digitale Welt schmälerte meine Empfindung für das reale Erleben. Für mich persönlich war es erschreckend, diesen Mechanismus zu erkennen. Irgendwann habe ich deshalb mein Handy zumindest aus dem Schlafzimmer verbannt, um mich selbst zu erziehen. Es darf doch nicht wahr sein, dass man sich selbst ein paar Sekunden nach dem Aufwachen keine Zeit nimmt, mal kurz innezuhalten, sondern stattdessen irgendwelche E-Mails liest, die zufällig sehr früh am Tag verschickt wurden.

Selbst Urlaube werden oft via Smartphone-Display erlebt. Wir suchen uns das Restaurant nicht intuitiv im Vorübergehen aus, sondern über Yelp und Tripadvisor. Wir entdecken Sehenswürdigkeiten nicht bei einem Stadtspaziergang, sondern über Google Maps. Vor kurzem sah ich in einer Online-Sendung, wie sich jemand das Kolosseum in Rom anschaute, dieses majestätische Bauwerk mit seiner besonderen Aura. Er spazierte nicht staunend durch die Gänge, sondern mit dem filmenden Handy vor sich. Das mag für jemanden, der einen Internet-Kanal betreibt, noch halbwegs logisch sein – aber so machen es ja auch andere, wie man auf YouTube in unzähligen Urlaubsvideos sehen kann. Ich denke nicht, dass die Filmenden für ihre Videos ein zweites Mal durch die Gänge gingen, nachdem sie beim ersten Mal die Stimmung genossen hatten.

Der nächste Schritt und vielleicht die Lösung für dieses Problem ist die »Virtual Reality«. »Der Mensch begann damit, Werkzeuge statt seiner Arme zu benutzen. Dann verbesserten Brillen seine Augen. Jetzt ersetzt er sein bewusstes Realitätsmodell«, sagt Thomas Metzinger, Neuroethiker an der Universität Mainz.[38] Wissenschaftlern wie ihm geht es um die Folgen für unser Bewusstsein. Was passiert in unserem Gehirn, wenn wir bald vielleicht nicht mehr unterscheiden können, was echt ist und was nicht? Aber konnten wir das denn bislang überhaupt noch unterscheiden? Was ist denn wirklich »echt«? Wird Virtual Reality unser soziales Zusammenleben stärker umkrempeln, als die digitale Welt es bisher vermochte? Vielleicht ist es ja auch genau andersherum!

Die digitale Welt trickst zunehmend unseren Verstand aus. In der virtuellen Illusion, an der Klippe der Niagarafälle zu stehen, wird sich unser Instinkt melden, wenn wir springen wollen. Unser Unterbewusstes wird Urängste bemühen, doch unser Verstand wird letztlich wissen, dass es nur ein Kick ist, weil wir in der Realität nicht wirklich in Gefahr sind. Allenfalls riskieren wir einen kleinen Schwindelanfall. Aber das ist nur der Anfang, unsere Gegenwart.

Virtuelle Realität simuliert die Anwesenheit in dieser digital erschaffenen Welt, das Empfinden, wirklicher Teil einer eigentlich ausgedachten Welt zu sein. Was ist dann »echt«, was »real«? Real ist alles, was wir dafür halten. Schon bald wird es völlig selbstverständlich sein, unseren Verstand hinters Licht zu führen. Was wird dann möglich? Was machen wir in der virtuellen Realität? Oft sind es Dinge, die wir im wahren Leben nicht machen würden, angefangen mit den schon thematisierten Pseudoselbstbildern in sozialen Netzwerken.

Der Hype um *Second Life* war vor einigen Jahren schon deutlich mehr Virtual Reality, aber noch komplett ohne Empfinden, ebenso das bekannte Spiel *Die Sims*. Die meisten Menschen bauten sich in diesen Simulationen eine heile Welt: Mutter, Vater, Kind, Hund, Tapeten an der Wand, Blumentöpfe an der Fensterwand, freundliche Nachbarn. Natürlich gab es hier und da Affären, aber niemand erschuf sich eine dreckige, punkige Schrottstadt, obwohl das auch möglich gewesen wäre. Im virtuellen wie im wahren Leben wünschen sich die meisten Menschen ein Zuhause, Geborgenheit, Orientierung, Sicherheit. Einen Ort, wo man sich in Ruhe ausdenken kann, was man eigentlich tun möchte, beruflich und privat.

In der Zukunft wird es viel mehr Möglichkeiten geben – die Virtual-Reality-Technik ist bereits da, nur noch nicht weit verbreitet mit wenigen Angeboten. Aber das wird sich schnell ändern: Wenn wir die derzeit verfügbaren Dinosaurier-, Kriegs- und Sexspiele durchhaben, werden wir uns dort möglicherweise ein zweites Leben aufbauen – so wie bei den *Sims*, nur in umfassenderem, eben realistischerem Rahmen. Möglicherweise wird auch in Bezug auf die Partnersuche die virtuelle Realität Abhilfe schaffen, weil man sich hier zumindest wieder mit mehreren Sinnen begegnen kann – so würden dann die Vorteile der Online-Welt mit den Vorteilen des Offline-Empfindens verschmelzen, und wir könnten erstmals global wirklich Menschen kennenlernen und nicht nur ihre Daten, Fakten und Selbstbilder.

Ich kann mir gut vorstellen, dass Virtual Reality eine Brücke sein wird, um das dort Gelebte später im realen Leben umzusetzen – das wäre die positive Möglichkeit. Die negative Variante wäre, dass Menschen einen Bezug zu ihrem realen

Leben noch mehr verlieren, weil sie ihre Sehnsüchte und ihr wahres Ich nur noch im virtuellen Leben ausleben.

Ich bin optimistisch und glaube, dass Virtual Reality eine Chance ist. Dass wir in den virtuellen Welten merken, wie glücklich uns dieses oder jenes macht. Und dass wir uns mit Leuten, die wir dort in der Virtualität treffen, auch im Café oder im Park treffen und vielleicht sogar gemeinsam etwas aufbauen. Dass wir in der virtuellen Realität zum Beispiel einen Biohof aufbauen und diesen später auch im echten Leben umsetzen.

In der virtuellen Realität wird alles möglich sein. Und wenn du dort siehst, was du tun würdest, wenn alles möglich wäre, dann weißt du, was du auch im wahren Leben tun solltest. Wie sah deine Stadt bei den *Sims* aus? Und wenn du das Spiel nie gespielt hast: Was hast du gerade innerlich »vor Augen«?

Potentialentfaltung als medialer Trend

In all den Jahren, in denen ich mir einfach nur Lebensgeschichten anhörte oder Berichte über Lebensgeschichten von Menschen las, filterte ich unbewusst und später bewusst: Bis wohin geht es um die Schale eines Menschen, und was ist der Kern? Stets wollte ich zum Kern vordringen: Wovon träumt diese Person? Was hat sie sich als Kind erträumt? Was macht sie glücklich, und warum ist sie heute unzufrieden? Was macht sie aus, und was treibt ihn an? Auch ich musste mein Potential im Laufe meines Lebens herausfinden und meine Talente entdecken.

Als ich anfing, mich damit zu beschäftigen, hat mich kaum jemand verstanden. Den Meisten war viel zu diffus, was ich wollte. Irgendetwas nachzuspüren, sich auf den Weg zu etwas zu machen, was man noch nicht kennt. Allein das klang ziemlich esoterisch und unrealistisch für mein Umfeld, und auf gewisse Weise kann ich das inzwischen nachvollziehen.

Inzwischen ist »Potentialentfaltung« fast schon ein Trend, aber leider führt er oftmals erneut an uns vorbei und lenkt wie Rauchbomben vom eigentlichen Kern ab. Ein Beispiel: Die Jagd der Unternehmen nach »High Potentials« gleicht einem Tanz um das Goldene Kalb. Das Potential des Einzelnen und die Potentialentfaltung laufen Gefahr, ausschließlich ein Faktor im Wertschöpfungsprozess von Unternehmen zu werden. Von »Humankapital« ist die Rede und davon, das Leistungsvermögen der Arbeitskräfte und damit die Ertragskraft des Unternehmens zu steigern. Nicht umsonst wurde das Wort »Humankapital« von einer Jury aus Sprachwissenschaftlern zum »Unwort des Jahres« gewählt: Es degradiere Menschen »zu nur noch ökonomisch interessanten Größen«, so die nachvollziehbare Begründung.[39]

Damit wir uns nicht falsch verstehen, ich finde Wege der Potentialentfaltung für die Mitarbeiter eines Unternehmens enorm wichtig! Wenn es wirklich um die Förderung deines Potentials geht – für dich und deinen Weg, und nicht, um sich an dir zu bereichern. Es gibt meiner Kenntnis nach weltweit keine Organisation, die allein den Zweck verfolgt, Menschen bei ihrer Potentialentfaltung zu helfen. Es gibt Professoren, die theoretische Vorträge darüber halten und viel Zustimmung finden, aber am Ende ändert sich das Leben der Zuhörer nicht. Es gibt Unternehmen, die das Potential der Mitarbeiter bestmöglich für ihre Jobs nutzen wollen. Es gibt Coaches, die Geld damit verdienen, Menschen bei ihrer Potentialentfaltung zu helfen. Es gibt Internetplattformen, die versprechen, dass man dort »genau das machen kann, was man schon immer machen wollte«, und die in Wahrheit nur eine Niedriglohn-Jobvermittlung sind.

> Für jeden einzelnen Menschen geht es bei Potentialentfaltung um inneres Glück und um Zufriedenheit.

Für jeden einzelnen Menschen geht es bei Potentialentfaltung um inneres Glück und um Zufriedenheit. Und wenn die Menschen wirklich zufrieden wären, hätte das positive Auswirkungen auf Krankheiten, Kriminalität oder sogar auf Kriege. Für unsere Gesellschaft geht mit nicht voll entwickelten Potentialen ein wertvoller Input verloren – nicht der Verwertbarkeit, sondern der Vielfältigkeit. Wir alle könnten so viel mehr sein. Das ist weder Zauberei noch Esoterik noch Utopie. Solch ein *Glück* ist erreichbar – aber das ist wieder so ein Wort, das unglaublich schwer zu definieren ist.

Glück

Vielleicht suchen wir erst mal nach dem, was uns am Glück hindert? Vielleicht haben wir alle solche Knoten wie ich mit meiner »Todesangst«? Eine Geschichte möchte ich zitieren, es geht um eine Therapiesitzung des bekannten Psychotherapeuten Milton Erickson mit einem kleinen Mädchen, der die Hypnotherapie prägt und viel mit dem Unterbewusstsein arbeitete:

»Es wurde wegen seiner Sommersprossen viel gehänselt, z. B. ›Zimtgesicht‹ genannt, und litt darunter sehr. Sie mochte auch nicht zu Dr. Erickson gehen. Er überraschte sie völlig, indem er sie mit der Beschuldigung begrüßte, eine Diebin zu sein. Durch die provozierte Entrüstung umging er ihre Erwartungen und somit den vorprogrammierten Widerstand gegen eine Zusammenarbeit und weckte ihr Interesse. Er behauptete, sie habe Zimtgebäck geklaut und Zimt auf ihrem Gesicht verteilt, und auf diese Weise seien die Sommersprossen entstanden. Die Wut des Mädchens über diese Anschuldigung verknüpfte nun die Sommersprossen mit neuen Gefühlen und einem anderen Zusammenhang. Sie konnte von diesem Zeitpunkt an ihr ›Zimtgesicht‹ akzeptieren.«[40]

Für dieses Mädchen war die neue Sichtweise auf seine Sommersprossen etwas Positives – da es noch ein Kind war, konnte man spielerisch damit umgehen. Bei Erwachsenen ist es nicht ganz so einfach. Woran merken wir, dass wir unser Unterbewusstsein vernachlässigt haben? Immer wieder berichten unsere Gesprächspartner bei *millionways*, dass sich nach dem Erreichen der gesetzten Ziele kein Glücksgefühl und keine langfristige Zufriedenheit eingestellt hatten.

Wie kann das sein? Simpel: Wir machen, was in unseren Plänen steht. Nicht das, was wir wirklich wollen. Emotionen werden als irrelevant gewertet – wenn nicht gar störend. Wir haben gelernt, vernünftige Lebenspläne zu machen.

Es gibt natürlich Phasen im Leben, in denen wir unsere akuten Bedürfnisse zurückstellen müssen, doch das darf nicht zur Normalität werden. Ein Schritt zur Lösung könnte sein, uns vorher klarzumachen, was welche Phase bedeutet, und uns nicht selbst zu belügen. Dann können wir mit dem umgehen, was auf uns zukommt – und es wird nicht mit uns umgegangen. So können wir einerseits eine bewusste Zeitplanung machen, aber andererseits Raum für uns lassen, wenn unbewusste, intuitive Impulse mir zeigen, wo ich damit stehe.

Die Alternative heißt Anpassung – oftmals ist sie im Alltag der leichtere Weg, weil er eben vorgegeben ist. Doch je mehr wir uns zurechtbiegen lassen oder selbst verbiegen, desto unzufriedener werden wir. Steve Jobs sagte einmal in seiner bekannten Rede vor Absolventen der Stanford University:

»Your time is limited, so don't waste it living someone else's life. Don't be trapped by dogma – which is living with the results of other people's thinking. Don't let the noise of others' opinions drown out your own inner voice.«

Wenn die überwiegende Mehrheit der Menschen in Deutschland laut Statistik angibt, zufrieden mit ihrem Leben zu sein, klingt es für mich eher nach Selbstbeschwichtigung, nach einem kollektiven »muss ja«. Der Hamburger Zukunftsforscher Horst W. Opaschowski stellt in seinem Buch *Deutschland 2030. Wie wir in Zukunft leben* eine Studie vor, der zufolge ein wachsender Teil der Deutschen schon heute überzeugt ist, dass die Lebensqualität im Vergleich zu früher abgenommen habe. »Es wächst das subjektive Gefühl, dass es immer schlechter geht«, sagt Opaschowski.[41] Über 70 Prozent der Berufstätigen sehen neben wachsender Unsicherheit am Arbeitsplatz höhere Belastungen durch Stress und Druck auf sich zukommen.[42]

Opaschowski hat einen »Nationalen Wohlstandsindex für Deutschland« entwickelt, der Wohlstand anders misst als das Bruttoinlandsprodukt (BIP). Dieses sagt zwar viel über die Wirtschaftsleistung aus, doch auch Wissenschaftler sind sich einig, dass ein höheres Bruttoinlandsprodukt nicht zwangsläufig für mehr Wohlbefinden steht.

Das Bruttosozialglück statt des Bruttosozialprodukts zu messen, darauf ist auch ein kleines Land im Himalaja namens Bhutan gekommen. Bruttosozialglück? Auf den ersten Blick nicht nur ein unmögliches Wort, sondern ein scheinbar unmögliches Unterfangen. »Gross National Happiness« (GNH) hat der frühere König von Bhutan seinem kleinen Land über den Wolken verordnet, und es mutet an wie ein Märchen, wenn er sagt: »Das Streben nach Bruttosozialglück zählt mehr als das Bruttosozialprodukt.«[43] Doch es ist kein Märchen – es ist die zentrale Richtschnur, die Vision überall dort, wo es in Bhutan um Planung und Entwicklung geht. Wirtschaftliche Entwicklung um fast jeden Preis überlässt man anderen Ländern – Bhutan versucht, glücklich zu werden. Seine Bürger werden regelmäßig nach ihrem Wohlbefinden befragt, und eine Kommission unterzieht wirtschaftliche Projekte einem »Glücks-Check«. Können sie diesem nicht standhalten, weil sie beispielsweise der Umwelt zu sehr schaden, werden sie verworfen – wirtschaftlicher Nutzen hin oder her.

Jigme Thinley, der frühere bhutanische Premierminister, war 2014 Stargast bei einer TEDx-Konferenz in Klagenfurt und wurde gefragt, was für ihn eigentlich Glück bedeute.

»Die Freiheit genießen zu können, ohne anderen dabei zu schaden. In einer Gemeinschaft aufgehoben zu sein. Menschen zu haben, an deren Tür man klopfen kann, wenn man Hilfe braucht oder reden möchte.«

Alle paar Jahre schwärmen in Bhutan Beamte aus, um mit Fragebögen das Glücksempfinden der Bürger zu erheben. Die Menschen werden gefragt, wie viele Freunde sie haben und wie viel Zeit sie mit ihrer Familie verbringen. Der natürliche Feind des Glücks, meint Thinley, sei der Neid: »Wie man sich fühlt, hängt auch davon ab, mit wem man sich vergleicht.«[44]

Eigentlich haben die Menschen in unseren Breitengraden alle Voraussetzungen, glücklich oder zumindest zufrieden sein zu können. Ein weiterer Knoten, der uns daran hindert, könnte unser Sicherheitsgefühl sein. Wir klammern uns an Dinge wie den immerhin vorhandenen Arbeitsplatz oder Partner oder Freunde, ohne zu fühlen, ob das überhaupt das ist, was wir eigentlich wollen. Es herrscht eine regelrechte Angst davor, diese mühsam erarbeitete Struktur in

> Wir klammern uns an Dinge, ohne zu fühlen, ob das überhaupt das ist, was wir eigentlich wollen.

Frage zu stellen, weil man dann noch einsamer wäre, als man sich ohnehin schon fühlt. Es gibt sogar Leute, die Mitglied in Vereinen sind, die ihnen keinen Spaß machen, und jede Woche dahin gehen, nur aus Verpflichtung und Zwang. Das ist ein bezahltes Hobby, das ist doch verrückt!

Kein Wunder, dass es keinen offiziellen Glück-Check in Deutschland gibt! Was würde denn passieren, wenn wir uns zu fragen beginnen, was uns persönlich glücklich macht? Probieren wir es einfach mal:

Was macht *dich* wirklich glücklich?

So wie viele andere, die mir begegnet sind, hast du dich vielleicht schon lange nicht mehr damit auseinandergesetzt, was du selbst eigentlich willst. Nicht in Gesprächen mit anderen, sondern nur mit dir selbst, in einer ruhigen Minute, ganz ehrlich und auf dein echtes Leben bezogen. Kann es sein, dass das Meiste, was du bisher erreicht hast, das Ergebnis dessen ist, was man von dir erwartet hat? Machst du vielleicht so weiter, weil es »sich so gehört«? Erfüllst du irgendeine Pflicht, weil man »nicht einfach so« mit dem eigenen Lebenstraum anfangen kann? Oder weil du »erst mal« etwas Solides brauchst und alles andere »später« auch noch machen kannst? Mit solchen Aussagen wärest du nicht allein – bei *millionways* hören wir sie jeden Tag.

Was ist deine Antwort auf die Frage: »Was ist das Erste, was dir einfällt, wenn wir dich nach einem perfekten glücklichen Moment in deinem Leben fragen?« Ist die erste intuitive Erinnerung die Unterschrift unter deinen Arbeitsvertrag? Oder der Beginn deines Studiums? Oder ist es vielleicht etwas ganz anderes?

Das soll nicht heißen, dass alles, was du gerade tust, falsch ist. Es ist okay, etwas zu studieren, was dir nicht jeden Tag Spaß macht – alles andere wäre vermessen. Aber die Grundentscheidungen für dein Leben sollten doch aus dir heraus kommen – und nicht aus irgendwelchen Konventionen. Schau genau hin und prüfe, ob du das alles wirklich so willst. Wenn du die Frage ganz ehrlich mit Ja beantworten kannst – super. Wenn nein, dann ist vielleicht genau da der Ursprung deiner Unzufriedenheit.

Deine Unzufriedenheit ist nicht falsch. Falsch ist, sie als persönliches Versagen zu werten. Sie ist ein Signal, das dir zeigt, dass etwas nicht stimmt. Dass dir was fehlt. Wie das Kontrolllämpchen für den Ölstand im Auto: Wenn es leuchtet, muss man Öl nachfüllen und nicht das Lämpchen rausdrehen. Deine Unzufriedenheit zeigt schlicht, dass dir etwas fehlt.

Mir sind viele Gründe für Unzufriedenheit genannt worden: Man hätte gern, was man nicht hat. Man soll anders sein, als man ist. Der Partner oder die Partnerin ist nicht so, wie man möchte. Es klappt etwas nicht so, wie man möchte. Das Leben verläuft anders, als man geplant hat. Man sehnt sich danach, mehr zu haben oder anders zu werden. Das ist oft der erste Anstoß zur Selbstoptimierung: Je nach Alter und Grad der Verzweiflung hungert man, treibt Sport, lässt Schönheitsoperationen über sich ergehen oder gibt vor, jemand anders zu sein, als man ist. Man sehnt sich nach einer anderen Beziehung und tauscht ständig die Partner. Man sehnt sich nach einem anderen Leben. Ich kenne das auch. Aber die Unzufriedenheit verschwindet weder mit dem Fett noch mit der schiefen Nase – nur das Facebook-Profil sieht möglicherweise hübscher aus.

Mit Unzufriedenheit meine ich nicht die alltäglichen Ärgernisse, die das Leben zwangsläufig mit sich bringt, sondern das grundlegende Unbehagen, das sehr viel tiefer reicht. Kein Wunder, dass manche unserer Interviewpartner nicht genau erklären konnten, was sie eigentlich so unzufrieden macht. Sie fühlten sich einfach ständig müde, gereizt, abgespannt, überfordert, gestresst oder schlicht lustlos. Ein Zeichen des Unterbewusstseins.

Was mich besonders bewegt: wenn sich Menschen nirgends mehr wirklich zu Hause fühlen. Je weniger Zeit aber für die Frei-Zeit bleibt, desto mehr klammern wir uns an den Arbeitsplatz. Manchmal ist er das Einzige, was bleibt – ohne überhaupt noch zu fühlen, ob es das ist, was wir überhaupt wollen. Mir ist von einer regelrechten Angst davor berichtet worden, den mühsam erarbeiteten beruflichen Werdegang überhaupt in Frage zu stellen, weil man ohne noch einsamer wäre, als man sich ohnehin schon fühlt.

Als Achim mit 39 Jahren erfuhr, dass in seiner Firma Stellen gekürzt werden, fiel er in eine Art Schockstarre. Nicht dass er seinen Job geliebt hätte, im Gegenteil: Er hatte innerlich schon lange gekündigt und saß eher lustlos seine Zeit ab, musste jeden Tag acht Stunden rumkriegen, Woche für Woche, Jahr für Jahr. Achim hatte Maschinenbau studiert, seine Eltern waren stolz auf ihn – doch nun drohte sein Kartenhaus zusammenzufallen. Seine Gedanken kreisten jetzt permanent um die Arbeit. Er schuftete noch mehr, machte gute Miene zum bösen Spiel, es sollte bitte einen anderen erwischen. »Es fühlt sich beschissen an, seinen Job zu verlieren. So, als hätte man versagt«, sagt er. Tags hatte er sich im sprichwörtlichen Hamsterrad gefangen gefühlt, nachts konnte er nicht mehr schlafen und quälte er sich im Gedankenkarussell durch die Stunden. Es half nichts: Ihm wurde gekündigt. Die Arbeitslosigkeit ließ ihn in ein tiefes Loch fallen. Er ging nicht mehr raus, fühlte sich wie ein Versager. Es dauerte Jahre, ehe er sich daraus befreien konnte. Nie hätte er gedacht, dass sich aus dieser zehrenden Erfahrung seine beste Chance ergeben sollte. Heute zeichnet Achim Comics. Die hat er schon immer geliebt. Aber nie hätte er zu träumen gewagt, damit eines Tages Geld zu verdienen.

Es ist seltsam, wie oft wir uns zu etwas verpflichtet fühlen, obwohl wir keine Lust dazu haben. Es ist nicht nur der offensichtlich ungeliebte Job. Menschen gehen auf Geburtstage, auf die sie keine Lust haben – und der Gastgeber oft genug auch nicht auf sie. Wir müssen ein Haus bauen, einen Baum pflanzen und einen Sohn zeugen. Wir fühlen uns verpflichtet zu arbeiten, Karriere zu machen, unsere Familie zu ernähren. Diese Verpflichtungen sind eine Last. Doch wir kämpfen uns tapfer durch, schließlich schaffen es alle anderen auch.

Wenn das Glück chronisch fehlt, ist eine weitere im Grunde virtuelle Realität die Flucht in Rauschmittel. Symptome, die uns zeigen, dass etwas schiefläuft, werden nur zu gern im abendlichen Bierchen oder Wein ertränkt: »9,5 Mio. Menschen in Deutschland konsumieren Alkohol in gesundheitlich riskanter Form. Durchschnittlich werden pro Kopf der Bevölkerung jährlich zehn Liter reinen Alkohols konsumiert.«[45]

Deutschland hat nicht nur den Ruf der Pflichtbewussten, Fleißigen und Pünktlichen, sondern auch den Ruf als Biernation. Statt auf den eigenen Biorhythmus zu hören, greifen wir mindestens zu Kaffee und manchmal auch zu Alkohol und anderen Drogen, die die Realität erträglicher machen sollen. Die Drogenbeauftragte der Bundesregierung stellte fest, dass 2015 die Zahl der Drogentoten um fast 20 Prozent gestiegen sei. Auch die Zahl derer, die erstmalig Heroin zu sich nahmen, sei um knapp 15 Prozent gewachsen, bei Kokain um 6,5 Prozent.[46]

»Kokain ist zur gemeinen Straßendroge geworden, und die User finden sich in allen Schichten«, sagt der Leiter des Drogenreferats beim Landeskriminalamt Berlin, Rüdiger Engler. Wolfgang Götz, der Leiter der Berliner Drogenberatung »Kokon«, wird im gleichen Artikel zitiert: »Kokain ist eine Alltagsdroge. Siebzig Prozent der Leute, die bei Kokon Hilfe suchen, haben ganz normale Berufe. Zu uns kommen neben Börsianern und Regisseuren auch Bauarbeiter oder Gärtner.«[47]

Womit auch immer man sich tagsüber hochpeitscht, um den täglichen Anforderungen standzuhalten – Drogen, Kaffee, koffeinhaltige Getränke oder zuckerhaltige Snacks –, abends muss man wieder runterkommen. Und das ist nicht einfach, wenn man den ganzen Tag auf »High Level« gefahren ist. Der abendliche »kleine Absacker« reicht vielen nicht mehr, wir schlucken tonnenweise Schlaf- und Beruhigungsmittel. Dieses Thema wurde oft behandelt, aber für mich ist vor allem ein Aspekt interessant: dass diese Substanzen eben auch eine Möglichkeit sind, etwas zu fühlen, das uns die Realität nicht mehr bieten kann – Euphorie, Zufriedenheit, Glück, je nach Droge. Das Problem ist nur: Diese Gefühle basieren nicht auf unserer Realität im Alltag, sondern in einem künstlich herbeigeführten Rauschzustand. Und in den Alltag müssen wir in der Regel immer wieder zurückkehren. Die Diskrepanz zwischen dem Hochgefühl während des Rauschs und der tristen Realität ist enorm.

Außerdem können Drogen dazu führen, dass man das unter dem Rausch Erlebte emotional für real hält. Wir alle kennen Kiffer, die sich so sehr in die Planung einer Aktivität hineinsteigern können, dass sie im Anschluss das Gefühl haben, dass alles schon erledigt sei. Die Umsetzung muss dann gar nicht mehr erfolgen, um das Zufriedenheitsgefühl einer erledigten Aufgabe hervorzurufen. Das führt dann zu der vielbeschriebenen Antriebslosigkeit und schließlich zur psychischen oder physischen Sucht.

Felix war eigentlich, ganz dem Namen nach, ein Glückskind. Sein Vater war früher Leiter eines der größten Käsehersteller in Europa und verdiente ein Vermögen. Felix wohnte in einer Villa in Norddeutschland, im Haus gab es Bedienstete. Statt eines Kinderzimmers hatte er eine ganze Etage für sich. Felix wurde auf Privatinternate geschickt, studierte Business-Management und verbrachte ein Studienjahr an der

London School of Economics. Er hatte niemals Zukunftsängste, denn sein Erbe ermöglichte ihm ein sorgenfreies und sogar ein luxuriöses Leben inklusive Eigentumswohnung.

Doch wirklich glücklich war Felix nicht. Mit dem Studium hatte er Probleme, nach fünf Semestern brach er ab, noch vor dem letzten Versuch einer Prüfung, an der er zu scheitern drohte, und schrieb sich für einen ähnlichen Studiengang an einer anderen Schule ein. Auch dort lief es nicht gut. Wenn er lernte, schrieb er gute Noten, doch er lernte immer seltener. Das Studium machte ihm keinen Spaß, und je älter er wurde, desto schwerer fiel es ihm, sich hinzusetzen und zu lernen. Er fühlte sich immer öfter wie ein Versager. Er war bereits dreißig und hatte es aus der Sicht der meisten Menschen zu nichts gebracht. Die meiste Zeit verbrachte Felix damit, sich irgendwelche Filme anzuschauen und dabei Joints zu rauchen. Sein Vater, in dessen Firma er eigentlich einsteigen wollte, verlor das Vertrauen in ihn, seine Freundin warf ihm vor, keine Ambitionen zu haben und sich auf seinem Erbe auszuruhen.

Felix, der vorher niemals gearbeitet hat, fing einen Studentenjob in einem Beratungsunternehmen an. Zunächst ging alles ganz gut, doch dann begann die Prüfungszeit. Statt zu lernen, griff Felix öfter zu einem Joint, erschien high auf der Arbeit. Das fiel zwar nicht auf, doch Felix arbeitete eben nicht besonders schnell und zuverlässig. Die Stimmung wurde immer mieser, und nach wiederholter Kritik kündigte er. Seine Prüfungen bestand er nicht und musste sie erneut nachholen.

Wer weiß, wie das weitergegangen wäre, doch wurde seine Freundin schwanger. Felix hatte eine neue Aufgabe: Vater sein. Darin ging er auf. Er baute die Wohnung um, konsumierte einen Haufen Videos und Bücher über Babys, und als sein Sohn zur Welt kam, verbrachte er mehr Zeit mit ihm als die Mutter. Da er sich so sehr um das Baby kümmerte, konnte seine Freundin ihr Studium beenden. Sein Vater äußerte sich oft abfällig über Hausmänner, doch Felix war das zunehmend egal – er erkannte, dass er nun mal nicht so sehr für die freie Wirtschaft brannte wie sein Vater. Geld oder Status hatten ihn nie motiviert, was auch wenig verwunderlich war, musste er doch niemals darum kämpfen. Offensichtlich waren Ambitionen oder Disziplin nicht seine Stärken.

Seit der Geburt seines Sohns ist Felix zum ersten Mal richtig zufrieden. Sein Studium hat er nie beendet. Sein Sohn wurde gerade drei, als Felix bei *millionways* anrief. Er hatte die Idee einer Versandbox für Väter – keine Idee, mit der man Millionen verdienen kann, aber das war auch nicht Felix' Ziel. Wir vernetzten ihn mit einem Designer und einer strukturierten und tatkräftigen BWLerin – sie arbeiten nun an einem eigenen kleinen Unternehmen. Und Felix lebt nun nicht mehr in einer, manchmal berauschten, Scheinwelt, in der er zu erreichen versucht, was er gar nicht erreichen will. Sein Glück, das hat er inzwischen herausgefunden, liegt anderswo.

Scheinwelten können Depressionen und Burnout sein, eben weil die Realität dem Rausch nicht standhält. Der Psychiater Werner Kissling, Leiter des Centrums für Disease Management am Klinikum rechts der Isar der TU München, definiert in einem Interview mit der *Süddeutschen Zeitung* die Krankheitsbilder so:

»Zeichen einer Depression sind gedrückte Stimmung, Interessenverlust und Freudlosigkeit, manchmal auch körperliche Beschwerden und Selbstmordgedanken. Burnout ist ein Zustand emotionaler und körperlicher Erschöpfung, der häufig im Zusammenhang mit beruflicher Überforderung auftritt. Die Übergänge zwischen beiden Störungen sind fließend, und ein Burnout kann häufig in eine Depression übergehen. Depressionen gelten noch immer als Zeichen von Schwäche, sie sind eine stigmatisierte Krankheit.

Gerade Führungskräfte wollen deshalb nicht eingestehen, dass sie an Depressionen leiden. Burnout klingt da einfach besser.«[48]

Auch wenn »Burnout« das Ausgebranntsein gut umschreibt, bleibt es doch nur eine abstrakte Worthülse. Es geht hier nicht um eine Krankheit, die aufgrund eines Infekts oder Unfalls über uns kommt, es ist vielmehr das Resultat einer Schieflage: Entfremdung von unserem Inneren, Emotionen, die nicht gefühlt werden durften – das Kontrolllämpchen für den Ölstand hat schon viel zu lange gewarnt, aber niemand hat das Öl nachgefüllt. Stattdessen zeigt sich erneut der Mechanismus unserer Gesellschaft, etwas, was man fühlt und ausblendet, in eine schicke Worthülse zu pressen und anschließend widersinnig zu behandeln, zum Beispiel mit Medikamenten. Ich persönlich glaube nicht, dass man in Naturvölkern einen Menschen findet, der plötzlich ohne objektiven Grund depressiv wird. Warum sollte das auch so sein? Also muss es in unserer Gesellschaft objektive Gründe geben. Welche sind das? Und vor allem: Was müssen wir verbessern?

Vielleicht können uns ältere Menschen eine Antwort geben. Je mehr Jahrzehnte man Erfahrungen gesammelt hat, desto mehr hat man auch gesehen. Ich möchte nicht sagen »erlebt«, denn natürlich kenne ich genug Menschen, die mit dreißig schon mehr erlebt haben als andere mit achtzig. Aber die durchlebten Jahrzehnte mit der unbewussten Weisheit durch Beobachtung kann einem niemand nehmen. Ohnehin haben mich ältere Menschen stets besser verstanden. Ich kann mir das heute damit erklären, dass sich die Werte und Ziele mit dem Alter verschieben und damit auch der Blick auf die Frage, was im Leben wichtig ist. Dass mir als Anfang Zwanzigjährigem, der die Welt verändern will, ein dreißigjähriger Karrierist oder ein fünfundvierzigjähriger Banker eher ratlos begegneten, ist mir heute – zehn Jahre später – klar. Ein Senior, der in einer nachdenklichen und reflektierenden Phase seines Lebens ist, versteht junge Menschen in dieser Zeit möglicherweise viel besser.

So jedenfalls ging es mir mit Holger. Ich hatte damals noch kein klares Bild von *millionways*, spürte aber so sehr, dass solch eine Organisation vielen Menschen helfen könnte. Ich erzählte ihm von meiner Vision, von Existenzgründungsgesprächen und verständnislosen Reaktionen. Von gescheiterten Versuchen, Geld von Banken zu bekommen, und von Leuten, die doppelt so alt waren wie ich und mich von dem aus ihrer Sicht falschen Weg abbringen wollten.

Holger konnte mir vieles mit der Weisheit eines alten Mannes raten. Er war wirklich alt, Mitte neunzig, jedoch geistig sehr fit. Wir trafen uns regelmäßig. Meistens tauschten wir uns über wissenschaftliche Themen aus, über die Gesellschaft und darüber, was sich ändern müsse. Ich erfuhr, dass er bereits viele seiner Freunde sterben sah. Er hatte mit ihnen in ihren letzten Monaten viele Gespräche darüber gehabt, was aus ihrem Leben hängengeblieben war. Und das waren nicht die Schritte auf der Karriereleiter gewesen, sondern vorwiegend zwischenmenschliche Themen: nicht nur Liebesbeziehungen oder, wie er es nennt, »romantische Begegnungen«, sondern auch die Freude darüber, gemeinsam etwas aufgebaut zu haben, und sei es nur ein Gartenhaus, oder die kleinen Feiern in der durch einen überdimensionierten Ofen viel zu heißen Hütte. Diese alten Freunde waren sehr ehrlich in ihren letzten Momenten, und die Fassade aus Erfolg und der ihm zugemessenen Bedeutsamkeit bröckelte immer mehr.

Im fortgeschrittenen Alter gelangt man möglicherweise wieder mehr zu den eigentlichen Wünschen, ins Unterbewusstsein. Dort werden Gefühle, Prägungen und Erinnerungen von unserer Kindheit bis heute gespeichert. Auch all die

Wünsche, Bedürfnisse und Sehnsüchte, schmerzliche Erfahrungen wie Ängste und Verletzungen, lustvolle Erlebnisse, Lieblingstätigkeiten und vieles mehr. Als Erwachsene beugen wir uns dem Zeitdruck, den Zwängen, den Anforderungen und Verpflichtungen des Alltags, ohne diesen Anteil in uns zu beachten. Dabei schlummert dort alles, was wir tief innen wirklich wünschen und wonach wir uns nur allzu oft sehnen.

Das alles kann dir Mut machen! Tief innen weiß jeder von uns, was er oder sie gefühlsmäßig braucht – oder was uns nicht guttut. Wir sollten nur nicht bis ins hohe Alter warten, um unsere Bereitschaft zu wecken, das Unbewusste überhaupt wahrzunehmen, in uns zu hören und unsere Bedürfnisse und Ängste ernstzunehmen. Meistens versuchen wir, diese Gefühle und Auswirkungen zu verdrängen, weil wir sonst nicht mehr funktionieren würden. Das haben wir als brave Kinder schließlich so gelernt: möglichst gut anpassen, ohne auf die eigenen Gefühle und Bedürfnisse zu hören oder diese gar zu vertreten.

Daher die gute Botschaft: Willkommen zu deinem Neuanfang. Hier und heute! Hör auf dein Bauchgefühl, und nimm das ernst! Lass deine inneren Empfindungen hochkommen. Deine oft unterdrückten Impulse warten nur darauf, wahrgenommen zu werden. Warte nicht auf irgendetwas – diesen Schritt kannst du sofort machen, und nichts und niemand kann dich davon abhalten.

Die Alternative wäre, so weiterzumachen wie bisher und zu hoffen, dass sich Zufriedenheit und Glück schon noch einstellen werden, irgendwann vielleicht. Höre lieber auf dich, erlaube dir, wieder zu träumen, schaue behutsam, welche Wege das Leben sonst noch für dich bereithält, und fühle hinein, welche davon mit deiner individuellen Situation, deinen Wünschen, Träumen und Bedürfnissen kompatibel sind.

Niemand anders tut das für dich. Das kannst nur du. Nimm dir dein Leben! Hol es dir zurück!

Und da hört es nicht auf. Was nützt es, auf sich zu hören, wenn man passiv bleibt? Für diesen nächsten Schritt gibt es dort draußen schon jetzt Menschen, die dich verstehen und die dich mit ihren Talenten ergänzen. Oder Firmen oder Organisationen, für die du zufrieden arbeiten könntest. Jetzt, in diesem Moment, existieren sie dort draußen, du findest sie nur nicht, weil du nicht nach ihnen suchst.

Ich kenne das aus der täglichen Arbeit von *millionways*. Wir fragen Menschen nach ihren Träumen, Emotionen, Erlebnissen, Leidenschaften. Es geht dabei um das, was sie gerne tun oder tun würden. Uns geht es nicht um Darstellung ihrer Lebensläufe, um formale Qualifikationen und berufliche Ziele. So versuchen wir, die Menschen darin zu bestärken, wieder auf ihre inneren Empfindungen zu hören. Wir legen Wert darauf, dass sich unbewusste Wünsche wieder einen Weg ins Bewusste ebnen. Es gibt für uns keine »dummen Ideen« oder »unvernünftigen Spinnereien«. Wie oft hat sich aus einem zunächst »dummen« Gedanken eine bahnbrechende Erfindung entwickelt! *millionways* war nun wirklich selbst eine äußerst unrealistische und damit »dumme« Idee. Dabei ist das verlorengegangene Potential der Menschen der wertvollste Rohstoff der Welt.

Wir wollen im ersten Schritt helfen, das eigene Potential zu erkennen. Dann bringen wir Menschen mit ihren neuen Erkenntnissen zusammen mit Gleichgesinnten. Menschen, die persönlich zu ihnen passen, deren Ziele und Werte übereinstimmen und deren Potentiale sich ergänzen. Sie inspirieren und motivieren sich gegenseitig meist von ganz allein, ohne starre Erwartungshaltung. Inspiration lässt sich schließlich nicht kontrollieren. Und so entstehen fruchtbare Beziehungen, Projekte und Geschäftsideen, die viele Menschen persönlich weiterbringen – etwas, wo man selbst wieder wirklich wirken kann.

Mir ist völlig klar, dass man nicht einfach von heute auf morgen sein Leben ändern kann – wobei ich auch das schon oft beobachtet habe. Aber: Wenn wir nicht anfangen, nach innen zu hören, ändert sich nichts. Die Frage »Wovon träumst du?« kann bildlich gemeint sein, aber auch wörtlich – denn oft träumen wir ja tatsächlich von unseren Wünschen, wenn auch abstrakt. Es wäre einfach, wenn wir schlicht von unseren Zielen träumen würden: Eine, die schon immer Naturfotografin werden wollte, würde von wilden Expeditionen durch Afrika träumen und von dem Elefanten, den man bei einer Nahaufnahme aufgeschreckt hatte und dem man bei seiner Flucht gerade noch ausweichen konnte. Aber so träumen wir leider nicht. Das Unterbewusste sendet verschlüsselte Botschaften. Bilder, die wir uns tagsüber ausmalen – wie die Expedition in Afrika –, sind nur bewusst erzeugte Vorstellungen unserer eigentlichen Wünsche. Das Konzept »Naturfotografin« ist ja etwas Rationales – dahinter stecken einzelne emotionale Wünsche und Vorlieben: zum Beispiel die Ästhetik schöner Fotos, die Aufregung in der Natur zu sein, die Spannung, den richtigen Moment zu erwischen, oder die Faszination für die Technik einer Kamera. Davon träumen wir durchaus, aber bewusst ist uns die treibende Emotion oft nicht. Also finde sie heraus, vielleicht mit Hilfe eines Ruhe-Tags, deiner Träume oder Austauschs mit anderen Menschen.

Statt das ganze Leben lang darüber nachzudenken, wie wir uns noch darstellen könnten, zeigen viele Geschichten, wie wichtig es ist, in sich nach dem eigenen Frieden zu suchen, den eigenen inneren Frieden zu finden. Sich bewusst werden, was dem dienlich ist und was nicht. »Selbst-bewusst-sein«,

> Wenn wir nicht anfangen, nach innen zu hören, ändert sich nichts.

wieder so eine treffende Bezeichnung: sich seiner selbst bewusst sein oder werden und zeigen, wie man eben ist. Das klingt einfach, aber es ist so unglaublich schwer, weil es um uns herum so laut ist und wir zwischen all den Einflüssen zu wenig Zeit und Aufmerksamkeit für all das haben, was uns eigentlich ausmacht.

Weil es mir so wichtig ist, möchte ich noch einmal auf die Begegnung mit dir selbst zurückkommen. Es wird uns immer wieder, auch in diesem Buch, geraten, auf uns zu hören, und wahrscheinlich kannst auch du nicht wirklich viel mit diesem Rat anfangen – ich könnte es auch nicht. Viele Menschen entgegnen auch, dass sie gar nicht unterscheiden können, ob ein Gedanke wirklich von ihnen oder aus dem Umfeld kommt. Aber dennoch lohnt es sich: Nimm dir einen Tag nur für dich. Das ist (rational gesehen) so einfach, es kann dich niemand daran hindern, und schaden kann es auch nicht. Also probiere es einfach mal aus. Das, was du an diesem Tag zu Papier bringst, kann nur von dir kommen. Niemand kann es manipulieren, verfälschen oder wegdiskutieren. Du musst es niemandem zeigen. Und selbst wenn der Tag doch absolut langweilig verläuft und du nur Spiralen und Sterne auf deinen Zettel gemalt hast: Diesen Versuch solltest du dir und deiner »inneren Stimme« wert sein.

4   Die neuen Talente

Findest du auch, dass du kein besonderes Talent hast? Glückwunsch, dir geht es da wie mir. Und Millionen anderer Menschen. »Ich habe keins«, ist die Standardantwort auf die Frage: »Was ist dein Talent?« Wir sind es eben gewohnt, uns für »normal« zu halten. Wie die Kinder der Max-Planck-Studie, die ich in Kapitel 1 zitiert habe, wollen wir nicht aus der Gruppe herausfallen und mit unserer Besonderheit anecken.

Unsere Eltern, Lehrer und alle, die unser Leben anfangs begleiten, erkennen oft nicht, welche Stärken wir haben – von fördern ganz zu schweigen. Und schließlich sind da die Institutionen: Kindergarten, Schule, Studium, die eher auf Konformität gepolt sind. Dort lernen wir richtige Antworten oder wir wir Hausaufgaben und Referate pünktlich erledigen – nicht jedoch, etwas aus uns zu machen. Das eigentliche Talent, was in uns steckt und uns glücklich machen kann, ließe sich am ehesten als das, »was von selbst da ist«, beschreiben. Also das, was wir als Kind schon von Natur aus können, was uns glücklich macht, während wir es tun.

Wie kommen wir da (wieder) ran? Wie können wir neue Wege entdecken und dann auch gehen? Was motiviert uns, trotz alle Unwägbarkeiten, die gewohnten Gleise zu verlassen und einen neuen – ungewissen – Weg einzuschlagen? Zunächst sollten wir uns eine Sache genauer ins Visier nehmen –

uns selbst. Was können wir eigentlich? Selbst wenn wir das für unbedeutend halten?

Talent und Berufung

Als ich vor zehn Jahren Anna kennenlernte, prallten zunächst zwei Welten aufeinander: ein junger, etwas hektischer Idealist mit utopischen Ideen und dem Drang zu verändern, und eine relativ angepasste Zwanzigjährige, die große Ziele im Leben eher für unrealistisch und seltsam hielt.

Anna war eine auf den ersten Blick vollkommen normale Einundzwanzigjährige, die zu dieser Zeit eine Ausbildung zur Bürokauffrau machte. In ihrer Freizeit traf sie sich gern mit Freunden zum Feiern. Sie rauchte, war leicht übergewichtig und wählte ihre Kleidung nach gängigen Trends aus – zu jener Zeit weiße Stiefel und Fellkrägen. Anna war eine junge Frau, die ihr Leben in der eigenen Mietwohnung gut im Griff hatte und von ihrem Kaninchen mal abgesehen allein lebte. Und die an vielen Abenden zu Hause in ihrem Bett lag und weinte.

Anna war keine besonders gute Auszubildende. Viel zu oft war sie unaufmerksam, langweilte sich und plauderte viel mit ihren Kollegen. Die meisten waren der Meinung, dass sie mit ihrer unstrukturierten Art keinen guten Job machen konnte, vielen war sie zu unzuverlässig. Ihren wahren Schatz, die unfassbare und schonungslose Offenheit, die oft naiv wirkte, bemerkten die Meisten nicht. Eingesperrt in einem Büro, tat Anna ihr Bestes, ihre Aufgaben zu erledigen. Oberflächlich betrachtet wirkte sie sogar recht selbstsicher.

Ich entdeckte jedoch etwas anderes hinter dieser Mauer der Normalität: ein außergewöhnlich offenes, freundliches und unvoreingenommenes Wesen. Doch niemand erkannte, dass gerade ihre manchmal naiv wirkende Offenheit ihre eigentlichen Talente sind – die hierzulande ja nicht unbedingt als positiv gelten. Alle wollten Anna anders haben. Jeder sagte ihr direkt oder indirekt: »Du bist falsch!« Oder: »So geht das nicht!« Niemand zeigte ihr, wie sie einfach leben kann, was sie ausmachte. Im Gegenteil: Ihre Authentizität war meist »fehl am Platz«. Doch je mehr sie versuchte, sich in die ihr zugewiesenen Schablonen einzupassen, desto weniger »richtig« konnte sie sein. Fast hätte sie sich dabei selbst verloren.

Anna und ich verbrachten damals viel Zeit miteinander. Schließlich schmiss sie ihren ungeliebten Job, und wir begannen zusammenzuarbeiten. Für mich war das ein Experiment – wie so vieles, was danach kam. Wir fingen mit Heimarbeit an – falzen, kleben, stempeln für Druckereien. Alles, was Maschinen nicht konnten, führten wir zu Hause durch. Die Gründung unserer ersten kleinen Firma ging überraschend schnell: Homepage, Formalien, Buchhaltung, Werbung, Hotline und so weiter erledigte ich. Anna ging raus zu den Kunden und akquirierte sie, obwohl uns dieses Wort damals noch völlig unbekannt war. Unsere Potentiale ergänzten sich perfekt.

Die Kunden liebten Anna. Nie zuvor hatte in dieser Branche eine junge Frau mit so viel Begeisterung die banale Dienstleistung der Weiterverarbeitung von Papier angeboten! In stetig wachsender Zahl nahmen wir Aufträge von Druckereien an. Als es uns zu viel wurde, gaben wir diese an Menschen weiter, die auf seriöse Heimarbeit angewiesen waren. Auch unsere Mitarbeiter, die nach und nach hinzukamen, hatten große Freude daran, mit einem so emphatischen Menschen wie Anna zu sprechen, die sich von ganzem Herzen für sie interessierte. Und dass sie in einem sozialen Verein oder in der Obdachlosenhilfe fast schon Wunder bewirken konnte, weil Menschen sich ihr gegenüber öffneten, wurde uns schon bald klar.

Was war und ist nun Annas Talent? Um diese Frage zu beantworten, müssen wir erst uns einmal die Begriffe »Talent« und »Potential« genau anschauen.

Laut *Duden* ist Talent eine »Begabung, die jemanden zu ungewöhnlichen beziehungsweise überdurchschnittlichen Leistungen auf einem bestimmten, besonders auf künstlerischem Gebiet befähigt«.[49] Nehmen wir uns das zum Maßstab, um herauszufinden, ob man Talent hat, werden wir meist schnell feststellen, dass wir bisher nicht durch »ungewöhnliche beziehungsweise überdurchschnittliche Leistungen« herausstechen. Wie auch, wenn wir noch nicht entdeckt oder schon vergessen haben, was da in uns schlummert? Spätestens, wenn wir »auf künstlerischem Gebiet« bisher ein unbeschriebenes Blatt sind, stellen wir fest, dass wir gänzlich untalentiert sein müssen. Bemühen wir noch die angebotenen Synonyme, also die »Wörter von gleicher oder ähnlicher Bedeutung«, wird sich diese Meinung nur verfestigen, da uns dann Begriffe wie »Genialität«, »Genie«, »Intelligenz«, »Berufener« oder »Wunderkind« ins Auge springen. Wir sind also nur einfacher Durchschnitt. So weit, so schlecht. Die Definition des Wortes macht uns Angst vor Talenten.

Während wir aufwachsen, lernen, hören und lesen wir von Talenten und historischen Persönlichkeiten, die es zu etwas gebracht haben: Leonardo da Vinci, Otto von Bismarck, Johann Wolfgang von Goethe, Marie Curie. Sie werden uns wie Exoten präsentiert – einzigartige Persönlichkeiten, die ganz anders waren als wir, nämlich talentiert. Irgendwann kommt die Gewissheit: Talente sind etwas Einzigartiges, sie sind nicht jedem gegeben – und ganz bestimmt nicht uns. Eine ganz unauffällige und alltägliche Gehirnwäsche. Kein Lehrer geht davon aus, dass unter den Kindern seiner Klasse der nächste Rilke oder Michelangelo sein könnte. Diese Sichtweise hat uns bereits vieler Kunstwerke, Erfindungen und Erfolgsgeschichten beraubt, dessen bin ich mir sicher.

Wo kommt das Wort »Talent« überhaupt her? Ursprünglich bedeutet das einfach nur Geld. Ein Talent ist eine alte sowohl von den Griechen als auch von den Römern verwendete Maß- und Währungseinheit. Mit der Zeit entwickelten sich Redensarten vom »anvertrauten Pfund« und »mit seinem Pfunde wuchern«, und im Lauf der Jahre wurde mit »Pfund« nicht mehr nur »anvertrautes Geld«, sondern auch »verliehene Tüchtigkeit, Begabung« bezeichnet. In der Redensart »sein Talent in die Waagschale werfen« klingt die ursprüngliche Bedeutung heute noch an.

Da ist es fast kein Wunder, dass man erst »überdurchschnittliche Leistungen« erbringen muss, um als talentiert zu gelten. Anna hat aber im Büro keinerlei »überdurchschnittliche Leistungen« erbracht, um bei ihrem Beispiel zu bleiben. Wie denn auch? Es fehlten ihr schlichtweg das Wissen und das Vertrauen, dass da noch so viel mehr in ihr steckt – und dass genau das irgendwo gebraucht wird. Wenn das, was mich ausmacht, von niemandem wertgeschätzt wird, wie soll ich dann wissen, dass darin mein Potential steckt?

Damit sind wir beim nächsten Wort: »Potential« ist laut *Duden* die »Gesamtheit aller vorhandenen, verfügbaren Mittel, Möglichkeiten, Fähigkeiten, Energien«. Genau darin liegt auch das Problem: Die Möglichkeiten sind nicht verfügbar, die Mittel nicht vorhanden, und die Fähigkeiten werden überhaupt nicht als Fähigkeiten gewertet. Die angebotenen Synonyme geben uns wieder den Rest: »Arbeitskraft, Kraft, Leistungsfähigkeit, Leistungskraft, Leistungsstärke, Leistungsvermögen, Stärke, Potent«.

Nach gängiger Definition, dass ein Talent eine überdurchschnittliche Leistung oder eine ungewöhnliche Fertigkeit sein müsse, besaß Anna keines. Doch hierbei spielen Umfeld und Umstände eine entscheidende Rolle. Würde morgen die Hälfte der Bevölkerung an einer unbekannten Seuche sterben, wären Ärzte gefragt. Dichter hingegen würden stark an Stellenwert verlieren. In einer Welt ohne Ökonomie würde sich niemand mehr um Wirtschaftskenntnisse und Managertalente scheren. Es hängt also von den Umständen ab, ob die eigenen Fähigkeiten gefragt und folglich wertgeschätzt werden. Künstler, die auf dem Land aufgewachsen sind, können das sicherlich bestätigen. Glücklicherweise ist unsere Welt so vielfältig, dass im Grunde genommen jedes Talent irgendwo seinen Platz finden kann.

Die Initialzündung für Anna war, dass sie sich nicht länger verstellen oder verbiegen musste. Sie durfte so sein, wie sie ist. Ihre sprudelnde Kommunikationsstärke wurde nicht länger im Keim erstickt. Im Gegenteil: Sie war perfekt geeignet für die Aufgabe, die sie nun machen sollte. Am Ende entpuppte sich Annas vermeintliche Unstrukturiertheit als schlichte Gegenwehr, den ganzen Tag lang nichts als Papiere abzuheften und Ordner zu füllen. Und so kam Stück für Stück mehr von der strahlenden Anna hervor, die mit ihrer großartigen Begeisterung und Herzenswärme alle ansteckte. Für mich, unsere Firma, die Kunden und deren Angestellte war offensichtlich, dass Anna jedem das Gefühl gibt, wichtig und ernstgenommen zu sein. Wer kann schon behaupten, viele solcher Menschen zu kennen? Was gibt es Wertvolleres? Welch großes Potential barg diese besondere Fähigkeit, die Anna nicht einmal mühsam lernen musste. Sie beherrschte diesen Job, einfach weil sie so ist, wie sie ist – eine Maxime, die ich sehr gern als Maßstab nehme.

Als sich im Lauf der Jahre die *millionways*-Idee entwickelte, war Anna stets diejenige, die den direkten Draht zu Menschen aufbaute. Wir haben über die Jahre vom Obdachlosen bis zum Firmenchef Menschen der unterschiedlichsten Gesellschaftsschichten beschäftigt – Kategorien, die Anna für gewöhnlich überhaupt nicht wahrnimmt. Sie interessiert sich nur für die Persönlichkeit dahinter. Auf Status, Hierarchien oder Geld achtet sie nicht – was für eine Gabe!

Bis heute werden wir oft nach unserem Geheimnis gefragt. Unter anderem wollte der Leiter einer Streetworker-Initiative wissen, wie wir in so kurzer Zeit ein solches Vertrauen zu den obdachlosen Menschen eines unserer Projekte aufbauen konnten – Menschen, die er seit Jahren vergeblich zu erreichen versucht. Unser Geheimnis hieß einfach Anna.

Für mich ist Talent etwas, was von selbst da ist, nichts, was man sich rational einredet oder ausdenkt. Damit ist Talent Teil der Persönlichkeit, also etwas, was uns individuell ausmacht. Doch für dieses, was uns gegeben ist, gilt: Talent ist keine Leistung! Es ist etwas, was wir gut und gerne tun. Bei meiner Recherche zu diesem Buch habe ich entdeckt, dass der Begabungsforscher William Stern bereits 1916 unterschieden hat: »Begabungen sind immer Möglichkeiten zur Leistung, unumgängliche Vorbedingungen, sie bedeuten jedoch nicht Leistung selbst.«[50] Das finde ich höchst beachtenswert, denn bis heute scheinen das nur die wenigsten Menschen begriffen zu haben. Statt von Kind an den Maßstäben der Leistungsgesellschaft unterworfen, in konditionierende Schablonen gezwängt und dem ständigen Vergleich mit anerkannten Normen unterzogen zu werden, ist es an der Zeit, mit unverstelltem Blick nach den individuellen Möglichkeiten jedes Einzelnen zu schauen.

> Talent ist keine Leistung!

Was mir bei allen Biographien der Menschen auffällt, mit denen ich gesprochen habe: In jedem von ihnen steckt Talent, niemand ist untalentiert! So wie in Annas Fall.

Ein Gegenbeispiel ist Christian, der immer schon »Chef«

sein wollte, das war sein formulierter Wunsch. Aber was macht eine Führungskraft aus? Ich würde sagen, das Wichtigste ist Durchsetzungsstärke: Jemand, der Chef sein möchte, muss sich durchsetzen können – und auch wollen. Dazu kommen Eigenschaften wie Entscheidungsfreude – der Chef muss führen können, Verantwortung übernehmen und bestimmen, wo es langgeht. Alles Eigenschaften, die aus meiner Sicht auf Christian nicht zutreffen. Aber er war sich dessen gar nicht bewusst, er dachte auch gar nicht darüber nach – er wollte unbedingt Chef sein.

Eine Zeitlang war er das sogar, als Mitgeschäftsführer eines kleinen Marketingunternehmens – ein Job, der ihm Spaß machte. Christian war eher ein kreativer Typ, startete immer neue Projekte, dachte sich coole Slogans aus, machte damit einen guten Eindruck in Kundengesprächen. Mit der Umsetzung hatte er Probleme: Er beantwortete seine E-Mails nicht rechtzeitig, so dass Kunden und Mitarbeiter lange warten mussten. Mit Entscheidungen ließ er sich oft so lange Zeit, bis sein Partner eingreifen musste. Verantwortung war einfach nicht seins. Gleichzeitig wollte er aber nicht Angestellter sein, denn er war es nicht gewöhnt, dass jemand anderes das Sagen hatte.

Als ich Christian traf, wirkte er sehr zerstreut auf mich, als wäre er mit seinen Gedanken ständig woanders. Hätte man ihn gefragt, würde er immer sagen, dass er ein guter Chef wäre, wenn man ihn nur ließe. Doch gab man ihm Verantwortung, hörte man nichts mehr von ihm. In dieser Rolle fühlte er sich offensichtlich nicht wohl, obwohl er sie so sehr wollte. Irgendwann kündigte er den Job und stieg bei einem Start-up ein, erst freiberuflich, was ihm großen Spaß machte. Die Gründerin des Start-ups war sehr glücklich mit seinem Auftreten – bis er Leiter des Marketingteams wurde. Mit der neuen Führungsposition begannen die alten Probleme: Die

Kunden waren erst von seinen Vorschlägen begeistert und dann irritiert, weil Christian sich nie meldete und viel zu spät ablieferte. Sein Team war ebenfalls genervt, weil er keine klaren Ansagen machte, keine Entscheidungen traf und alle hängen ließ. Nach fünf Monaten kündigte Christian. Er war ziemlich niedergeschlagen, aber gab die Schuld vor allem seinem Team: Das hätte ihn nicht genug unterstützt und zu viel von ihm verlangt. Für mich ist offensichtlich, dass Christian einfach keine Führungskraft ist. Er möchte und kann sich nicht durchsetzen, er mag keine Verantwortung, ihm liegt auch nichts daran, seine Mitarbeiter zu motivieren. Dafür hat er andere Stärken, zum Beispiel seine Kreativität. Doch das war Christian nicht genug.

Ich weiß nicht, ob Christian sich irgendwann auf seine Stärken besinnen kann. Dafür wäre eine intensive Auseinandersetzung mit sich selbst nötig. Zum Beispiel hätte ich mich an seiner Stelle gefragt, ob ich wirklich bereit für die Verantwortung bin, die mit der Chefposition einhergeht. Oder ob ich mich selbst unbewusst sabotiere, weil ich eigentlich gar keine Verantwortung mag? Was ich damit verbinde, Chef sein zu wollen, warum ich das unbedingt will, obwohl ich mich in der Rolle nicht wohl fühle. Alles Fragen, für die sich die Antwort irgendwo im Unterbewusstsein verbirgt.

Ob Christian schon als Kind ein Chef sein wollte? Ich glaube nicht, denn ich habe ihn im Gegenteil als eher schüchtern und zurückhaltend erlebt – in der Schule war er ein Außenseiter. Ich kann mir eher vorstellen, dass er in seine Vorstellung von »Chef« unter anderem projizierte, dass er dann nicht mehr herumgeschubst würde.

Viele unserer heutigen Themen kommen aus der Kindheit. Ich habe bereits erzählt, dass ich als Kind gerne Dinge aus Papier gebastelt habe. Mein »Langzeitprojekt« war der erwähnte Murmelautomat aus Kapitel 1, an dem ich in jeder freien Minute mit vollem Eifer und Elan tüftelte. Das war mein ganzer Stolz, so dass ich ihn sogar zwei Mal in diesem Buch erwähne! Dummerweise reduzierte meine Oma diesen Stolz auf das, was er eigentlich war, und warf ihn eines Tages in den Müll. Als ich nach Hause kam, war da kein Automat mehr, und meine Oma erklärte mir, dass sie ein bisschen aufgeräumt habe. Auch dieses »zerfledderte Stück Papier« habe sie weggeworfen, »das braucht ja nun wirklich keiner«.

Ich mag die Metaphorik dieser Geschichte bis heute. Denn es stimmte ja: Der Murmelautomat war nur ein Stück Papier. Und selbst wenn man die Technik dahinter verstand, war er immer noch nutzlos – niemand brauchte einen Murmelautomaten aus Papier. Hässlich war er obendrein, weil ich nun wirklich kein Gespür für Design hatte. Aber für mich war der Automat alles, und – etwas Eigenlob darf an dieser Stelle sein – der Geldprüfmechanismus aus Papier und Klebeband war schon ziemlich cool.

Diese kleine Geschichte zeigt, dass Kinder noch sehr viel besser wahrnehmen, was sie können und was sie daraus machen, etwas, das zumindest sie selbst zu diesem Zeitpunkt noch als außerordentlich wertvoll empfinden. Fast alle Kinder basteln, malen, schreiben, musizieren, denken sich Spiele aus oder bauen Automaten. Bemerkenswerte Bilder, beeindruckende Bauwerke, besondere Texte. In der Welt der Erwachsenen sind es Kritzeleien an Wänden, herumliegende Bauklötzchen, über die man stolpert, Geschreibsel mit niedlichen Fehlern, Murmelautomaten, die niemand braucht. Und später werden wir selbst zu solchen Erwachsenen und bewerten unsere eigenen Talente als nichtig. Die Folge: Die meisten Menschen glauben nicht an sich – weil ihnen niemand sagt, dass ihre Talente wertvoll sind. Man stelle sich mal vor, was wäre, wenn all diese Fähigkeiten und Leidenschaften gefördert würden – wie viel sich da entwickeln könnte!

Für eine individuelle Talentförderung ist in der Schule bislang kein Platz, zumindest nicht im alltäglichen Lehrplan. Es ist offensichtlich, dass Kinder unterschiedliche Stärken haben, aber niemand nimmt diese wahr oder ermuntert die Kinder und ihre Eltern, darauf zu achten und diese zu fördern. Anna hätte man wahrscheinlich sogar relativ einfach fördern können, mit all ihrer Begeisterungsfähigkeit wäre sie sicher sehr kooperativ gewesen. Und wenn der sensible Christian mit seinen Eigenschaften erkannt worden wäre, hätte sich vielleicht niemals sein Irrbild eines Chefs entwickelt. Klar, man darf nicht verallgemeinern, natürlich passiert diese individuelle Förderung in einzelnen Fällen – aber eben nicht grundsätzlich in unserem Bildungssystem. Wir wachsen mit der Gewissheit auf, dass wir wenigstens so sind wie alle anderen auch – und halten das sogar für etwas Gutes. In der Schule sind Besonderheiten problematisch, eigene Gedanken führen oft zum Streit mit den Lehrern – das habe ich oft genug erlebt. »Besondere Kinder«: Das klingt eher nach einem Problem. Ob Morgenmensch und Nachteule, ob kreativ oder strukturiert, ob laut oder leise: Wir sitzen alle täglich im selben Gebäude und werden demselben Programm unterzogen, das uns formen statt fördern will. Später verstecken wir bei Vorstellungsgesprächen unsere wahre Persönlichkeit, weil wir gelernt haben, uns anzupassen, und in der Arbeitswelt setzt sich die Fremdbestimmung fort.

Es sind diese sich summierenden Prägungen, die wir nicht unterschätzen dürfen, im Guten wie im Schlechten. Davon wird es abhängen, ob Kinder das, was sie tun, können und aus eigenem Antrieb machen, auch gerne weiter tun werden. Ob diesen Gaben Beachtung geschenkt wird, ist von wegweisender Bedeutung, denn Wertschätzung motiviert ungemein. Jedes Kind möchte den Anforderungen seiner Eltern und seines Umfelds genügen, und so könnten sich vorhandene Potentiale eigentlich leicht entfalten. Dies ist leicht nachzuvollziehen, wenn wir Menschen – egal welchen Alters – beobachten, die ihre Talente bereits intensiv ausleben: Sind sie motiviert und begeistert, können sie ihr Talent immer weiter entwickeln und eines Tages vielleicht zum Experten werden. So wie Anna heute unsere Expertin für zwischenmenschliches Vertrauen ist. Man sieht also, dass es möglich ist.

Definiert man »Talent« so, dass es zum Beispiel auch Eloquenz, Empathie oder Begeisterungsfähigkeit umfasst, ist Anna überaus talentiert. Und dann wird sichtbar, dass sie mit diesem Talent ungewöhnliche und überdurchschnittliche Leistung erbringt. Das konnte sie als Kind schon gut. Und es macht nicht nur andere, sondern sie selbst glücklich. Genau wie die Musik: Anna hat ein außergewöhnliches Musiktalent. Sie singt und spielt Klavier nach Gehör, doch bisher hat sie dem keine große Bedeutung beigemessen. Wie auch, wenn ihr auch in Bezug darauf bisher niemand glaubhaft gesagt hat, wie besonders ihre Fähigkeiten sind? Ich hoffe bis heute, dass sie etwas daraus macht.

All diese von der Natur gegebenen Talente, die Kinder noch erkunden und spielerisch erfahren, sind auch im Erwachsenenalter noch vorhanden. Wenn wir uns das mal vor Augen führen, fallen uns bestimmt schnell einige Dinge ein, die wir daraus machen könnten: Eloquente Menschen mit angeborenem Charme moderieren Veranstaltungen, disziplinierte idealistische Handwerker bauen gemeinsam mit anderen einen Biohof auf, und introvertierte belesene Denker können bei der Entwicklung einer Vertriebsstrategie zur perfekten Ergänzung all der extrovertierten Impulsmenschen werden. Da es keine Menschen ohne Eigenschaften gibt, kann es auch keine Menschen ohne Talente geben.

> Da es keine Menschen ohne Eigenschaften gibt, kann es auch keine Menschen ohne Talente geben.

Aber nur die wenigsten wissen eine Antwort, wenn sie gefragt werden, wo ihre Stärken gebraucht werden könnten. Meist wissen sie nicht einmal, worin ihre Stärke überhaupt liegt. Denn sogar wenn das Talent bei ihnen nicht verschüttet ist, kommt ihnen das, was sie so selbstverständlich können, einfach nur »normal« vor. Meistens müssen wir den Menschen Impulse geben, damit sie wieder bemerken, dass sie überhaupt besondere Talente besitzen – und manche entdecken sie erst durch eine Krise.

Eines Tages habe ich Kathrin, eine Journalistin, kennengelernt. Sie hatte eine Eigenschaft, die mir sofort ins Auge fiel: Sie war extrem kritisch. Im Alltag fiel das nur selten auf – sie war sicherlich keine Nervensäge, die an allen und jedem nagte. Doch immer, wenn ich ihr irgendein Dokument zeigte oder einen Plan schilderte, stellte sie dazu Fragen und machte Anmerkungen, die ein außergewöhnliches Auge für Details verrieten. Und mit dieser, ihrer ganz persönlichen Charaktereigenschaft kam sie in ihrem Job überhaupt nicht gut an.

Kathrin arbeitete damals bei einem Frauenmagazin, das sehr auf Positivität und Konformismus angelegt war, sowohl inhaltlich, als auch im Team. Dem Verlag, der die Zeitschrift herausgab, ging es wie den meisten anderen Printprodukten nicht besonders gut: Er machte Verluste, nicht zuletzt durch überholte Prozesse, die viel Zeit und Geld kosteten. Entscheidungen wurden nicht hinterfragt. Strikte Vorgaben, traditionelle Vorgehensweisen und daraus resultierende fragwürdige Ergebnisse wurden nicht kritisiert und mit dem Argument quittiert, es sei eben schon immer so gewesen. Kathrins Art, Dinge kritisch zu hinterfragen, nervte alle nur. Nicht nur die Chefetage, auch die Kollegen verstanden nicht, warum sie überhaupt so viele Dinge verändern wollte. Ihre Hinweise störten den Ablauf, und einige empfanden sie sogar als persönlichen Angriff. Zudem war Kathrin gerade mal 30 Jahre alt und noch nicht so lange im Beruf. Ihre deutlich älteren Kollegen wollten sich von ihr grundsätzlich nicht viel sagen lassen.

Die Stimmung auf beiden Seiten wurde im Laufe der Zeit immer schlechter. Kathrin wurde immer unglücklicher und frustrierter, weil sie sich nicht wertgeschätzt fühlte und ihre Eigenschaften fehl am Platze schienen. Verstärkt musste sie sich mit ihrer Kritik zurückhalten, um ihre Kollegen nicht weiter zu vergraulen. So fühlte sie sich immer unproduktiver und gab mit jedem Tag quasi ein Stück ihrer Persönlichkeit auf. Sie nutzte nur noch ihre fachlichen Fertigkeiten, aber ihre grundlegenden Eigenschaften hielt sie versteckt. Sie versuchte, wie alle anderen zu sein, und fühlte sich zusehends austauschbar und leicht ersetzbar. Was letztlich auch so war.

Durch ein glückliches Zusammentreffen konnte ich dazu beitragen, dass sie ihren heutigen Verlag kennenlernte. Hier war zufällig genau das gefragt, was Kathrin ausmacht: Kritik und Kritikfähigkeit, hinterfragen, prägnant formulieren, hinter die Kulissen schauen. Die Führung des Verlags verstand, dass Prozesse und Arbeitsweisen grundlegend verändert werden müssen, um zu überleben, und suchte nach einer Person, die für frischen Wind sorgen würde. Kathrin kam wie gerufen. Ihr Sinn fürs Aufdecken von Problemen, ihre journalistische Neugier – alles das, weshalb sie sich einmal für diesen beruflichen Weg entschieden hatte, kann sie nun leben und wird dafür wertgeschätzt. Mittlerweile hat sie sogar einen leitenden Posten im neuen Verlag. Vor kurzem traf ich sie wieder, und sie gestand mir, dass sie sich zum ersten Mal »wirklich nützlich« fühle. Mehr noch: Ihr Bild von sich selbst hat sich grundlegend geändert. Früher »prokrastinierte« sie häufig, ließ sich Zeit mit der Erledigung ihrer Aufgaben und hielt sich für grundsätzlich faul und undiszipliniert. Nun, da Eigeninitiative gefragt und nicht bestraft wird und sie ihre Talente sinnvoll einsetzen kann, ist davon keine Spur übrig. Auf mich wirkte Kathrin selbstischer und zufrieden. Ein Glücksfall.

Nicht immer nützt eine glückliche Fügung etwas. Viele Menschen müssen regelrecht davon überzeugt werden, dass in ihnen überhaupt ein Hauch von Talent schlummern könnte. Sie haben die eigene Persönlichkeit versteckt und verleugnet – oder einfach nicht mehr auf sie geachtet, weil sie mit der Zeit irrelevant wurde. Stattdessen hatten sie gelernt, Konventionen zu folgen, sich in eine Gruppe einzufügen und Regeln unterzuordnen.

Die Geschichte von Mai ist ein weiteres Beispiel dafür, wie einzelne Entscheidungen, Begegnungen oder Ereignisse ein Leben in vollkommen andere Bahnen lenken können. Als ich Mai kennenlernte, war sie 25 und damit genau Teil jener Gruppe, die ich weiter vorne als »oftmals am unzufriedensten« beschrieben habe. Sie studierte Pädagogik und Politik und hatte in ihrem Leben schon einige Rollen ausprobiert – um es klischeehaft und kurz auszudrücken, auch wenn ihr das nicht gerecht wird: Sie war mal Rockerin, mal Spießerin mit gemeinsamer 2-Zimmer-Wohnung, mal überzeugter Öko. Aber für mich war sie in erster Linie strahlend: Sie war unglaublich offen, fröhlich und begeisternd in ihrer Art zu reden.

Bei einem gemeinsamen Gespräch mit einer fünfundvierzigjährigen Frau, die wir über *millionways* kennengelernt hatten, erlebte ich sie als perfekte Beraterin. Als wir auf private Themen zu sprechen kamen, erzählte die Frau von ihren vergangenen und gegenwärtigen Beziehungen. Mai erkannte sofort, worin ihr Problem lag, und fasste es prägnant und gleichzeitig liebevoll zusammen. Das nahm nicht nur ich so wahr, sondern auch die Frau.

Nach diesem Abend war die Idee geboren, dass Mai eine Frauenberatung aufmachen sollte. Sie hatte Sorge, dass sie nicht ausreichend qualifiziert wäre, dass sie nicht genug Know-how besäße, et cetera. Sie wollte erst mal abwarten, zumal sie ja noch studierte – was viele Menschen eben so machen, statt ihr Leben zu ändern. Ich überzeugte sie davon, dass sie genau diesen Job einfach kann – natürlich nicht richtige Psychotherapien oder Ähnliches, aber eben eine Beratung für Frauen, auf ihre ganz spezielle natürliche Art, die so liebenswert war. Tatsächlich gründete Mai eine kleine Firma und begann, Kundinnen zu akquirieren.

Außerdem hatte Mai eine starke Gabe, was Design und Kreativität betraf. Und da sie ja ohnehin schon eine Firma gegründet hatte, konnte sie auch dieses Talent einfach ausleben: Sie bastelte wunderschöne Pappschachteln, deren Gestaltung sie sich selbst ausgedacht hatte, und verkaufte sie, ziemlich erfolgreich sogar. Doch was wurde aus Mais Studium? Schon als ich sie kennenlernte, hatte sie mir davon erzählt, dass es sie eigentlich gar nicht wirklich interessiere. Als sie nun eine Alternative für ihr Leben sah, brach sie ihr Studium kurzerhand ohne große Schmerzen ab.

Diese Geschichte nahm eine andere Entwicklung als bei Anna. Ich weiß leider nicht genau, was sie heute macht, aber ihre beiden Firmen kann ich online nicht mehr sehen. Ich wünsche mir von Herzen, dass ihre Begeisterungen und Pläne in irgendeiner Form wieder aufleben werden, denn ihr Talent war sehr besonders. Dieses Talent war nicht nur »Strahlen«, sondern vor allem das, was dahintersteckt, denn das ist ja ein ganzer Charakter und das Strahlen nur ein Symptom. Ähnlich wie bei Anna die Naivität und Authentizität. Manchmal habe ich Angst, dass sie nun ohne alles dasteht, ohne Geld, ohne Studium und ohne einen echten Beruf – und dass das ja teilweise mit unseren Gesprächen über Selbstentfaltung und ihrem Entschluss, ihr Studium abzubrechen, zu tun hätte. Mais Geschichte ist ein weiteres Beispiel dafür, wie einzelne Entscheidungen, Fehler, Begegnungen oder Ereignisse ein ganzes Leben vollkommen anders verlaufen lassen können.

Manche der Interviewpartner von *millionways* galten als »austherapiert« – so hieß es, wenn der Therapeut nicht mehr weiterwusste. Andere hatten viel Geld für Coachings bezahlt – ohne durchschlagenden Erfolg. Aber wie können wir denn den Hinweis eines Coachs umsetzen, wenn wir gar nicht mehr wissen, was wir gerne machen? Wenn alles unter »Du-darfst-nicht-Konditionierungen« verschüttet ist? Wenn vor lauter »Du-musst«-Zwängen« des Alltags schlicht die Kraft fehlt oder die Trägheit des Nichts-tun-Müssens als Ausgleich zum Alltagsstress gebraucht wird.

Immer wieder höre ich, dass man »ja schon alles probiert« habe. Manchmal scheinen die Coaching-Inhalte sogar eine Zeitlang zu funktionieren – aber von Dauer ist die Wirkung selten. Oft war ich erstaunt, welche Vorträge und Tagungen meine Gesprächspartner bereits besucht haben, meist gelockt von einer knackigen Überschrift oder neuen These. Doch zuhause angekommen, hat sich nichts geändert. Manche haben vielleicht ihr Leben etwas geordnet, andere ein bisschen gegoogelt oder einen Ratgeber gekauft. Aber niemand hat begeistert erzählt, dass sich dadurch wirklich das Leben geändert hat oder gar neues Potential offenbart. Niemand hat sich danach ähnlich wie Kathrin, die Journalistin, anders definiert. Genau das stört mich an vielen Potentialentfaltungspredigern: Es bleibt theoretisch.

Aus meiner Sicht sollten den einzelnen Menschen Möglichkeiten gezeigt werden, passende Menschen kennenzulernen, sich auszutauschen und gemeinsam etwas zu entwickeln. Egal ob einem im Freundeskreis solche Menschen vorgestellt werden, ob man sie zufällig in Online-Communitys findet oder ob sie durch *millionways* vernetzt werden: Es sollte nicht um das gehen, was ein Coach oder ein Interviewer denkt, sondern um das, was der individuelle Mensch vor uns fühlt, sich wünscht und vor allem: gern machen würde.

Wie sehr ein solcher Wunsch gegen gesellschaftliche Konventionen prallen kann, das zeigte uns Isabella, eine Edelnutte auf Sylt. Das Gespräch mit ihr war spannend, weil sie mehr als zufrieden mit ihrem Job und ihrem Leben war – und, wie sie sagte, »mit jedem Jahr glücklicher«. Für ihren Beruf hatte sie sich ganz bewusst entschieden: Ihr Wunsch war seinerzeit, viel Geld zu haben, in der High Society zu sein und viel zu reisen. Sie wollte sich mit gebildeten Menschen umgeben und teure Autos fahren. Zudem hatte sie gerne intensiven Umgang mit Menschen und Spaß an Sex. Das alles fand sie im Job als Prostituierte. Sie hatte schlicht festgestellt, dass es für das, was sie sich wünschte und daraus machte, einen Bedarf gibt. So hat sie sich ihren Arbeitsplatz selbst geschaffen. Sie wollte nicht behaupten, dass der Job alternativlos gewesen wäre, aber für sie hatte es sehr gut gepasst.

Ob dieser Beruf wirklich ihren Talenten und Wünschen entsprach? Isabella schilderte glaubhaft: »Das Talent, was ich bei diesem Job auslebte, war, Männern ihre Träume zu erfüllen. Nicht nur der Sex an sich, sondern das gesamte Drumherum. Das faszinierte mich. Das war mehr als ›rein, raus und weg‹. Eine Straßenhure hätte ich nicht sein können oder wollen.« Später begann Isabella, als Beraterin für Frauen mit »eingeschlafenem Sexualleben« zu wirken. Seither nutzt sie ihre Talente, »Männern und Frauen ihre Träume zu erfüllen und ihnen zu helfen, sich selbst Momente des Glücks zu schenken«.

Kaum zu glauben? Ja, es gibt sicher viele unglückliche Prostituierte, die keine Alternative haben, es gibt Zwangsprostituierte, Zuhälter und Ausbeutung. Aber als Interviewer darf ich mich nicht von der Doppelbödigkeit der Gesellschaft beeinflussen lassen. Selbstverständlich hat das Ausleben von Talent oder dem, was man gerne tut, seine Grenzen dort, wo es unsere

Nächsten schädigt. »Die Freiheit besteht darin, daß man alles tun kann, was einem anderen nicht schadet«,[51] ist bereits in der Erklärung der Menschen- und Bürgerrechte vom 26. August 1789 zu lesen.

Isabella wirkte auf mich jedenfalls nie unglücklich oder traumatisiert – ganz im Gegenteil. Sie hat gemacht, was sie gerne tut. Und daraus ist später etwas Neues entstanden, was sie ebenfalls gern macht. Sie hatte ihr Talent entdeckt, damit viel Geld verdient, den gewünschten Lifestyle gehabt und sich nicht durch Konventionen davon abbringen lassen. Sie hat auf sich gehört und tut das bis heute. Sie macht dabei sich und andere glücklicher. So einfach ist das.

Eine Schlüsselszene habe ich erlebt, als ich 20 war. Da begann mir klar zu werden, was es wirklich bedeutet, wenn wir unsere Talente vernachlässigen. Seinerzeit leistete ich Zivildienst auf einer Intensivstation und lernte eine ehemalige Opernsängerin kennen: Hildegard war 83 Jahre alt und hatte Herzprobleme. Wie so viele ältere Damen mochte sie mich wegen meiner Locken, und wir kamen ins Gespräch.

»Hilde«, wie ich sie nennen durfte, erzählte mir davon, wie sehr sie es geliebt hat, auf der Bühne zu stehen. »Das war mein Leben!« Als sie sich gerade an dem Punkt ihrer Karriere befand, dass sie – als eine von nur wenigen – von ihrem Gesang hätte leben können, kamen ihre Kinder. Und so gab Hilde ihre vielversprechende Karriere auf – eine nicht ungewöhnliche Geschichte ihrer Generation. Bereut hat Hilde diese Entscheidung ihr ganzes Leben lang. Sie freute sich natürlich, Kinder zu haben, und liebte sie sehr, so betonte sie. Doch fortan ging es in ihrem Leben nicht mehr um sie selbst: Was sie wollte und konnte, interessierte niemanden mehr. Von ihrem Mann, den sie als »Schürzenjäger« bezeichnete, ließ sie sich später scheiden. Und ihre Kinder haben sie in der ganzen Zeit auf der Intensivstation nicht ein einziges Mal besucht.

Ich fragte Hilde, was sie brauchen würde, um glücklicher zu sein. Sie antwortete, dass sie gerne wieder singen würde – einfach privat für irgendjemanden, zum Beispiel »für alte Leute«. Ich musste lachen: »Na ja, Sie sind doch selbst schon 83 Jahre alt und sprechen von den alten Leuten.« Sie entgegnete, dass sie sich nicht wirklich alt vorkam. Andere Menschen würden sich deutlich älter fühlen. Vielleicht bräuchten sie ja ein bisschen mehr Musik in ihrem Leben.

Bis heute denke ich darüber nach, was aus dem Wunsch der Dame wurde: Ob sie wohl nach ihrer Entlassung aus der Klinik für jemanden gesungen hat? Ich hoffe, sie fand ein Publikum und holte sich zumindest ein bisschen Lebensglück zurück. Mich hat das Gespräch mit Hilde sehr beeindruckt, aber damals war ich zu jung und zu unerfahren, um Hilde einfach ihren Wunsch zu erfüllen. Ich war eingebunden in den Zivi-Trott und hatte genug mit meinen eigenen Problemen zu tun. Die Vision, eines Tages ein Sozialunternehmen zu gründen, das anderen dabei hilft, ihre Wünsche und Talente zu entdecken, lag noch in weiter Ferne.

In den folgenden Jahren führte ich Hunderte solcher Gespräche. Sehr oft ging es darum, dass Menschen ihre Talente nicht ausleben konnten, aus verschiedensten Gründen. Und auf diesem Weg entdeckte ich auch mein eigenes Talent, beziehungsweise es wurde mir gespiegelt: die Fähigkeit, hinter eine Fassade zu schauen und dadurch Gefühle, Verhalten und Gedanken von Menschen zu verstehen. Menschen zuzuhören, ihre individuelle Situation zu verstehen, die Geschichten auszuwerten und Lösungen zu finden. Das klingt nicht nach einer gängigen Jobbeschreibung. Und ich war mir meiner Talente genauso wenig bewusst wie all die Menschen, mit denen ich sprach. Damals wusste ich noch nicht, dass ausgerechnet diese Gespräche mich irgendwann dazu bringen würden, *millionways* zu gründen – weil ich genau das Problem unerkannter und nicht gelebter Talente lösen wollte. Wer hätte das über den Exoten Martin in meiner Kindheit gedacht? Ich jedenfalls nicht.

Lebenspfade

Mein persönliches Elend begann mit der Schule. Davor hatte ich eine nahezu perfekte Kindheit in einem kleinen Dorf, wofür ich heute noch sehr dankbar bin: Wir malten mit Kreide auf der Straße und spielten Verstecken mit den Nachbarskindern. Wir durften selbst im Dunkeln allein nach draußen. Wir bauten Labyrinthe in die meterhohen Sträucher im Apfelhof nebenan, und mein Vater errichtete uns sogar ein richtiges Baumhaus.

Mein Vater war immer mein Vater, obgleich ich bereits mit vier Jahren erfuhr, dass ich adoptiert worden war. Das erfuhr ich ganz überraschend, als meine Mutter schwanger wurde und ich wissen wollte, ob ich auch »in dem Bauch« gewesen sei. War ich nicht, ich war bereits am Tag meiner Geburt adoptiert worden. Für mich war das keine große Sache, die Erklärung war so schlicht wie einfach. So hatte ich nie das akute Bedürfnis, meine leiblichen Eltern kennenzulernen. Meine Eltern empfinde ich bis heute eindeutig als die, die eben meine Eltern sind, bei denen ich aufgewachsen bin. Und in diesem Elternhaus war alles harmonisch und aus heutiger Sicht nahezu perfekt, zumindest während meiner Kindheit.

Mit der Einschulung begann eine Lebensphase der Regeln. Und Regeln hasste ich sehr, wenn ich ihren Grund nicht verstand, das ist heute noch so. Man braucht gewisse Umgangsregeln und Gesetze, damit eine Gesellschaft funktionieren kann, aber bestimmte Regeln regten mich schon als Kind auf:

Warum musste ich mit einer willkürlich zusammengestellten Gruppe von Menschen, die ich mir nicht ausgesucht hatte, jeden Tag am selben Ort sein und dasselbe lernen, obwohl meine Interessen vielleicht ganz woanders liegen? Für mich waren diese unerklärlichen Konventionen ein Elend. Dass etwas einfach so ist, »weil es eben so gemacht wird« oder »immer schon so war«, war mir gänzlich unverständlich. Selbst etwas, was andere Kinder begehren, etwa eine Schultüte voller Süßigkeiten, hielt ich nicht für wertvoll, solange niemand mir zufriedenstellend erklären konnte, warum denn jedes Kind eine Schultüte haben musste. Vielleicht wollte mir dies auch niemand beantworten, weil die Schultüte ja so etwas wie eine Bestechung oder eine Entschuldigung dafür war, dass ich überhaupt in die Schule gehen musste.

Ich fühlte mich während meiner Schulzeit nicht übermäßig unwohl, wurde nie gemobbt. Das Negative an dieser Zeit war die Tatsache, dass ich von meinem kompletten Umfeld nicht wahrgenommen beziehungsweise verstanden wurde. Heute sehen das meine Eltern auch so, aber was hätten sie tun sollen? Ich weiß heute, dass sie stets ihr Bestes gegeben haben, man kann ein grundsätzliches Verständnis ja nicht erzwingen oder vorgeben, wenn es nun mal nicht da war. So fühlte ich mich fremd, anders, wie ein Exot. Da ich wusste, dass ich adoptiert war, verstärkte sich mein Fremdheitsgefühl noch. Meine Eltern waren als Beamte sehr konform und führten ein ganz normales bürgerliches Landleben. Es gab so viele grundsätzliche Unterschiede in der Art zu denken, zu fühlen und das eigene Leben zu gestalten, dass es aussichtslos schien, jemals auf einen Nenner zu kommen: Ich war nie religiös, meine Mutter war im Kirchenvorstand. Ich hinterfragte Regeln, meine Eltern waren eher angepasst, ich wollte ein freies Leben, Sicherheit war meinen Eltern wichtig, mir bedeutete sie grundsätzlich nicht viel. Meine Eltern lebten immer auf dem Land, ich wollte in die Stadt, je größer, desto besser. Und schließlich lehnte ich für mich auch noch jegliche Ausbildung ab und wollte immer selbstständig sein – die Unterschiede wurden während der Schulzeit immer deutlicher. Mein Bruder hingegen kam mit den Regeln in der Schule besser klar.

Ich war anfangs, bis zur siebten Klasse, ein mittelmäßiger, später ein richtig schlechter Schüler. Ungefähr mit 14 Jahren wurde ich immer sturer, eigenwilliger und distanzierter. Besonders schlecht war ich in den Fächern, die sich als ein ausgezeichnetes Feld für Rebellion und Verweigerung eigneten, Sport oder Kunst beispielsweise. Selbst in meinen eigentlichen Lieblingsfächern Deutsch und Englisch wurde ich immer schlechter. Die Lehrer machten sich Sorgen, wie es mit mir weitergehen sollte.

Die Schule interessierte mich wirklich nicht im Geringsten, weil ich wusste, dass sie mir nichts gibt und, wenn ich aufpasse, auch nichts nimmt. Ich beobachtete jedoch zugleich, dass sie anderen etwas nahm, nämlich ihre Individualität und fast immer ihre Begeisterung für das Leben. Das zumindest konnte ich für mich vermeiden – aber es machte mich traurig, das bei meinen Mitschülern zu sehen, die ich als fröhliche und aufgeweckte Kinder kannte.

Mein Nichtinteresse wandelte sich kontinuierlich in Ablehnung. Ich rebellierte, wenn auch oft nur innerlich. Ich schrieb viele düstere Texte und empfand die Gesellschaft mit all den Vorgaben als sehr negativ. Gelernt habe ich in der Schule – das ist ja mittlerweile fast schon eine Binsenweisheit – so gut wie nichts fürs Leben. Oft hört man von den Eltern, man würde in der Schule »sozialen Umgang« lernen. Doch genau das ist in Wirklichkeit das Schlimme: Man lernt Konventionen, Verleugnung, Gruppenzwang und Regeln. Aber nicht, sich zu entfalten und etwas aus sich zu machen, was eigentlich der Zweck dieser Institution sein sollte. Daher war die Schule für mich wahrlich belanglos.

Meine Sturheit hatte nicht nur einige negative Folgen, sondern auch positive Seiten: Ich bin mir heute sicher, dass ich nur so verhindern konnte, dass die Schule – in der Form, wie ich sie erlebte – mir meine Begeisterung für das Leben nehmen konnte. Dadurch, dass ich so vieles nicht mitmachte, hatte ich Raum, mir eigene Gedanken und Pläne zu machen. Und mit »nicht mitgemacht« meine ich nicht nur verhasste Schulfächer wie Sport, sondern auch Partys und Ausflüge, auf die alle anderen sich scheinbar freuten. Ich machte all das lieber mit Menschen, die ich mir selber ausgesucht habe.

Mir war absolut klar, dass ich kein »normales« Leben mit Ausbildung und 9-to-5-Beruf führen würde. Und da ich den Weg von Ausbildung und Berufsausbildung ohnehin nicht einschlagen wollte, brauchte ich meiner Meinung nach auch die Schule nicht. Es kam nicht darauf an, was in meinem Lebenslauf und in meinen Zeugnissen stand. Ich liebte es stattdessen, aus Büchern, Magazinen und vor allem aus Gesprächen mit älteren und weisen Menschen zu lernen. Das mache ich heute noch und halte es auch für eine gute Idee, dass sich die Menschen wieder besser zuhören sollten.

Während meiner gesamten Kindheit und Jugend haben mir meine Eltern immer wieder zu verstehen gegeben, dass ich sehr viele Talente besäße und sie unbedingt zu einem guten Beruf machen müsse. Allerdings meinten sie damit etwas vollkommen anderes als ich. Sie erkannten, dass ich gut schreiben kann. Als ich aber auf die Idee kam, Journalist werden zu wollen, was in der Tat der einzige »normale« Beruf war, den ich mir vorstellen konnte, war ihnen selbst das zu unsicher. Ich könne doch erst mal eine Ausbildung machen, zum Beispiel als Mediengestalter, und dann nebenbei schreiben. Allein diese Denkweise war mir zuwider. Es entsprach niemals meinem

Gefühl, irgendetwas »erst mal« zu machen, nur um mich abzusichern. Ich wollte Dinge immer ganz oder gar nicht machen. Überhaupt wollte ich lieber sehen, wohin das Leben mich führen würde. Denn das was andere »Schicksal« oder »Zufall« nannten, reizte mich am meisten. Meine Eltern hingegen sahen Befähigungen in mir, die mich aber nicht im Geringsten interessierten. Ich hätte vermutlich auch Grafiker werden können, wie sie mir vorschlugen, doch die Vorstellung, später im Alltag täglich acht Stunden am Computer zu sitzen und Grafiken zu bearbeiten, ödete mich an. Dass das in der Praxis anderen durchaus Spaß macht, wusste ich, aber mir würde es eben keinen Spaß machen.

Meine Eltern machte das traurig und ratlos. Was ich meinen Eltern sehr hoch anrechne, ist, dass sie trotz ihres Unverständnisses niemals großen Druck auf mich ausübten. Ich fühlte höchstens emotionalen Druck, weil ich merkte, wie schlecht es ihnen mit meinen Plänen beziehungsweise Nicht-Plänen ging. Aber trotzdem änderte ich meinen unbewusst bereits eingeschlagenen Weg nicht. Irgendwie fühlte ich damals bereits, dass mein Vorgehen noch viele Jahrzehnte meines Lebens beeinflussen würde.

Nach dem Abi der Zivildienst – auch den brachte ich irgendwie hinter mich. Währenddessen führte ich ständig Gespräche mit Menschen über deren Leben und ihre Geschichte, ähnlich wie mit der Opernsängerin Hilde. Genau das war es, was mich von Kind an wirklich interessierte. Warum, war mir nicht klar, das war ohne Ziel. Ich fand und finde Lebensgeschichten spannend. Mich fesseln geradezu Menschen, die viel erlebt haben. Das muss nicht unbedingt an Lebensjahren festzumachen sein: Ein Florian hat durch seine Erfahrung als querschnittsgelähmter Mensch mit seinen 27 Jahren offenkundig mehr erlebt als ein Siebzigjähriger mit einem in den üblichen Bahnen verlaufenen, durchschnittlichen Leben. Ich mochte es, zu ergründen, was hinter einem mürrischen Menschen zum Vorschein kam, wenn man ihm einfach etwas Zeit schenkte, was passierte, wenn man einer traurigen Frau zuhörte.

Immer wieder wurde mir und ihnen selbst dabei klar: Sie waren nicht glücklich. Selbst die nicht, die auf den ersten Blick glücklich wirkten. Warum sah das Lächeln in vielen Gesichtern so verkrampft und unecht aus? Was verbarg sich dahinter? Ich lehnte die Gesellschaft mit ihren starren Lebensläufen immer ab, aber nicht die einzelnen Menschen darin. Ich merkte schon früh, dass die, mit denen ich redete, die Strukturen durchaus kritisch sahen, das hätte ich als Jugendlicher nicht erwartet. Ich dachte immer, ich sei irgendwie »kaputt«, weil ich als Einziger die Konventionen als nicht menschlich empfand. Je mehr Gespräche ich führte, desto mehr spürte ich, dass ich zumindest mit dieser Ansicht ganz und gar nicht allein war. Rückwirkend betrachtet konnte ich vielen Menschen selbst als Zivi etwas geben – einfach nur, weil ich mich ihnen zuwandte, ihnen zuhörte und ihnen Zeit für sich selbst gab. Doch auch mir brachte das viel: Ich erfuhr dabei einiges über mich und konnte intuitiv mein Talent immer weiter ausbilden. Das alles war mir damals nicht bewusst, so wie den meisten Menschen ihre Begabungen nicht bewusst sind, wenn sie sie ganz natürlich nutzen.

Ich hatte nie das akute Bedürfnis, meine leiblichen Eltern kennenzulernen, aber zu meinem 21. Geburtstag erhielt ich einen sehr emotionalen Brief meiner leiblichen Mutter, der mir über das Jugendamt und über meine Eltern zugestellt wurde. Meine leibliche Mutter hatte mich im Alter von 21 Jahren geboren, und daher war für sie mein 21. Geburtstag ebenfalls etwas Besonderes. Schon wenige Wochen danach traf ich sie vor dem Alsterhaus in Hamburg. Ich fand das unglaublich spannend und war extrem neugierig. Als wir uns am

Jungfernstieg auf eine Bank setzten, versuchte sie ihre Tränen zu unterdrücken. Ich war mit der Situation überfordert und ziemlich ratlos, denn ich fühlte mich nicht so. Dennoch wurde es eine sehr schöne Begegnung, bei der wir unglaublich viel miteinander redeten und voneinander erfuhren. Besonders berührend für mich war, dass sie noch einen Sohn hatte, meinen Halbbruder, den ich wenig später ebenfalls traf. Er war damals zwölf Jahre alt, und wir hatten und haben eine außergewöhnliche intensive Verbindung zueinander. Nachdem ich nun die Geschichte meiner leiblichen Mutter kannte, wollte ich unbedingt auch die meines leiblichen Vaters kennenlernen – und nahm etwa ein Jahr später Kontakt zu ihm auf. Für mich war das vor allem deshalb aufregend, weil ich mit ihm zwei weitere Halbgeschwister kennenlernte, seine beiden Kinder.

Für mich stellte sich die faszinierende Frage, und die betrifft ja uns alle: Was prägt uns – die Erziehung, die Gene, eine »Seele«? Für mich war am eigenen Leib zu erkennen, wie sehr ich eine Mischung aus meiner leiblichen Mutter und meinem leiblichen Vater war – nicht nur optisch, vor allem charakterlich. Meine leibliche Mutter ist eine sehr emotionale, künstlerische und offene Person, die in ihrem Leben sehr viel rumgekommen ist. Sie hat mehrere Ehen geführt und ist eher eine geistige Nomadin. Sie ist neugierig und engagiert, ist Erzieherin und hatte einen großen gemeinnützigen Verein in Bayern gegründet. Sie ist fröhlich, manchmal auch niedergeschlagen sehnsüchtig und immer auf der Suche. Emotional kenne ich vieles davon, auch wenn mein Leben anders verlief. Mein leiblicher Vater ist der exakte Gegenentwurf: Er ist in der Firma, in der er bereits seine Ausbildung gemacht hatte, kontinuierlich aufgestiegen. Er hat es auf der Karriereleiter weit nach oben gebracht. Als Mensch ist er absolut geradlinig, stringent und sachlich. Allein seine Ausstrahlung, als ich ihn das erste

Mal sah, war das exakte Gegenteil meiner leiblichen Mutter. Er war zwar offen, aber sehr rational und klar, wollte Themen stets »ein für alle Mal klären« und würde niemals auf die Idee kommen, mir emotionale Fragen zu stellen. Das gefiel einer anderen Seite von mir, die ich auch habe.

Ich sah unerwarteterweise tatsächlich sehr viel von beiden in mir. Ohne die Anteile meines leiblichen Vaters wäre ich wahrscheinlich weniger gesund. So hatte ich niemals Suchtprobleme. Im Gegenteil. Mein Leben lang habe ich beispielsweise Alkohol gemieden, und zwar so extrem, dass es diffuses Unbehagen in mir auslöste, ohne zu wissen, warum. Das ist heute noch so. Nun erfuhr ich, dass in der Familie meiner leiblichen Mutter etliche Sucht-Thematiken vorlagen. Was mir meine Abneigung gegen sämtliche süchtig machenden Stoffe erklärte, wenngleich auf eine mir damals noch schleierhafte Art. Schließlich hatte ich ja bis dato nichts von Themen in der Familie meiner leiblichen Eltern gewusst. Erneut zeigt sich: Unsere unbewussten Motive können so sehr in unseren Alltag hineinwirken, ohne dass wir es auch nur ahnen.

Es gab faszinierend übereinstimmende Details, dass sowohl mein leiblicher Vater als auch ich, wann immer möglich, im Schneidersitz sitzen. Aber das Offensichtlichste für mich war, dass viele meiner Charakterzüge zwar eine Mischung aus denen meiner leiblichen Eltern waren, ich auch durch die Harmonie meiner frühesten Kindheit bei meinen Adoptiveltern, meinem eigentlichen Elternhaus, eine Prägung erfahren habe, die mich stets gestützt hat. Ich bin mir heute nicht sicher, ob die Kenntnis meiner Adoption mich nicht unbewusst dazu gebracht hatte, dass ich mich in meiner Jugend in der Exotenrolle einrichtete. Auf jeden Fall führte die Auseinandersetzung mit mir und meiner Geschichte dazu, dass ich auch andere Geschichten faszinierend fand und sie kennenlernen wollte.

Ich könnte spekulieren, dass es ohne meine Adoption möglicherweise niemals *millionways* gegeben hätte – ich weiß es natürlich nicht. Augenscheinlich ist: Die Faszination für das »Tiefere«, für das »Vielschichtige«, für »Gefühle hinter Fassaden« war für mich immer allgegenwärtig. Etwas, was mir während meines Zivildiensts auf der Intensivstation immer klarer wurde. Einer meiner Leitsätze lautete schon damals: »Die Wahrheit ist nicht das, was man sagt, sondern das, was man fühlt.« Was mich an den Menschen immer interessierte, waren nicht ihre faktischen Lebensläufe, sondern ihre Gefühle, Träume und Beweggründe. Standardfragen wie »Was machst du beruflich so?« habe ich nie gestellt, und manchmal weiß ich von Menschen, die ich seit zehn Jahren kenne, nicht einmal, ob sie Abitur haben.

Meine erste Firma gründete ich einzig und allein deshalb, um nicht auch so angepasst und unzufrieden zu werden, wie ich die meisten Menschen um mich herum damals wahrnahm. Insbesondere hatte ich bei Anna gesehen, wie unglücklich man im falschen Job werden konnte. Kurz zuvor war Olivia, die ich bis heute nur übers Telefon kenne, in mein Leben getreten. Sie schrieb mich irgendwann an und meinte, dass sie meine im Internet veröffentlichten Texte berührt hätten. Olivia hat eine Soziophobie, die mit einer Abneigung gegen die Vorgaben der Gesellschaft einhergeht. Da ich das gut nachvollziehen konnte, telefonierten wir fast täglich – und auch heute noch mehrfach im Monat.

Das war ein Schlüsselmoment – auch so ein Phänomen, das mich immer fasziniert hat. Täglich passieren Hunderte kleine Dinge, Begegnungen oder Gedanken – und während sie passieren, können wir überhaupt nicht merken, wie wichtig sie noch sein werden. Manche Lebensläufe haben sich an zwei oder drei Schlüsselmomenten entschieden. Olivia war für mich einer davon, denn sie brachte mich auf die Idee der

Heimarbeit, da sie damals zuhause Textilien bestickte. Ich verstand Olivias Beweggründe, mit Heimarbeit ihr Geld zu verdienen, ihre Ablehnung der Gesellschaft und ihren Wunsch nach freier Zeiteinteilung. Für mich war ihre Situation, so angespannt sie finanziell auch war, erstrebenswerter als die meisten Lebensentwürfe, die ich bis dahin kannte. Bei Olivia sah ich, dass sie zwar ein einfaches, aber ein selbstbestimmtes Leben führte. Sie hatte nie eine Lehre gemacht. Weil ihre Mutter sie und ihre »Macken« verstand, hatte sie viele schulische Zwänge nicht mitmachen müssen. Das imponierte mir, und ich übernahm die Idee, wie man frei und ungestört einem Erwerb nachgehen kann. So gründeten Anna und ich ein Unternehmen und arbeiteten zuhause – das habe ich bereits erzählt.

Die Aufträge nahmen überraschend schnell und stetig zu. Anna und ich suchten Mitarbeiter, die mithelfen sollten. Da saßen wir nun also mit einer wachsenden Anzahl von verschiedensten spannenden Menschen – und knickten Mappen. Dabei entstanden Gespräche über Zufriedenheit, Familie, Lebensentscheidungen und Glück.

Mein Wunsch wuchs, eine Organisation aufzubauen, die dabei helfen sollte, man selbst zu sein. Denn nach so etwas hatte ich seit meiner Kindheit gesucht, es aber nicht gefunden. Während all der Jahre, in denen ich mir einfach nur Lebensgeschichten anhörte, Berichte von oder über Menschen, fragte ich mich: Wo endet die Schale des Menschen und beginnt sein Kern? Wovon träumt dieser Mensch? Was hat er sich als Kind erträumt? Was macht ihn glücklich, und was frustriert ihn? Was macht ihn aus, und was treibt ihn an? Was mag dieser Mensch gern machen, produzieren oder schaffen? Hinhören, auf die Dinge, die wirklich bewegen. So lernte ich immer mehr Menschen kennen.

Zunächst war meine *millionways*-Vision die einer Dienstleistungsvermittlung. Doch wurde mir immer klarer, dass mich der soziale Aspekt viel mehr interessierte als der wirtschaftliche. Das ist wieder ein wichtiger Punkt, denn ich wäre fast in eine ähnliche Falle wie der »Nicht-Chef« Christian getappt und hätte mich für einen klassischen Unternehmer gehalten. Glücklicherweise war ich schon so darauf konditioniert, auf die innere Stimme zu hören, dass es mir rechtzeitig bewusst wurde. Für mich war stets die größte Freude, wenn es Menschen nach unserem Zusammentreffen besser ging als zuvor. Ich erlebte fortwährend, dass es Menschen richtig glücklich machen kann, die richtigen Aufgaben für sich zu finden, nicht nur, um damit Geld zu verdienen. Ich erkannte, dass jeder ein Talent für etwas hat und dass dies oft nicht das ist, was er tut oder sich zutraut. Zwar konnte ich schnell gegenseitiges Vertrauen zu Menschen aufbauen, doch war mir nicht klar, wie solch sensible Erzählungen innerster Befindlichkeiten in einem wirtschaftlichen Unternehmen erfasst und deklariert werden könnten, ohne den Datenschutz zu gefährden. So entstand immer mehr die Vision von einer gemeinnützigen Organisation.

Talente entdecken statt vergeuden

Aktuelle Studien zeigen, dass immer mehr Menschen dem Traum von einer Auszeit nachhängen. Laut einer großen Sabbatical-Umfrage der Meinungsforscher von Fittkau Maaß würde fast jeder zweite Deutsche gern für eine längere Zeit aus dem Job aussteigen.[52] Was sind die Gründe dafür? 57 Prozent wollen mehr Zeit für sich und ihre Interessen haben, ebenso viele wollen gerne verreisen. 54 Prozent wünschen sich neue Perspektiven und wollen zu sich selbst finden. Die Hälfte der Befragten versucht mit der Auszeit einen Burnout zu überwinden oder ihm vorzubeugen.[53]

Die *millionways*-Interviews und viele meiner Gespräche zeigen, dass sich viele Menschen danach sehnen, weniger Druck und Zwängen ausgesetzt zu sein und Ruhe in ihr Leben zu bringen. Doch, statt die eigene Haltung grundlegend zu verändern, verordnen sie sich Entspannungskurse – um hinterher dem Druck besser standzuhalten. Auf die Idee, den Job an den Nagel zu hängen und sich nach etwas Neuem umzuschauen, was besser passt, kommen die wenigsten. Und wenn, wird dieser Gedanke schnell durch Existenz- und Verlustängste sowie mangelndes Vertrauen in die eigenen Fähigkeiten im Keim erstickt.

Warum dann nicht wenigstens eine berufliche Auszeit nehmen? Was hindert uns daran, dass wir uns tatsächlich Zeit für uns und unsere wahren Interessen nehmen oder gar nach neuen Perspektiven Ausschau halten? Fast die Hälfte der Befragten nennt dafür finanzielle Gründe – es fehlt das Geld. Mehr als ein Viertel gibt an, dass dieser Wunsch nach einer Auszeit am Einspruch des Arbeitgebers scheitern würde. Jeweils knapp 17 Prozent sehen einerseits die familiäre Situation und andererseits die Angst vor einem Karriereknick als entscheidende Hindernisse.[54] Dies deckt sich mit den Ergebnissen unserer Stiftung.

Wenn sich ohnehin keine Zufriedenheit einstellt: Weshalb sollen wir länger an etwas festhalten, was uns nicht glücklich macht? Wenn auf die Frage, ob wir noch jahrelang so weitermachen wollen, gar bis zur Rente, spontan ein Nein kommt, ist ein Kurswechsel angesagt. Dafür reichen manchmal auch schon kleine Schritte – denn nicht immer lässt sich von jetzt auf nachher das gesamte Leben umstellen. Eine unzufriedene

Erzieherin beispielsweise, die in einem aus ihrer Sicht viel zu traditionell geleiteten Kindergarten arbeitet, kann in einem freien Kinderladen möglicherweise zu einer glücklichen Pädagogin werden. Voraussetzung ist natürlich, dass sie überhaupt gern mit Kindern in diesem Job arbeiten will.

Was mir bei ihnen aufgefallen ist: Diejenigen, die zufrieden waren, hatten anscheinend oft »Glück«. Dieses Glück zeigte sich darin, dass sie zum richtigen Zeitpunkt den richtigen Leuten begegnet sind oder ihren Weg finden durften. Yao zum Beispiel kam als Sohn einer russischen Musikpädagogin und eines Arztes aus Ghana zur Welt und wuchs in Deutschland auf. Mit neun Jahren hatte er seine ersten Melodien komponiert und wusste, dass er Musik und Songs schreiben will. An die Schule erinnert er sich als eine Institution, »die stets nur vorgab, was zu lernen ist, aber keinen Raum dafür lässt, was ein Kind gern lernen will«. Das bremste seine Motivation, die Schule geriet zunehmend ins Hintertreffen – ihn interessierte nur die Musik. Seine Mutter zeigte als Pianistin zwar Verständnis für ihren Sohn, wusste aber um den beschwerlichen Weg, nur mit Musik die Existenz zu sichern. So sollte Yao besser zuerst eine »vernünftige Lehre« abschließen, dann würde sie seine Musikausbildung finanzieren.

1989 machte Yao seinen Abschluss als Koch. Doch was sich so leicht anhört, waren die schlimmsten drei Jahre seines Lebens. Die Lehre begann er mit 16 Jahren. Der raue Ton, der in Küchen an der Tagesordnung ist, widerstrebte Yao zutiefst. Der ständige Druck, alles immer ganz schnell zu machen, entsprach überhaupt nicht seinem Wesen. Nichts konnte er seinen Chefs recht machen. Dieser sanftmütig verträumte Lehrjunge war in ihren Augen eine Zumutung fürs reibungslose Geschäft. Als einziger Lehrling mit anderer Hautfarbe wurde er als »dummer Neger« beschimpft und sogar geschlagen. Doch glaubten ihm das nicht einmal seine Eltern. Die tägliche Tortur seiner Lehre gipfelte darin, dass er mehrfach von der stellvertretenden Küchenleitung mit einem Hackebeil bedroht wurde und sich um sein Leben fürchtete. Es folgte sein völliger Zusammenbruch, der seine Eltern aufhorchen ließ. Dennoch durfte er lediglich die Lehrstelle wechseln – nicht den Beruf. Letztlich konnte er seine Lehre zwar abschließen, sein Küchentrauma hat er aber nie vollständig überwunden.

Immerhin durfte er im Anschluss an die Lehre die versprochene Musikausbildung machen. Musik ist seine Gabe und Heilung zugleich, hier fühlt er sich zuhause. Heute ist Yao Komponist und Songwriter. Auch der Weg dahin war oft anstrengend und schwer. Tatsächlich ist das Künstler-Dasein, wie seine Mutter befürchtete, eine streckenweise brotlose Kunst. Und so versuchte er zwischenzeitlich erneut sein Geld als Koch in einem Feinschmeckerrestaurant zu verdienen. Doch sein Trauma saß zu tief, die Bilder seiner Jugend holten ihn wieder ein. Lieber verdiente er sich seinen Lebensunterhalt und eine weitere Ausbildung zum Produzenten durch diverse Jobs als Paketpacker, Kofferträger und Büroangestellter bei einer Plattenfirma.

Mittlerweile hat er zahlreiche Songs allein und zusammen mit anderen Musikern geschrieben. Seine Songs wurden mehrfach mit teilweise internationalen Preisen ausgezeichnet. Heute umgibt er sich nur noch mit Menschen, die ihm guttun. Yao ist für *millionways* als Talentcoach in Brennpunktschulen unterwegs und zeigt den Schülern, wie sie »ihren eigenen Beat finden können«. Er weiß aus eigener Erfahrung, wie wichtig es ist, den eigenen Weg zu finden, zu gehen, auf sich zu hören und sich nicht irgendwo reinpressen zu lassen. Denn als Koch hat er sein Talent völlig vergeudet.

Einen großen Teil unseres Lebens verbringen wir mit irgendeiner Erwerbstätigkeit. Bei einer Vollzeitstelle ist das ein

Drittel des Tages – bis zur Rente. Das ist etwa ein Drittel unseres Lebens als Erwachsene. Wollen wir wirklich ein Drittel unserer Zeit an einem Ort sein, wo wir tun müssen, was uns nicht gefällt? Wo wir keine Wertschätzung für das erfahren, was wir eigentlich lieber machen würden? Wo wir gestresst und frustriert werden?

> Wollen wir wirklich ein Drittel unserer Zeit an einem Ort sein, wo wir tun müssen, was uns nicht gefällt?

»Wir sind ständig on und stehen buchstäblich unter Strom. Früher hätte der Chef schon ein Telegramm per Eilboten entsenden müssen, um seine Mitarbeiter nach Feierabend zu erreichen. Heutzutage genügt ein Klick: Rund ein Drittel der Beschäftigten hat hierzulande ein Diensthandy in der Hosentasche, SMS, E-Mail, Anrufe sind 24/7 möglich. Diese elektronische Fessel verwischt jede Grenze zwischen Lohnarbeit und verdientem Feierabend, und bezahlt wird diese Form der Arbeit natürlich auch nicht. Selbst im Schlaf ›arbeiten‹ wir noch: Das häufigste Thema in den Träumen der Deutschen ist einer repräsentativen Studie zufolge ihre Arbeit (34 Prozent), es folgen Reisen (27 Prozent) und Verstorbene (22 Prozent).«[55]

Es geht eben nicht nur um »nur noch 'ne Woche bis zum Urlaub«. Es geht um ein Drittel unserer Lebenszeit im besten Alter. In dem *Zeit*-Artikel »Man kann sich zu Tode arbeiten« wird der Frage nachgegangen, ob sich Menschen totschuften können. Ja, sagt der Arbeitsmediziner Professor Hans Drexler von der Universität Erlangen-Nürnberg und erklärt, wann und wie zu viel Stress lebensgefährlich werden kann: »Die Menge der Arbeit ist egal, solange sie Spaß macht. Wenn aber die Bedingungen schlecht sind, wenn das Verhältnis zum Chef und zu den Kollegen nicht stimmt, die Arbeit nicht wertgeschätzt wird und man dauernd Angst hat, Fehler zu machen, dann kann einen das sehr belasten.«[56]

Ein Beispiel, das ich nie vergessen werde, ist das von Stephan, Kreativdirektor in einer Werbeagentur. Wir arbeiteten in einem Workshop gemeinsam an einem Logo für *millionways*. Dabei kamen wir auch auf seinen Lebenslauf zu sprechen. Stephan erzählte mir – sehr vorsichtig, denn er befand sich ja an seinem Arbeitsplatz –, dass er eigentlich lieber selbstständiger Unternehmer wäre. Die Arbeit als Kreativer dieser Branche wäre perfekt, aber ihn störten die starren Strukturen, er wollte lieber nachts arbeiten, wäre gern mehr zuhause und weniger in Büros.

Nachdem der Workshop beendet war und *millionways* tatsächlich ein neues Logo hatte, sahen wir uns erst einmal nicht wieder. Nach zwei Monaten bekam ich eine Mail von seinem privaten Account, in der er mir berichtete, dass er gekündigt hätte und nun selbstständig sei. Und ich sei »ein bisschen schuld daran«. Das war mir einerseits unheimlich, andererseits klar: Sein Absprung war schon vorher da, wenn auch nur in seinem Kopf. Selbstständigkeit war genau das, was er sich erträumt hatte, schon lange vor unserem Gespräch. Dieses war der Impuls gewesen, den er noch gebraucht hatte, um den entscheidenden Schritt dann endlich zu wagen.

Ich fragte mich, ob man solche Impulse nicht vermehren kann. Wieder wurde mir klar, dass es eine Anlaufstelle für Menschen braucht, die solche Gedanken mit sich herumtragen, und wo sie ernst genommen werden – selbst wenn es Träume und Ideen sind, die andere in ihrem Umfeld als verrückt oder unwirtschaftlich ansehen. Wo sie zum Beispiel eine Geschäftsidee laut aussprechen dürfen oder über einen anderen Arbeitsplatz sinnieren. Ein Ort, wo sie sich jemandem anvertrauen können, ohne Sorge, dass der Chef es erfährt. Einen Raum, in dem sie sich selbst wieder zuhören und die eigentlichen Talente entdecken, die sie bislang gar nicht als solche wahrgenommen haben.

Wenn wir das hinbekommen, wären die Folgen riesig. Ich bin der festen Überzeugung: In Zukunft sollte es nicht einen »Beruf« und eine »Freizeit« geben, sondern ein Leben. Und in diesem finden verschiedene Facetten der eigenen Persönlichkeit ihren Platz, in welcher Form auch immer.

Beispiel: Man kann gut rechnen, Menschen beraten und Bilanzen erstellen – und verdient sein Geld als Steuerberater. Gleichzeitig ist man aber Familienvater, der einen Versand für Geburtstagsboxen für Kinder erfunden hat. Und ein leidenschaftlicher Maler, der von Zeit zu Zeit gern mal eine Illustration für Zeitschriften machen würde. Auch wenn es sich erst einmal nach mehr Arbeit anhört, wenn ein Mensch das alles gern machen und all seine Facetten ausleben möchte, dann können diese Tätigkeiten sogar ziemlich entspannend sein. Zumindest aber zieht dieser Mensch eine Befriedigung daraus, dass er seine Interessen leben darf und dafür Wertschätzung erhält. Man muss nur selbst darüber entscheiden dürfen, wann man was warum macht. Und dafür brauchen wir neue Wege.

> In Zukunft sollte es nicht einen »Beruf« und eine »Freizeit« geben, sondern ein Leben.

Die *millionways*-Story

millionways war eigentlich nie so geplant. Die Idee einer solchen Stiftung entstand über viele Jahre und aus vielen Gesprächen mit unterschiedlichen Menschen sowie durch Glauben, Begeisterung und Selbstverwirklichung – was nach Meinung fast aller Außenstehender unmöglich schien.

millionways vernetzt Menschen mit Möglichkeiten, die eigenen Stärken zu erkennen und daraus etwas Reales zu machen. Seien es ein (besser) passender Job, ein bestehendes Projekt, ein ehrenamtliches Engagement oder seien es andere Menschen, mit denen man Projekte oder Geschäftsideen starten und umsetzen kann. Wie wir in mittlerweile mehr als sechstausend Interviews herausgefunden haben, ist es meist nicht das Geld, das zur Verwirklichung eigener Träume fehlt. Es geht vielmehr um Mut und vor allem um andere Menschen, mit denen zusammen man etwas aufbauen kann. Menschen, die einen verstehen, ähnliche Ziele und Werte haben, und gleichzeitig ergänzen – mit Talenten, die einem selbst fehlen.

Als ich meinen Zivildienst mit all den bemerkenswerten Begegnungen auf der Intensivstation beendet hatte, überlegte ich, was ich im Leben eigentlich wollte. Klar war: auf keinen Fall das, was alle anderen machten. Ich wollte nicht in den normalen Ablauf von Ausbildung, Studium, Praktika und Arbeitsplatz. Ich habe in diesem Buch öfter von Schlüsselmomenten geschrieben – genauso gibt es für jeden von uns Schlüsselpersonen. Das müssen gar nicht die engsten Freunde oder Partner sein, manchmal sind es auch zufällige Begegnungen, die uns wertvolle Impulse geben. Für mich waren das Anna und Olivia, die wir ja mittlerweile bereits kennengelernt haben.

Mit Anna, für mich heute eine »kleine Schwester«, lebte ich in einer 25 Quadratmeter winzigen Wohnung – für mehr reichte das Geld nicht. Und Olivia, meiner engsten Vertrauten, die wegen ihrer Soziophobie von zuhause arbeitete und Kleidung für eine kleine Firma bestickte. Auch wenn ihre Tätigkeit garantiert keine Traumerfüllung war, empfand ich die Art der Arbeit damals als wunderschön: zuhause sein, freie Zeiteinteilung, Selbstbestimmtheit. Das wollte ich auch, also suchten Anna und ich uns Möglichkeiten, zuhause zu arbeiten. In Annas Familie gab es Buchbinder, und sie wusste, dass die diese Arbeit auch von zuhause erledigt hatten. Wir begaben uns auf die Suche nach Buchbindereien in Hamburg – damals über die *Gelben Seiten*, das Branchentelefonbuch. Es waren nur wenige Bindereien aufgeführt, vielleicht zwei oder drei, aber immerhin gab es welche.

Annas Talent habe ich bereits hinlänglich in zurückliegenden Kapiteln beschrieben. Sie war die Offenere und Freundlichere von uns beiden. Also machte sie die Kundenakquise, auch wenn wir noch nicht einmal diesen Begriff kannten. Man muss sich das nicht so vorstellen, dass wir erst Businesspläne schrieben, Marktanalysen machten oder sonst irgendetwas – nein, wir hatten die Idee, Anna setzte sich ans Telefon, fuhr am selben Abend zu einer der Buchbindereien und am nächsten Tag hatten wir den ersten Kunden.

Wenn ich heute zurückblicke, erscheint dieser Schritt unglaublich »einfach«, und das war er auch. Da entsteht unweigerlich die Frage, ob nicht vieles »so einfach« wäre, wenn man sich erstens nicht selbst mit Sorgen blockiert und zweitens einfach loslegt. Damals war uns das nicht bewusst – wir fingen einfach an. Mir macht das inzwischen manchmal selbst Mut, wenn ich mit meiner heutigen Erfahrung und der leider abgeschwächten Naivität Dinge für unmöglich halte.

Am nächsten Tag lagen seltsame uralte Bücher, die gebunden werden sollten, auf unserem Wohnzimmertisch. Anna lernte das Binden tagsüber von einem der Buchbindermeister, abends und nachts erledigten wir dann die Arbeit – YouTube-Tutorials gab es noch nicht. Das Ergebnis war offenbar so ansehnlich, dass der Kunde zufrieden war. Ich kümmerte mich währenddessen um alles, was eine richtige Firma brauchte: Logo, Name, Homepage, eine kostenfreie 0800-Telefonnummer, die gemäß Homepage »24 Std. erreichbar« war. Das Ganze sollte so professionell und hochwertig aussehen, wie wir zu werden beabsichtigten. Es blieben zwei große Überlegungen: Wo könnten wir weitere Kunden finden? Die Buchbindereien waren ja recht schnell abgegrast. Und wünschen sich andere Menschen ebenfalls seriöse Heimarbeit?

Ich wusste von Olivia, wie oft man abgezockt wird, wenn man Heimarbeit sucht. Ständig wurden seltsame Themen wie »Kugelschreiber zusammenbauen« beworben, und man sollte sich ein »Starter-Kit« auf eigene Kosten kaufen. Anschließend bekam man nie einen Auftrag. Solche Angebote hatten das Wort »Heimarbeit« teilweise zum Synonym für Abzocke oder zumindest Niedrigstlohn gemacht. Wir suchten intensiv nach vernünftigen Angeboten – und waren enttäuscht, dass wir keine fanden. Wir fragten uns, warum es keine seriöse Heimarbeit zu geben schien, denn Bedarf schien doch vorhanden zu sein: Viele Jobs könnten einfacher, produktiver und gleichzeitig angenehmer für den Mitarbeiter von zuhause ausgeführt werden. Arbeitgeber könnten sich Kosten für Arbeitsplätze, Büroausstattung und Ähnliches sparen. Und bestimmt waren auch manche Menschen darauf angewiesen: Ältere, die noch was tun wollen oder sich ihre Rente aufstocken müssen, chronisch Kranke, die nur von zu Hause aus arbeiten können, Alleinerziehende, die ihren Erwerb mit der Kinderbetreuung vereinbaren wollen, und viele andere.

Im Dezember 2006 wollte ich unbedingt herausfinden, wie »normale Arbeit« funktioniert, denn ich hatte bisher keine Erfahrung mit traditionellen Jobs. Nur auf Erzählungen und Hörensagen wollte ich mich nicht verlassen, außerdem ließ es sich von unserer frisch gegründeten Firma noch nicht besonders gut leben. Und so nahm ich für einige Monate einen Job bei einer Zeitarbeitsfirma an. Diese vermittelte mich an einen Telekommunikationsanbieter, wo ich als Sachbearbeiter im Beschwerdemanagement arbeitete.

Tatsächlich fand ich leider genau die Arbeitsbedingungen vor, wie ich sie vom Hörensagen kannte. Ich liebte es weiterhin, zu beobachten und zu reden. Also lernte ich in diesem großen Unternehmen viele Mitarbeiter kennen, unterschiedlichste Persönlichkeiten in verschiedenen Abteilungen. Die Art, wie mit Mitarbeitern umgegangen wurde, und die Gründe, warum diese den Job taten – meist schlicht des Geldes wegen und vollkommen ohne Motivation –, wirkten auf mich nicht nur wenig menschlich, sondern ebenso wenig produktiv. Das System erschien mir schon damals vollkommen unsinnig, überholt und absolut schädlich für den Einzelnen, für die Wirtschaft und für die Gesellschaft. Aber als Anfang zwanzigjähriger Besserwisser hatte ich natürlich keine Idee, wie man das alles anders machen sollte.

Meine Arbeit machte ich nicht besonders gut, redete lieber mit den Kollegen und war eher ein Beobachter, kein Wunder, dass mir irgendwann gekündigt wurde. Für mich war das kein Drama, sondern ein logischer nächster Schritt: Ich hatte neue Erfahrungen gesammelt und konnte mich fortan wieder komplett unserer Firma für Heimarbeit widmen. Das war der Startschuss, und ich hätte mir damals niemals ausdenken können, was in den nächsten zehn Jahren passieren würde.

Durch Annas unkonventionelle Ausstrahlung und ihr hohes Maß an Unvoreingenommenheit gewannen wir schnell Druckereien als Kunden. Für diese falteten wir, wie bereits beschrieben, Präsentationsmappen, stempelten Seitenzahlen und machten andere kleine Handarbeiten, die maschinell nicht umsetzbar waren. Aber das war nicht annähernd so spannend wie der Umgang mit den Kunden.

Wir wunderten uns, warum die Kunden uns so schnell vertrauten, dass wir teilweise nachts die Schlüssel für die Firmenräume behalten durften oder dass uns wichtige Aufträge blind in unser Wohnzimmer gestellt wurden, ohne Aufsicht oder

Kontrolle. Im Nachhinein betrachtet lag das wohl an Authentizität und Sympathie, die wir anscheinend ausstrahlten, und selbstverständlich auch daran, dass wir gute Arbeit machen. Wir hatten wahrlich nichts Neues erfunden. Dennoch wurde durch die Art und Weise, wie wir vorgingen, deutlich, dass Heimarbeit fair und ökonomisch zugleich möglich war. Ich möchte an dieser Stelle nochmals hervorheben: All das wussten wir zu dem Zeitpunkt nicht, wir haben einfach angefangen. Es ist möglich! Gerade in Deutschland versuchen viele Menschen nach meinen Beobachtungen, alles Schritt für Schritt zu durchdenken und alle Risiken im Voraus auszuschließen. Aber das Leben – so abgedroschen das klingen mag – ist nicht planbar. Viele Dinge passieren erst auf dem Weg. Wir wussten ja zwei Wochen zuvor nicht einmal, dass es Buchbindereien gibt.

Die Arbeitsaufträge häuften sich, und wir konnten erste Mitarbeiter beschäftigen. Über Online-Portale und Annas Straßengespräche fanden wir spannende Menschen aus den verschiedensten Bereichen der Gesellschaft. Wie das siebzigjährige schwule Pärchen mit seiner 23 Jahre alten Katze, das uns über die Zeit ans Herz wuchs. Sie waren beide unglaublich herzlich, obgleich sie in unseren Augen die größten Spießer in unserer Runde waren: Ich erinnere mich, dass sie uns ständig belehren wollten, wie man eine Firma zu leiten hätte, schließlich hatten sie dreißig Jahre einen Lotto-Kiosk betrieben. Doch waren sie zwischenzeitlich lange arbeitslos gewesen, bis sie bei uns aufschlugen. Auch befreundete Obdachlose wurden beschäftigt, die Anna und ich kennengelernt hatten, weil sie in der Nähe unserer Wohnung in einer Holzhütte ihr Lager aufgeschlagen hatten. Ich kochte damals sehr gerne und machte dann einfach immer mehr davon, und Anna brachte ihnen das Essen. Oft bestellten sie sogar etwas Konkretes. Von diesen Menschen habe ich im Rückblick unglaublich viel gelernt – wiederum unbewusst und und ungeplant, wir haben einfach geredet.

Da saßen nun wertvolle Menschen mit vielen Talenten und Geschichten, die zuhause Mappen knickten. Die Druckereikunden fragen inzwischen immer öfter an, ob in unserer mittlerweile auf circa vierzig Leute gewachsenen Excel-Liste aus festen und freien Mitarbeitern auch welche ständen, die zum Beispiel als Fahrer, Buchhalter oder Verpackungstechniker arbeiten wollten. Wenn wir niemanden hatten, recherchierten wir, meistens über Freunde unserer Mitarbeiter. Das brachte mir die nächste Erkenntnis: Für jede Tätigkeit gab es Menschen, die diese *gerne* machen wollten. Wir hatten keine Traumjobs zu vergeben, aber wer es beispielsweise mag, nachts Auto zu fahren, ist eben der geborene Kurier und kann damit zumindest angenehmer Geld verdienen als in einem normalen Bürojob.

Meine Überzeugung wuchs: Die Menschen, die hier mit uns Mappen falzten, waren allesamt großartige Persönlichkeiten, die so viel mehr konnten. Mich machte das damals traurig, wie wir da im Wohnzimmer saßen, und alles, was nach stundenlanger Arbeit blieb, waren Mappen. Auch wenn die Stimmung gut war – die Leute konnten doch so viel mehr.

Über diesen traurigen Zustand tauschte ich mich fortan mit den vielen unterschiedlichen Menschen aus, weiterhin ohne weiterführendes Ziel. Ich redete mit Obdachlosen, Studenten, Unternehmern, mit Normalverdienern und Reichen, mit Prostituierten, Kriminellen und anderen Außenseitern, von denen in diesem Buch ja schon die Rede war. Fast alle gaben mir echten Input. Sie wollten mithelfen, damit sich an den eingefahrenen Strukturen der Arbeitswelt etwas ändert. Wir überlegten, wie man eine Firma aufbauen könnte, die Aufgaben an Menschen vermittelt, die sie gern machen wollen. Damals dachten wir eher an eine reine »Dienstleistungsvermittlung«. Unser erster Slogan lautete daher bescheidenerweise »Die Erfindung der Dienstleistung«. Auch der Name *millionways* entstand in dieser Zeit. Dieser Name, für den wir Jahre später von Marketingexperten gelobt wurden, kam von Olivia, als wir uns die Köpfe zerbrachen, wie man die Idee eines solchen Unterfangens in einem Wort zusammenfassen konnte. Letztlich ging es um fehlende Wege zwischen einer Aufgabe und demjenigen, der sie gern erledigen würde, und so fand Olivia unseren Namen: »millionways«.

Das Jahr 2007 würde ich im Rückblick als »Vorbereitungszeit für große Pläne« bezeichnen. Dass sich diese länger hinziehen würde als nur ein Jahr, wusste ich damals nicht. Es mussten sichere Verträge für die enggefassten deutschen Gesetze entwickelt werden. Es ist eine Sache, fast im Vorübergehen eine kleine Heimwerkerfirma aufzubauen, doch nun kamen Hürden von mir bis dato nicht bekanntem Umfang auf uns zu, gerade weil es ein Unternehmen in dieser Form nie zuvor gegeben hatte. Nirgends gab es Quellen oder gar Vorbilder. Unsere Excel-Tabelle hatte ausgedient, ein umfassendes Mitarbeiternetzwerk musste zusammengetragen und eingerichtet, Unterstützer und passende erfahrene Partner gefunden werden. Zu der Zeit lernte ich Thorsten Liedtke kennen, der bis heute ein enger Freund und Begleiter ist sowie Teil des *millionways*-Teams. Er war damals ein Versicherungsagent, bei dem ich meine private Krankenversicherung abschloss. Ich sah ihn und wusste sofort, dass er alles andere als ein Versicherungsagent war. Sein Wechsel zu uns war nur eine logische Folge. Gemeinsam gründeten wir in jenem Jahr eine GmbH und wurden so endlich zu einer »richtigen Firma«.

2008 startete *millionways* mit einem kleinen Testbetrieb. Doch wir wuchsen schnell und gewannen neue Mitstreiter: berufs- und lebenserfahrene Menschen, die Talente und

Kompetenzen mitgebrachten, die eine notwendige Ergänzung für die weitere Entwicklung waren. Durch unsere Arbeitsweise mit dem neu dafür entwickelten Netzwerk konnten wir schon in dieser Phase etliche talentierte Mitarbeiter sowie Kunden davon überzeugen, dass es auch real anders geht. Der Bedarf auf beiden Seiten überstieg unsere Vorstellung in kürzester Zeit, die Nachfrage nach qualifizierter Heimarbeit explodierte.

Unsere Kunden waren Spielzeughersteller, Film- und Mediaproduktionen, eine Parfümeriekette, ein Eventservice, ein Messeveranstalter und einige andere. Sie erteilten unterschiedliche Aufträge wie Verpackung, Kommissionierung, Konfektionierung, Logistik, Produktbeschaffung, Recherchen und immer wieder die Vermittlung von Mitarbeitern, beispielsweise als Kameraassistenz, Tontechniker, Kabelträger, für Catering und Künstlerbetreuung oder für den Auf- und Abbau von Messeständen.

Dass sich unser sozialer und idealistischer Grundgedanke perfekt mit Wirtschaftlichkeit vereinen ließ, wurde dabei immer deutlicher: Wir machten erstaunlich gute Umsätze und sogar Gewinn. Dabei war es egal, wen wir beschäftigten: Ob qualifizierte Fachkräfte, talentierte Künstler, jobsuchende Studenten, sinnsuchende Jugendliche, arbeitsuchende Obdachlose, beschäftigungssuchende Rentner, auftragssuchende Existenzgründer, behinderte Spezialisten oder Erwerbslose im Allgemeinen, teilweise verdienten sie nach langer Zeit wieder echtes Geld. Dabei achteten wir stets darauf, sie ihren Talenten und Vorstellungen entsprechend einzusetzen oder sie zumindest nur mit Aufgaben zu beschäftigen, die sie explizit tun wollten. Wir druckten unser Zusammenspiel aus wirtschaftlichem Angebot mit sozialer Passion in Hochglanzbroschüren und erreichten so die Aufmerksamkeit neuer Kunden.

Der größte Erfolg war die Gewinnung eines führenden Elektronikkonzerns, für den wir Verpackungsarbeiten, Logistikdienstleistungen, Produktrecherchen und vieles andere durchführten. Einige Monate lang hatten wir sogar ein eigenes Lager in Hamburg. Ich erinnere mich gern daran: Bei diesem Großauftrag konnten wir eine Gruppe von sechs obdachlosen Menschen beschäftigen. Hierbei kam Annas Talent zur vollen Blüte: Mit Geschick und Einfühlungsvermögen ging sie auf die Berührungsängste der Obdachlosen ein, die sich nach jahrelanger schlechter Erfahrung eine geregelte Arbeit mit fremden Menschen nicht mehr vorstellen konnten. Sie waren daher nicht zu bewegen, in die Firma des Großkunden zu gehen. Indem wir eine beheizte Lagerhalle mieteten, konnten wir dieses Problem beseitigen. Anna war mitten unter ihnen, jeden Tag, über mehrere Wochen. Es lief Musik, alle quatschten miteinander, es gab Essen, und alle hatten jede Menge Spaß. Zugleich wurde die Arbeit reibungslos ausgeführt.

Wir befanden uns auf dem richtigen Weg: *millionways* war dabei, abseits von Suchmaschinen, Chats und virtuellen Communitys eine Möglichkeit zu etablieren, mit einem Produktkauf oder der Buchung einer Dienstleistung reichhaltige individuelle Erfahrungsschätze und helfende Hände aus allen Bereichen zu nutzen. Gutes tun, indem man ohnehin vorhandene Aufträge an *millionways* vergab.

Ende des Jahres kamen die großen Rückschläge. Die globale Wirtschaftskrise suchte auch uns heim, und *millionways* stand am Abgrund. Die Zeitungsschlagzeilen überschlugen sich: »Es ist die schlimmste Krise seit dem Schwarzen Freitag von 1929.« Oder: »Die Welt, so wie wir sie kennen, wird nicht mehr dieselbe sein.«[57] Doch bei der Finanzkrise blieb es nicht: Bereits Ende 2008 war klar, dass Deutschland, die USA und viele andere Industrieländer in eine Rezession, die größte nach dem Zweiten Weltkrieg, rutschten.[58] Ursprünglich nachgefragte Dienstleistungen, die uns dazu veranlasst hatten, schnell zu expandieren, wurden nicht mehr nachgefragt, Unternehmen legten ihre Aufträge auf Eis. Auch einem unserer Geldgeber versetzte die Krise einen gewaltigen Schlag, so dass er gezwungen war, von einer Zusage abzuspringen. Der Aufbau von *millionways* geriet ins Stocken, und wir konnten unsere Zahlungsverpflichtungen nicht einhalten. Am schlimmsten war es, die Gehälter nicht mehr zahlen zu können und Projekte wie das mit den obdachlosen Menschen einfrieren zu müssen.

Heute lese ich in den Medien oft von einer immer stärker werdenden Mentalität, die Scheitern als etwas Positives sieht, wie es beispielsweise in den USA der Fall ist. Doch damals war das absolut nicht so: Wer gescheitert war, musste erst einmal selbst damit klarkommen und durfte wenig Verständnis erwarten. Ich konnte fast von Glück reden, dass es vielen allen anderen auch nicht gut ging, so dass ich zumindest mit diesen Problemen nicht allein war. Ich kann nur aus eigener leidvoller Erfahrung sagen: Auch durchhalten lernt man. Wenn ich geahnt hätte, dass es nochmals fünf Jahre dauern sollte, bis *millionways* auf solideren Beinen stehen würde – ich bin mir nicht sicher, ob ich das auf mich genommen hätte.

Anna und ich wurden ohne finanzielle Basis selbst fast wohnungslos. Banken gaben unserer GmbH keinen Kredit. Ihnen war unser Konzept »zu nebulös«. Das gepaart mit finanziellen Problemen war natürlich keine überzeugende Situation. »Welchen Gegenwert hat Ihr Unternehmen? Das sind alles keine Werte!«, »Ihre sozialen Visionen in Ehren, aber retten Sie erst einmal Ihr Unternehmen, dann können Sie Menschen retten!«, »Sie müssen Ihre Idee vernünftig skalieren können«: So lauteten die Gründe für Kreditabsagen, um nur ein paar Beispiele zu nennen. Der tägliche Weg zum Briefkasten war eine Qual, denn dieser quoll zusehends über mit Rechnungen und Verpflichtungen. Ich weiß noch, dass ich damals teils monatelang meine Miete nicht zahlen konnte und von 50 Euro im Monat lebte, wovon ich mir beim Discounter Nudeln und Soßenpulver kaufte.

Wunderbare Projektideen mussten gecancelt werden. Bereits bestehende Nachfragen, wie eine Ideenschmiede für Sortimentsgestaltung, eine Ladeneröffnung zu managen, die Beschaffung origineller Aktionsware, ein Konzept für ein Kundenbindungsprogramm und eine europäische Lösung für die Recherche und Gestaltung von Metallverpackungen von Musik-CDs, mussten wir ebenfalls streichen. Weder konnten wir unsere Mitarbeiter weiter bezahlen noch die angemieteten Räume oder die Kommunikationstechnik. Ohnehin hatten viele bereits »auf Pump« weitergearbeitet oder uns teilweise sogar kleine Summen gegeben, um wenigstens Strom und Internet zu bezahlen. Noch mehr wollte ich mich bei diesen Menschen nicht verschulden.

Von verschiedenen Stellen wurde die Initiative schon damals für tot erklärt. Nicht das erste Mal und leider nicht das letzte Mal, es passierte alle Jahre wieder. Diese Last aus nicht bezahlbaren Schuldtiteln schoben wir vor uns her. Auf dieser Basis sprangen Kunden ab. Sponsoren und Bankkredite rückten in weite Ferne. Eine Insolvenz wollte ich damals unbedingt vermeiden und übernahm alle Schulden privat. Da wir eine GmbH waren, hätte ich das nicht müssen, aber für mich fühlte es sich alternativlos an, weil ich Mitarbeitergehälter nicht hatte zahlen können. Freunde und Partner hatten mir Geld geliehen und anvertraut. Mit einer Insolvenz hätten all diese Menschen ihr Geld niemals wiedergesehen. Das wollte ich unbedingt vermeiden – diese Schulden zahle ich heute noch ab.

Aber die Überzeugung aller Beteiligten der *millionways*-Familie blieb: Eine Idee, die richtig ist, kann und darf nicht scheitern! Irgendwie mussten die akuten formellen Probleme zu lösen sein und ein neuer Weg eingeschlagen werden. Mit Unterstützung treuer Partner ist uns das in kleinen Schritten gelungen. Wir haben verstärkt Kontakte zu den Branchen geknüpft, bei denen wir während der zurückliegenden Zeit der Berg- und Talfahrt festgestellt hatten, dass hier das Herz von *millionways* schlägt: Kultur, Musik und soziale Initiativen. Wir wollten dorthin, wo die Menschen sind, die ihre Talente und Potentiale ausleben wollen. Wir konzentrierten uns auf das Ziel, Potentialentfaltung leichter und vor allem greifbar zu machen.

> Eine Idee, die richtig ist, kann und darf nicht scheitern!

Während dieser Zeit lernte ich Frank Otto kennen, einen Hamburger Medienunternehmer und Musikproduzenten – eine der wichtigsten Begegnungen meines Lebens. Ich schrieb ihn über ein Online-Netzwerk ziemlich naiv an, weil ich – wie bei so vielen anderen Menschen auch – seine Geschichte kennenlernen wollte. Mir war damals nicht bewusst, dass Reiche ständig nur wegen Geld angesprochen werden, und Frank ist immerhin einer der Erben von Werner Otto, der als Gründer des Otto-Versands einer der vermögendsten Deutschen ist. Doch das war nicht mein Motiv, mich interessierte seine Story: »der etwas andere Otto«. Er besetzte Häuser, war Demonstrant und Systemkritiker. Heute besitzt er Fernseh- und Radiosender, realisiert Kunstprojekte.[59] Welch ein spannender Mensch!

Mit ihm wollte ich über das Leben philosophieren. Im März 2009 trafen wir uns das erste Mal, und genau das passierte dann auch: Wir philosophierten und waren auf einer Wellenlänge. Er fand meine Ideen damals zumindest so spannend, dass wir uns fortan regelmäßig trafen. Um Geld ging es dabei nicht, und ich denke, das hat uns auch verbunden. Ich mochte ihn von Anfang an aufrichtig, einfach als Menschen, und fand seinen Lebenslauf als hanseatischer Erbe, der als Punk bei Straßenschlachten mitmachte und von Internaten geworfen wurde, unglaublich inspirierend. Das also passierte, wenn einer mit Konventionen brach, der alles haben könnte, sich davon aber nicht blenden ließ. Wie oft hatte ich mich mit meiner Art zu denken fremd gefühlt. Frank war mir sofort ein Vertrauter.

Auch die *millionways*-Crew wuchs weiter und trieb die Idee durch Leidenschaft und Begeisterung weiter voran – insbesondere durch Sonja Deuter, die ich 2010 kennenlernte. Sie war zuvor als Vizepräsidentin der Hamburger Bürgerschaft eine ranghohe Politikerin und zu dieser Zeit Sozial- und Musikmanagerin. Gemeinsam mit ihrem Mann Yao, den ich bereits vorgestellt habe, arbeiteten wir im Rahmen verschiedener Musikprojekte zusammen. Yao hatte gerade einen Musikclip für seinen preisgekrönten Song gegen die soziale Kälte mit obdachlosen Frauen gedreht. Wieder passte alles ganz wunderbar mit den *millionways*-Visionen zusammen. Es entwickelte sich eine tiefe Verbundenheit und Freundschaft, die bis heute über alle Höhen und Tiefen hinweg anhält.

Die folgenden, sehr ereignisreichen Jahre nutzte *millionways*, um etablierte Partner, Mitarbeiter, Kunden, Financiers und Unterstützer zu gewinnen. Wir planten eine Benefiz-Konzertreihe, die es bereits in Hamburg gab, auch in anderen deutschen Großstädten zu veranstalten: vierundzwanzig Konzerte je Stadt und eine große Benefiz-Gala mit prominenten Stars. Mit den Einnahmen sollten aufstrebende Künstler engagiert werden, und durch die bundesweite Öffentlichkeitsarbeit sollten Vereine profitieren. Veranstaltungsorte, Künstler, Konzerte und soziale Initiativen wurden gefunden, Konzepte, Flyer und Presseartikel geschrieben. Doch obgleich wir Sponsoren ihren Imagegewinn samt Markenprofilierung auf Hochglanz präsentierten – die Großspender blieben aus. Wir konnten aufgrund unserer Schuldenberge der zurückliegenden Jahre nicht in Vorleistung treten und somit mangels Geld diese Pläne nicht umsetzen. Noch heute ist es mir und den beteiligten Teammitgliedern höchst unangenehm, dass wir Künstlern Hoffnungen machten, sogar Konzerte als Preis auslobten, und alles schließlich platzte. Wieder einmal drohten wir unter dem Druck der Schulden zu zerbrechen. Hier sieht man die Kehrseite der von mir hoch gelobten Ungeplantheit: Natürlich geht vieles schief. Das ist nicht schlimm, wenn man nur für sich verantwortlich ist – problematisch wird es, wenn andere betroffen sind. Das fühlte ich auch damals, aber ich konnte es nicht ändern. Mir fehlten Teammitglieder, die die Fähigkeiten, die ich nicht mitbrachte, ergänzten. Ich hätte damals ein *millionways* gebraucht.

In diesen schweren Zeiten traf ich so manche Fehlentscheidung, und es herrschte Chaos. Andreas Krug war mein erster Financier; ohne ihn hätten wir es wahrscheinlich niemals geschafft. Die Schulden, die ich privat auf mich genommen hatte, ließen uns nämlich regelmäßig an jeder Liquiditätsprüfung scheitern. Andreas versuchte immer wieder, mich dazu zu bringen, weitere Gelder zu akquirieren, aber ich schaffte es nicht, Menschen erfolgreich um Geld zu bitten – das war definitiv nicht mein Talent. Oft entstand aus Gesprächen mit potenziellen Geldgebern eine schöne Begegnung, eine neue Geschichte, eine enge Verbundenheit bis heute – aber eben kein Geldfluss. Heute ist mir klar, dass man kein Geld bekommt, wenn man es im Grunde ablehnt – und so scheiterte die Vision damals auch an meinen eigenen Blockaden.

Anfang 2012 ging uns erneut die Liquidität aus. Diesmal ging buchstäblich nichts mehr. Wie vielen anderen Unternehmen war es uns nicht gelungen, uns von den Auswirkungen des freien Falls der Wirtschaftskrise zu erholen. Wir hatten schlicht keine Unternehmer oder Sponsoren gefunden, die es zu dieser Zeit wagten, einer derart neuartigen Idee zu vertrauen und sie zu sponsern. Das ganze Spiel wiederholte sich: Fristlose Kündigungen, Mitarbeitergehälter konnten nicht bezahlt werden, Ausstände für Büro und Technik wurden gemahnt. Obwohl ich körperlich und mental am Ende war, machte ich weiter, selbst als ich mehrfach einfach umfiel. Das soll auf keinen Fall heroisch klingen, für mich war es einfach alternativlos – was sollte ich denn sonst machen? Und mein Weg fühlte sich richtig an!

millionways war am Ende, und ich war es auch. Der einzige wohlhabende Mensch, den ich kannte, war Frank Otto. Ich weiß heute noch, wie ich gemeinsam mit Sonja bei ihm saß, wir ihm das ganze Drama schilderten und er uns innerhalb von wenigen Sekunden finanzielle Unterstützung zusagte. Sonja hatte aus all den Ideen, Plänen und Unterlagen, die ich im Laufe der Jahre erstellt hatte, einen fundierten Businessplan zur Neustrukturierung von *millionways* entwickelt – und auf dieser Grundlage konnten wir Frank als Financier für uns gewinnen.

Endlich konnten wir eine feste Struktur gründen und die diffuse *millionways*-Vision auf greifbare Beine stellen! Die heutige »Stiftung millionways« und die aus juristischen Gründen für unsere Arbeit notwendige Aktiengesellschaft »millionways AG« wurden im April 2012 gegründet, um der Bewegung einen Mantel zu geben, der bis heute existiert. Dabei wurde erneut deutlich: Die Authentizität und der Antrieb aller Beteiligten sind das Wichtigste. Sie sind das Besondere an *millionways*, und das unterscheidet uns von vielen anderen Organisationen. In der Präambel unserer Stiftungssatzung heißt es deshalb:

»*millionways* steht für die Orientierung an sozialen Werten. Der Mensch als Individuum soll sich von Kind an so entwickeln dürfen, dass er sein Potential entfalten kann. *millionways* schafft Strukturen, Vernetzungen und Öffentlichkeit, um die Entfaltung dieses Potentials und der individuellen Talente in dieser Gesellschaft zu fördern und Rahmenbedingungen hierfür einzufordern.

Die *millionways*-Stiftung ist eine gemeinnützige, politisch und religiös unabhängige Stiftung zur Unterstützung von Projekten, Initiativen und Entwicklungen, die Möglichkeiten schaffen, dass die Menschen ihr volles Potential entfalten und sich ihrem Talent entsprechend verwirklichen können.«

Eines unserer Ziele ist, Stifter, Zustifter und externe Förderquellen einzuwerben, um den Wirkungskreis von *millionways* zur Potentialentfaltung und Talententwicklung stetig zu vergrößern. Allerdings mussten und müssen wir immer wieder Spender und Investoren ablehnen, die konträr zu unseren Werten stehen. Einem Unternehmen, das in die Schlagzeilen kam, weil es seine Mitarbeiter mit Lohndumping ausbeutete, konnten wir kein »soziales Feigenblatt« bieten, ohne unsere Werte und Ideale zu verraten.

Ich habe es immer bedauert, dass Non-Profit-Organisationen vom Profit der Profit-Organisationen leben müssen und quasi dauerhaft Bittsteller sind. Viel sinnvoller wäre es doch, wenn Organisationen mit sozialen Ideen ihr Geld selbst erwirtschaften würden. Der Begriff »Social Business« kam in Deutschland gerade erst an, und war mir wie vielen anderen noch nicht bekannt, und so nannten wir unsere Unternehmensform damals »Helping Profit Organization« – also eine soziale Firma, die zwar Profit macht, aber ihn sozial, helfend einsetzt. Doch wie auch immer die Bezeichnung dafür lautet, viel zu oft ist der Ansatz dahinter leider nur rein theoretisch. Uns zumindest war klar: *millionways* ist kein Unternehmen und keine Organisation im herkömmlichen Sinn, sondern eine Bewegung, die sich die Menschen selbst zu eigen machen sollen. Es sollte eine gemeinsame Marke geschaffen werden, die nur für die Bedürfnisse der Menschen steht.

Los ging es mit einem Partner, der Hamburger Drogeriekette Budnikowsky (Budni). Ziel: Statt in teuren privaten Galerien sollten noch unbekannte lokale Maler im Winter 2012/2013 in einer limitierten Auflage signierte Drucke ihrer Originale für jeweils einen Monat in den Budni-Filialen ihres Stadtteils verkaufen können. Durch »Timetables« sollten die Künstler vor Ort präsent sein, um den Kontakt von Mensch zu Mensch zu fördern, wie es unserem *millionways*-Ansatz entsprach.

»Street Gallery – Junge Kunst in den Alltag gebracht«: Schon acht Wochen nach der Idee startete der erste Pilot mit acht Künstlern. Druck- und andere Kosten übernahm *millionways*, die Künstler mussten nichts bezahlen. Die Ziele, Aufmerksamkeit und Folgeaufträge für die jungen Künstler, wurden erreicht. Eine von ihnen, Inken Rohr, gewann dabei sogar die Aufmerksamkeit der Drogeriekette und wird in Zukunft über Budni in der »Hamburg Ecke« vermarktet. Inken Rohr:

> »Das Wort Hoffnung ist nach der Street Gallery mal etwas größer geschrieben. ›Die Kunst ist schön, macht aber auch viel Arbeit‹, um es mit Karl Valentin zu sagen. Ich ergänze: ›und fährt aber nicht konstant die Miete ein‹. […] Ich fühle mich von *millionways* gut auf den Weg gebracht und hoffe auf mehr, zumal alle so beflügelt sind und auch beflügelnd wirken.«[60]

Ein weiteres Produkt zum Gelderwerb für verschiedenste Talente wurde mit einem der großen deutschen Einzelhändler verhandelt und entwickelt. Doch es sollte wieder einmal anders kommen. Wir lernten in dieser Zeit eine Berliner Agentur kennen, die einige Galas in Deutschland organisiert. Mit dieser planten wir den Gang an die Öffentlichkeit. Dazu sollten wir ihre geplante Interview-Plattform offiziell als »Sponsor« unterstützen. Sie verkauften uns für mehrere hunderttausend Euro eine große Kampagne, die ich gemeinsam mit Frank über neue Sponsoren explizit für diesen Zweck einwerben konnte. In der Präsentation wurde *Spiegel online* als Medienpartner genannt, es sollten »Interview-Videos mit glaubwürdigen Prominenten« gedreht werden, es wurden »Events« und eine »Tour« erwähnt und vieles andere mehr. *millionways* sollte mit voller Wucht in Deutschland einschlagen. Wir waren begeistert – aber es gab auch einzelne warnende Stimmen, die ich überhörte. Endlich sollte es losgehen, bloß nicht erneut bremsen! Und so ließen wir uns von all diesen Fakten blenden, die sich am Ende als heiße Luft erwiesen. Denn im Vertrag stand von all dem nichts Greifbares. Das nicht beachtet zu haben, war wohl mein größter Fehler. Dem Anschein nach hatte die Agentur formal nichts falsch gemacht, auch wenn ich mir bis heute nicht sicher bin – schließlich war die Präsentation als »Anlage zum Vertrag« deklariert.

Was wir am Ende bekamen, war eine lieblose bundesweite Plakatkampagne sowie eine weder frequentierte noch professionell beworbene Interview-Plattform. Die Werbeagentur war für mich die größte Enttäuschung in unserer Geschichte. Aber die grundsätzliche Verantwortung lag natürlich bei mir: weil ich erstens mündlichen Aussagen vertraute, weil ich zweitens den Vertrag nicht ordentlich prüfte, weil ich mich durch eine schillernde Präsentation blenden ließ, die mehr versprach, als später eingehalten wurde. Wir hingegen hielten den Vertrag, wenn auch mit großer Mühe, und die Agentur erhielt ihr Honorar über Frank Otto letztlich komplett.

Schlusspunkt war ein Launch-Event Ende 2012, das zeitgleich zur Plakatkampagne den *millionways*-Auftakt einläuten sollte. Der Agentur gelang es weder, besondere Gäste zu gewinnen, obwohl sie »250 Multiplikatoren, Freunde, Förderer und Medienvertreter« ankündigte, noch irgendeine Form der Berichterstattung in den Medien. Diese Veranstaltung musste *millionways* sogar noch separat bezahlen, was mir heute im Rückblick immer noch absurd vorkommt. Insbesondere für Frank tun mir meine damaligen unkritischen und leichtgläubigen Entscheidungen furchtbar leid.

Kurz gesagt: Unser erster Gang in die Öffentlichkeit war ein kompletter Flop. Auch das bundesweite Matching zwischen Talenten und Einzelhandel musste daraufhin auf Eis gelegt werden. Wir waren ein unbekannter und damit uninteressanter kleiner Partner geblieben, dem man solch ein Unterfangen nicht zutraute. Zudem wirkte es nicht sonderlich vertrauenserweckend, dass wir vorher rumgetönt hatten, was alles kommen sollte. Wieder einmal war unsere Kasse leer, und unsere Mitarbeiter konnten nicht bezahlt werden. Die Zeit nach dieser Niederlage war für unsere Mitarbeiter, Partner und Unterstützer sicher die schwierigste überhaupt. Dass trotzdem so viele der *millionways*-Idee verbunden blieben, empfinde ich heute noch als außergewöhnlich. Mir ist keine andere Geschichte eines Unternehmens oder einer Initiative bekannt, wo nach solchen jahrelangen Turbulenzen immer noch derart treue Wegbegleiter blieben.

Dennoch war dieser Rückschlag ein sehr wichtiger Schritt in unserer Geschichte: Nach vielen Tiefschlägen entschieden wir grundsätzlich, in Zukunft so lange »im Verborgenen« zu wirken, bis wir ein wirklich tragfähiges Fundament an Know-how, Teams, Geschichten und Talenten beisammenhatten und damit eine seriöse Finanzierung sicherstellen konnten – egal, wie lange es dauern würde. So wagten wir uns in den nächsten Jahren nur noch mit einzelnen Artikeln an die Öffentlichkeit, sammelten ansonsten weiter Erfahrungen und bauten unser Fundament auf.

Von der Öffentlichkeit fast unbemerkt testeten wir Talentprojekte mit Unternehmen, an Schulen und mit Städten. In Kooperation mit der etablierten Bildungsinitiative Teach First Deutschland gibt die *millionways*-Stiftung seither jungen Menschen die Möglichkeit, Vorbilder aus dem Berufsleben kennenzulernen. Hierbei geht es neben Sport, Design und anderen Berufszweigen beispielsweise um Musiktalente. Viele junge Menschen hegen den Wunsch, als Popstar eine Musikkarriere zu starten. Mit einer Mischung aus Musikpraxis, die bei jedem einzelnen Teilnehmer ansetzt, wird auf den eigenen Herzschlag hörend ein Beat entwickelt. So führt zum Beispiel Yao vom *millionways*-Team die Teilnehmer von ihrem Inneren zur Musiktheorie, die Einblick ins Berufsleben gibt. Die Schüler hören zu, fragen nach, erzählen von ihrem Zugang zu Musik, wirken mit und werden sogar ganz still, wenn es darum geht, in sich reinzuhorchen. Wieder ein schönes Beispiel dafür, wie jemand, der endlich sein Talent ausleben kann, anderen zum Wegbereiter wird.

Die Grundlage unserer Arbeit während der Testphase waren jedoch unsere Interviews: Unser Ziel war es, mit fünftausend Menschen zu sprechen, um herauszufinden, was sie brauchen, um aus ihrem Potential etwas Reales machen zu können. Nach den ersten dreihundert Geschichten der Vernetzung, welche die Beteiligten tatsächlich weiterbrachten, mussten wir resümieren, dass der »soziale Erfolg« trotz alldem nicht messbar war. Wie wichtig dies für eine soziale Organisation aber ist, hatten wir durch schmerzhafte Einschnitte all die Jahre zu fühlen bekommen. Also involvierten wir Wissenschaftler, um Ideen zur Auswertung unserer Arbeit zu entwickeln und präsentable Ergebnisse im Sinne von »Social Impact« zu gewährleisten. Außerdem beschäftigten wir Programmierer, die an passenden Algorithmen arbeiteten. *millionways* musste perspektivisch einige Themen automatisieren, um in die Masse gehen zu können, schließlich konnten wir ja nicht Millionen Menschen persönlich interviewen.

Zugleich nutzen wir die Zeit, um erneut unsere Struktur anzupassen. Als übergeordnete Instanz haben wir eine »Vision Crowd« gebildet. Hier werden unsere Entscheidungen gemeinsam entwickelt und getroffen. Sie besteht aus rund dreißig bekannten und unbekannten Persönlichkeiten aus allen gesellschaftlichen Bereichen, die gemeinsam die *millionways*-Vision gestalten und überwachen. Für die Finanzierung gibt es nun die »Funding Crowd«, bestehend aus wohlhabenden Privatleuten und Organisationen. Alle Mitglieder dieser Crowd spenden aus Überzeugung und entwickeln gleichzeitig neue Wege der sozialen Geldintelligenz unter dem Aspekt: Wie kann man der Gesellschaft mehr geben als eine reine Spende?

In vergangenen Jahr 2016 entschieden wir zusammen mit allen Beteiligten, dass endlich die richtige Zeit gekommen war, mit unserer Arbeit, unseren Visionen, Ideen und Konzepten an die Öffentlichkeit zu gehen. Dieses Buch ist ein Teil davon. Das gesamte Jahr nutzten wir dank neuer Großspender für die Entwicklung der IT, was unser Chefentwickler Andreas mit seinem Team in Rekordzeit schaffte. Nun lautet unser nächstes Ziel: Ab 2017 wollen wir das Leben von fünftausend Menschen verändern.

Diejenigen, die uns bereits aus früherer Zeit kannten und beobachten, wunderten sich die letzten drei Jahre darüber, dass öffentlich nichts passierte. Insbesondere Journalisten empfanden dies teilweise als recht seltsam, wie mir zugetragen wurde. Ich bin mir trotzdem absolut sicher, dass die Entscheidung, uns dieses Mal so lange Zeit zu lassen, richtig war. Nur so konnte *millionways* erwachsen werden und eine glaubwürdige Anlaufstelle für Millionen Menschen, die uns ihre Träume anvertrauen. Ohne die Erfahrungen und die Begegnungen der letzten zehn Jahre hätten wir niemals ein derart solides Fundament. Allein unsere Definition von »Talent«, die Art, wie wir unsere Interviews führen, und die Erfahrung im Zusammenführen von Menschen brauchten ihre Zeit.

Auf dem turbulenten Weg haben mich bis heute viele Menschen unterstützt, begleitet, kritisiert und angeregt. Wenn mich jemand nach der Person fragt, der ich am allermeisten das Entstehen von *millionways* zu verdanken habe, dann ist es garantiert Frank Otto. Er war eine der wichtigsten Schlüsselpersonen, ohne die *millionways* nicht hätte entstehen können. Wenn ich heute auf meine inneren Wünsche schaue, dann ist einer meiner größten, ihm sein Vertrauen und sein Engagement in irgendeiner Form zurückgeben zu können. Ohne ihn wäre weder die Anfangszeit möglich gewesen, noch die Jahre des »Ausprobierens«, die für viele andere Organisationen eine Luxussituation gewesen wären.

Ich bin selbst immer wieder zutiefst erstaunt, wie sich die Geschichte von *millionways* entwickelt hat. Hätte ich Olivia nicht kennengelernt, wäre ich nicht auf die Heimarbeitsidee gekommen. Ohne Anna hätte ich mit meiner damaligen Schüchternheit keine Kunden gewinnen können und damit generell nicht so viele spannende Menschen getroffen. Im Rückblick verstehe ich selbst oft nicht, wie »verrückt« ich eigentlich gehandelt habe.

Was bedeutet das nun für dich? Das ist meine ganz individuelle Geschichte, und natürlich kann ich die am besten erzählen. Aber sie ist nur ein Beispiel für Millionen anderer

Geschichten, in denen die Talente von einzelnen Menschen zu etwas Größerem geführt haben.

Auch du hast eine Geschichte. Wenn du dieses Buch liest, bist du offensichtlich am Leben – und wenn du irgendwann ganz am Ende dieses Lebens angekommen sein wirst, dann wirst du zurückblicken. So wie viele Ältere kannst du wehmütig sein und an die verrückten Dinge denken, die du nicht getan hast. Du kannst dich freuen über all die aufreibenden Erlebnisse, die du hattest. Am meisten wirst du aber – das ist zumindest meine Erfahrung – an die Menschen denken, die dich begleitet haben. An die Liebesbeziehungen, die du hattest und die du ganz knapp verpasst hast. An die treuen Begleiter, die dir in Krisensituationen durch ihr Handeln gezeigt haben, dass es weitergehen wird. Und an die Schlüsselpersonen, die vielleicht sogar völlig zufällige Begegnungen waren. Wenn du jetzt rausgehst und mit dem Taxi zum Bahnhof fährst, um deine Eltern in Berlin zu besuchen, dann kann sowohl der Taxifahrer als auch dein Sitznachbar im Zug dein Leben verändern – ich habe beides schon erlebt. Natürlich: In den meisten Fällen tun sie es nicht. Aber bleibe aufmerksam, vielleicht hast du ja einige mögliche Impulse schon übersehen. Es ist jederzeit alles möglich.

Wenn ich in diesem Text von Talenten geschrieben habe, dann hattest du sicherlich andere Menschen im Kopf, bei denen du dachtest: »Die sind auch so.« Ihnen gestehst du Talente zu – mach das also auch bei dir selbst: Welche Eigenschaften magst du an dir? Bei welchen Tätigkeiten hast du Freude? Und in welcher Umgebung und mit welchen Menschen fühlst du dich besonders wohl? Zu welchen Themen fragen andere dich um Rat? Wenn du ehrliche Antworten auf diese Fragen hast, kommst du deinem Inneren sehr nahe. Mach deinen Ruhe-Tag ohne jede Aktivität, von dieser Begegnung mit dir selbst kann dich niemand abhalten. Und vor allem: Fang an zu glauben, dass du dein Leben selbst in die Hand nehmen kannst.

5 Wir müssen uns ändern

Wir haben gesehen, dass wir in einem System leben, das die meisten Menschen nicht mitnimmt. Früher wurde das als ein Luxusproblem betrachtet, heute können wir uns diese Sichtweise nicht mehr leisten.

Ob technischer Fortschritt, Digitalisierung, Globalisierung oder demographische Entwicklung, der Wandel der Erwerbsarbeit ist in vollem Gange. Unzählige Jobs werden wegfallen oder sich massiv verändern müssen. Selbst etablierte Berufsbilder werden verschwinden. Die Wende, die uns bevorsteht, wird ähnlich einschneidende Konsequenzen haben wie die industrielle Revolution mit der Automatisierung der menschlichen Arbeitskraft oder die Digitalisierung von Arbeit. All diejenigen, die den technischen Wandel nicht mitgehen konnten, gingen und gehen dem Arbeitsmarkt unwiederbringlich verloren.

Aktuell steht die Arbeitswelt vor dem nächsten großen Wandel. Noch gibt es dafür keinen Namen, denn ich meine nicht die »Industrie 4.0«. Ich meine den Wandel in unseren Köpfen, die Einstellung zu Arbeit insgesamt. Man könnte diese anstehende Wende am besten mit der Individualisierung von Arbeit beschreiben. »Potentialismus« ist unsere Antwort auf die anstehenden strukturellen Änderungen. Was heißt das? Für mich bedeutet es, die Menschen in ihrer Individualität, ihren Fähigkeiten und Leidenschaften optimal zu fördern. Die utopische Idee des Potentialismus ist, dass jeder die Chance erhalten soll, sich optimal in der Gesellschaft zu entfalten. Viele sprechen derzeit über Potentialentfaltung, es wird an vielen Stellen daran gearbeitet, und selbst Großkonzerne bauen ihre Strukturen in diese Richtung um.

Was mir aber immer fehlte, war eine Anlaufstelle für alle, also etwas, wo jeder direkt starten kann. Da wir auch nach intensiven Recherchen keine andere Organisation gefunden haben, die das in dieser Form macht, muss ich hier nochmals *millionways* thematisieren. Aber dieses Mal mit dem Fokus, was genau passiert, wenn du dich dort anmeldest. Das eine oder andere davon kannst du sicher auch anderswo machen – es soll sich nicht so lesen, als wäre unser Angebot das Allheilmittel. Aber zumindest ist es meiner Kenntnis nach einzigartig und schließt eine Lücke, die es bislang gibt. Was mir dabei besonders wichtig ist: dass wir nicht »gegen« die bestehende Struktur arbeiten, sondern parallel dazu und – wo möglich – mit ihr zusammen.

Potentialentwicklung mit *millionways*?

Zwei Dinge sind notwendig, um sein Potential zu entfalten: erstens die eigenen natürlichen Stärken zu erkennen und zweitens Wege zu finden, diese Stärken einzubringen.

Für die Meisten fängt hier das Problem an, denn weder zuhause, noch in der Schule haben sie lernen können, worin sie von Natur aus gut sind und was sie antreibt – und genau das sind Bestandteile von Talent. Sicherlich erkennen Schüler, dass sie beispielsweise ein Faible für Sprachen haben oder gut rechnen oder zeichnen können, doch das geht nicht weit genug. Manchmal sind Talente viel subtiler: Präzision, Belastbarkeit, logisches Denken oder Führungsstärke. Selbst Senioren, die bereits eine Karriere hinter sich haben und es eigentlich wissen müssten, haben oft Schwierigkeiten, ihre Stärken zu benennen.

Wenn uns eine Aufgabe nicht glücklich macht, können wir sie noch so gut beherrschen – wenn der Antrieb nicht stimmt, werden wir immer schlechter darin, bis wir irgendwann hinschmeißen oder gekündigt werden. Um eine Aufgabe zu finden, die uns glücklich macht, müssen wir zwei Dinge beachten: was wir natürlicherweise gut können und was uns antreibt.

Dafür müssen wir auf unsere Emotionen achten. Ein Beispiel: Du bist immer wieder frustriert, dass am Ende des wöchentlichen Meetings keine konkreten Ergebnisse stehen. Du bist genervt, weil dir die Ansagen von deinem Chef zu schwammig sind. Bei Teamarbeiten bist du die Person, die auf ein Ergebnis hinarbeitet, und bist gereizt, wenn andere ihre Zeit mit Gesprächen verschwenden, die das Team nicht weiterbringen. Das könnte auf einen Wunsch nach Präzision deuten, was wiederum oft dazu führt, dass du besonders detailorientiert bist. Das ist eine Stärke, die oft zunächst negativ ausgelegt wird: Genervt sein gilt meistens als schlecht. Doch in diesem Fall ist es sehr hilfreich: An dem, was dich nervt, kannst du erkennen, was du dir wünschst – und oft daraus schließen, worin du gut bist und was möglicherweise die passende Position oder der richtige Beruf für dich wäre. Deine Emotionen deuten auf unsere unbewussten Wünsche hin. Doch wo sollst du beginnen? Wie erkennst du, was dich wirklich antreibt und woraus du realistischerweise einen Beruf gestalten kannst? Dazu müsste dir zunächst einmal jemand zuhören.

> Wenn uns eine Aufgabe nicht glücklich macht, können wir sie noch so gut beherrschen – wenn der Antrieb nicht stimmt, werden wir immer schlechter darin.

millionways funktioniert als Anlaufstelle, die genau das macht. Diejenigen, die nicht wissen, was ihre Stärken und ihr Antrieb sind, können das mit verschiedenen Tools herausfinden. Dafür werden wir Persönlichkeitstests, ein Hypnose-Coaching, eine Smartphone-App und einiges andere anbieten. Zusätzlich gibt es weiterhin das Herz von *millionways*, die Interviews. Natürlich können wir nicht mehr jeden Interessenten ausführlich befragen, aber das ist auch gar nicht erforderlich: Diejenigen, die genau wissen, wer sie sind und was sie wollen, können zum Beispiel direkt vernetzt werden. Für die anderen gibt es unser Interviewteam.

Anders als in einem üblichen Fragebogen stellen die Talentbetreuer emphatische Fragen, die sich meist erst im Gespräch ergeben. Wir schauen nicht in erster Linie auf formale Qualifikationen, sondern auf das, was eine Persönlichkeit ausmacht. Wir fragen nicht nach Fakten und Antworten, die man sich zurechtgelegt hat, sondern nach Bildern, die der Anrufer im Kopf hat, nach schönen Erinnerungen, nach dem Unbewussten, nach all dem, worum es in diesem Buch schon ging. Im Lauf des Gesprächs hören wir von Erlebnissen aus der Vergangenheit, Dingen, die man als Kind stundenlang gerne gemacht hat, aber auch Ereignissen, die einen emotional berührt haben. So bauen wir uns langsam einen Zugang zum Unbewussten und können herausfinden, was uns wirklich antreibt.

Meistens ist bereits das ein riesiger Fortschritt. Die Anrufer beginnen, oft zum ersten Mal überhaupt, auf ihr Inneres zu hören, es wahrzunehmen und, viel wichtiger, dem auch einen Wert beizumessen. Feedback von außen ist dabei recht nützlich: Meist ahnen wir nicht einmal, dass wir überhaupt Talente oder Stärken besitzen – wir nehmen sie schlichtweg nicht als Stärken wahr, eben weil wir sie schon immer hatten. Aber wenn ein Außenstehender uns sagt, dass wir etwas gut können, nehmen wir das ernst. Und das ist der erste Schritt zur

Potentialentfaltung: die eigenen Talente zu erkennen und ernst zu nehmen.

Danach kann man sortieren: Was für ein Beruf oder eine neue Aufgabe könnte das sein? Welche Qualifikationen fehlen? Welche Talente bräuchte die Person in ihrem Team als Ergänzung? Ließe sich daraus eine Geschäftsidee stricken? Und das ist die Aufgabe von *millionways*: praktische Wege zu finden, damit jeder sein Potential entfalten kann.

Wer sich bei *millionways* anmeldet, wird zunächst in unsere Datenbank aufgenommen. Die Person bekommt nach und nach die oben genannten Tools zur Verfügung gestellt. Mit jedem Tool lernen wir die Person – und sie sich selbst – besser kennen. Unser selbstlernender Algorithmus kann sie von Anfang an vernetzen; mit jedem genutzten Tool oder geführten Interview wird ein Ergebnis wahrscheinlicher und passender.

Sowohl der Algorithmus als auch unsere Talentbetreuer suchen nach Wegen und Möglichkeiten für das entdeckte Potential. In erster Linie sind es Gleichgesinnte. Ich habe bereits beschrieben, wie sehr unser Lebensweg davon abhängt, welchen Menschen wir begegnen – ob sie uns fördern oder bremsen, inspirieren oder entmutigen, gute Ratschläge geben oder in die Irre führen. Unser Umfeld ist meistens begrenzt, und es ist eine Glückssache, die richtigen Menschen zu treffen. Doch was wäre, wenn wir häufiger im richtigen Moment genau den richtigen Menschen begegnen würden? Das könnte die gesamte Wirtschaftswelt verändern. Und da setzen wir an: *millionways* bringt Menschen zusammen, die sich gegenseitig inspirieren und ergänzen, die die gleichen Werte und Ziele haben, aber unterschiedliche Talente. Wenn eine Verlegerin seit langem von einem eigenen Biohof träumt, schauen wir in die Datenbank und finden, wer zu ihr passen könnte. Dann bringen wir sie beispielsweise mit einem BWLer zusammen, der gerne etwas in der Natur machen würde, und einem Designer, der etwas Eigenes aufbauen möchte, am liebsten auf dem Land. Oder mit einem Rentner, der früher auf einem Biohof gearbeitet hat und ein Mentor sein könnte.

Da wir nicht nur Daten und Fakten speichern, sondern auch Persönlichkeiten, haben wir einen recht guten Einblick in Charaktere und merken, wer zueinander passt und wer nicht. Diese Kombination aus Empathie und Algorithmen ist bisher einzigartig. Aus solchen Teams entstehen oft sogar neue Geschäftsideen und Unternehmen – aber auch etwas, was nicht messbar ist, nämlich Inspiration. Wenn sich die richtigen Menschen begegnen, geben sie sich gegenseitig neue Impulse. Das geschieht oft unbewusst und lässt sich nicht steuern.

millionways vernetzt auch mit Organisationen, Projekten und Unternehmen. Auch hier schauen wir in erster Linie auf die Persönlichkeit und die Unternehmenskultur: Passen sie zueinander? Wird der Bewerber glücklich mit diesem Job, wird er für seine Stärken geschätzt? Passt er zum restlichen Team? Natürlich müssen auch die Qualifikationen passen. Ein Sprachlehrer kommt sicher nicht als Programmierer in Frage, aber wenn ein Programmierer mit Cobol-Kenntnissen gesucht wird, ist es aus unserer Sicht wichtig, dass er die richtige Person ist, die lange im Unternehmen bleiben wird – eine bestimmte Programmiersprache kann sich ein guter Programmierer immer noch beibringen.

Viel zu oft fehlen die Wege, um mit eigenen Vorstellungen und Ideen weiterzukommen – genau das kann *millionways* multiplizieren. Die Vielfalt von Individualität, die sich gegenseitig potenziert, und die Komplexität der daraus entstehenden Veränderungen, lassen sich kaum darstellen und würden nicht nur dieses Buch sprengen, sondern ganze Buchreihen füllen.

Wenn viele Menschen mit unterschiedlichen Erfahrungen und Wünschen aufeinandertreffen, ist das wie ein Dominoeffekt. Auf vollkommen neue Art entstehen Teams – wie bei der Zusammenarbeit mit den Senioren. Wenn nicht, vernetzen wir neu. Althergebrachte Strukturen werden fast unweigerlich aufgebrochen und neu gedacht. Aus den Teams entstehen Ideen, die vielleicht schon lange in den Köpfen schlummerten. Aus den Ideen entstehen neue Visionen, Projekte oder Unternehmen. Erfolgreiche Beispiele inspirieren dann ihr Umfeld, das sich vielleicht vorher den ersten Schritt noch nicht zugetraut hat. So soll eine authentische Bewegung entstehen – das wünsche ich mir.

Ein gutes Beispiel sind drei Menschen, die sich unabhängig voneinander bei *millionways* anmeldeten: Jacqueline aus Kiel träumte ihr Leben lang davon, einmal auf einem Gnadenhof zu arbeiten, einem Bauernhof also, auf dem todkranke Tiere bis an ihr Lebensende in einer schönen Umgebung leben und gepflegt werden. Natürlich war ihr klar, dass Sie damit niemals Geld verdienen würde, was sie sehr frustrierte. Carsten war ein Gastronom aus Berlin, der ziemlich erfolgreich war und sein nächstes Restaurant auf dem Land eröffnen wollte – er stellte sich eine Art Erlebnisrestaurant für Städter vor. Und Helmut aus dem Ruhrgebiet, ein Journalist, hatte einen verfallenen Hof geerbt und wusste nicht, was er damit anfangen sollte.

Beim Lesen wird einem schnell klar, dass sich diese drei Menschen mal unterhalten sollten. Aber wo würden sie sich im normalen Leben begegnen? Bestenfalls durch einen glücklichen Zufall. In diesem Fall sind die drei dank *millionways* zwar zusammengekommen, aber bislang ist daraus nichts weiter entstanden – was vielleicht noch kommen wird. Denn auch das ist ein Teil von *millionways*: Wir geben Wege und Impulse, aber wir nehmen niemanden an die Hand. Es geht um Eigeninitiative und gebündelte Energie von Menschen. Wenn einmal nichts entsteht, ist das nicht weiter schlimm - aber zumindest eine greifbare Möglichkeit gibt es.

Im Lauf der letzten Jahre habe ich durch *millionways* an verschiedensten Ideen, Projekten und Unternehmen teilhaben können. Tausende Interviewpartner haben uns ihre Träume, Wünsche und Bedürfnisse anvertraut, aber auch die wichtigen Fragen unserer Zeit: Was wird die Zukunft bringen? Wie soll die Zukunft aussehen? Wie kann ich die Zukunft mitgestalten? Dabei haben wir unermesslich viel Input bekommen. Im Folgenden möchte ich einige – vielleicht utopisch wirkende – Gedanken zusammenfassen. Wichtig ist mir dabei immer, dass nicht gegen die bisherige Struktur gearbeitet wird, sondern parallel zu ihr oder gemeinsam mit ihr.

Schulen

Es sind sich wohl alle darüber einig, dass sich unser Bildungssystem grundlegend ändern muss. Nur wie – darüber wird seit langem heftig gestritten. Was wäre eine Alternative? Ich glaube nicht daran, dass das Schulsystem reformiert werden kann, indem man sich lediglich ein paar kreative Fächer ausdenkt und die Lehrer »Lernbegleiter« nennt. Es muss sich ganz grundsätzlich etwas ändern. Pädagogik mit wirklichem Sinn würde Lebensförderung bedeuten und würde auch modernen Lehrern mehr Freude und Sinn geben.

Individuelle Persönlichkeiten in ein und dieselben Strukturen zu pressen kann niemanden glücklich machen – weder Lehrer noch Schüler. Schlimmer noch, es kostet uns Geld, Talente, Innovationen, motivierte Mitarbeiter und spektakuläre Erfindungen. Das könnte verhindert werden, wenn wir weniger starr und konventionell vorgehen würden.

Allerseits wird über die notwendige Wandlung der Schule diskutiert, doch die bisherigen Reformen sind zumeist ein Desaster. Dabei gibt es tatsächlich alternative Konzepte: Projektschulen funktionieren sehr oft, alle Beteiligten sind glücklich, das ist hinreichend belegt – und dennoch wird es im Großen nicht umgesetzt. Weil eben die Strukturen zu starr und nicht agil sind. Daher ein scheinbar waghalsiger Gedanke: Wie wäre es mit der Abschaffung der Schule? Zugegeben, das klingt radikal. Aber das sehe ich anders. Ein Schiff zu verlassen, das auf ein Eisberg zusegelt, ist nicht radikal, sondern das einzig Vernünftige.

Statt Klassenlehrern könnte man dezentrale pädagogische Berater einsetzen, die wie bisher zwanzig Schüler betreuen, jedoch auf ungleich individuellere Art. Man könnte die Kinder zuhause treffen, manchmal sogar gemeinsam mit den Eltern, jeden Tag vier Kinder. Zusammen würden sie an den jeweils wichtigen Themen arbeiten. Dabei könnte der pädagogische Berater wahrnehmen, wenn mehrere Kinder gut zusammenpassen und sich ergänzen und Lerngruppen zu spezifischen Themen bilden.

Dieser beratende Typus Lehrer würde seine Schüler während der Schuljahre durch ihr Leben begleiten, ähnlich wie ein Mentor. Der Modus wäre, darauf zu achten, was jedes einzelne Kind ganz individuell kann oder lernen könnte. Sollten Lücken deutlich werden oder Talente zu fördern sein, können Experten aus einem regionalen Netzwerk zu Rate gezogen werden. Dies kann in Kooperation mit anderen Organisationen erfolgen. Ob das Kind gern redet, spielt oder rappt – jedes dieser Talente ließe sich auf diese Weise von Anfang an individualisieren und stringent fördern. Gleichzeitig würden die Schüler sich in Lerngruppen gegenseitig inspirieren und auf neue Gedanken bringen – vielleicht tritt dann sogar ein vollkommen unerwartetes weiteres Talent zu Tage.

Ich habe bereits das afrikanische Sprichwort erwähnt, das besagt: »Um ein Kind zu erziehen, braucht es ein ganzes Dorf.« Die Botschaft impliziert, dass der elterliche Einfluss allein nicht ausreicht, um ein Kind zu einem zufriedenen, erfolgreichen und sozial kompetenten Menschen zu erziehen – alle Dorfbewohner sollten bei dieser Aufgabe mithelfen. In vielen Reden und Artikeln muss dieses Sprichwort für völlig verzerrte Betrachtungsweisen unserer Zeit herhalten: Da das Dorf beziehungsweise das Umfeld nicht mehr erziehend wirke, müssten Erzieher, Lehrer und andere Fachleute den Job eben machen. Nein, das ist nicht der Fall! Durch die individuelle Herangehensweise mit Experten aus dem regionalen Netzwerk und dezentralen pädagogischen Beratern könnte man das sprichwörtlich gemeinte Dorf an der Ausbildung der Kinder beteiligen. So kämen beispielsweise auch Rentner mit ihrem großen Erfahrungsschatz als Experten für bestimmte Themen in Frage oder Profimusiker, die Kindern aus erster Hand erzählen, was für ein harter Weg es ist, tatsächlich Rapper zu werden. Ihnen werden die Kinder eher glauben als einem Lehrer, der das nur theoretisch erklären kann.

Wenn mehr Menschen einem Job nachgehen könnten, auf den sie wirklich Lust haben und der mit ihren individuellen Bedürfnissen und Wunschzeiten vereinbar ist, hätten sie auch mehr Zeit für solche pädagogischen Einsätze und würden sich vermehrt an sozialgesellschaftlichen Belangen beteiligen. Immerhin liegt Deutschland mit seiner Engagementquote über dem europäischen Durchschnitt. Das Ergebnis einer Umfrage in Deutschland zu ehrenamtlicher Tätigkeit in den Jahren von 2012 bis 2016 zeigt, dass in der deutschsprachigen Bevölkerung ab 14 Jahren rund 13 Millionen Personen angaben, ein Ehrenamt innezuhaben beziehungsweise unentgeltlich in einer Bürgerinitiative, einem Sportverein, einer sozialen Organisation oder Ähnlichem tätig zu sein.[61]

Der Freiwilligkeitssurvey 2009 des Bundesministeriums für Familie, Senioren, Frauen und Jugend nennt eine Reihe von Motiven für das Ehrenamt. Dazu gehören vor allem der Spaß an der jeweiligen Tätigkeit, die Chance, etwas für das Gemeinwohl zu tun und sein Umfeld zumindest im kleinen Rahmen mitzugestalten, sowie die Gelegenheit, den eigenen Horizont zu erweitern und neue Fähigkeiten zu erlernen. Vor allem junge Menschen bewegt oft der Wunsch, etwas gemeinsam mit anderen zu erleben und sich dabei sogar weiterzubilden. Die Älteren möchten eher ihre Kenntnisse an andere weitergeben und auch nach der Berufstätigkeit einer sinnvollen Aufgabe nachgehen.[62]

Das deckt sich im Großen und Ganzen mit den Ergebnissen der *millionways*-Interviews. Unsere Gesprächspartner sind bereit, sich selbst und ihre Ressourcen an Zeit, Talent und auch Geld für soziale, sinnhafte, gesellschafts- und umweltpolitische Tätigkeiten einzubringen und das eigene Lebensumfeld selbstverantwortlich mitzugestalten. Besonders beeindruckend sind für unser Team immer wieder Anrufer, die sich bei uns anmelden, fünf Euro Gebühr zahlen, auf einen Interviewtermin warten und uns dann sagen, dass sie selbst eigentlich gar nichts brauchen, sondern nur helfen wollen. Das kommt unerwartet oft vor, gerade bei den über Fünfundvierzigjährigen.

Das Engagementpotential in Deutschland ist groß: 24 Millionen Menschen sind »bestimmt« oder mindestens »eventuell« bereit, eine Freiwilligentätigkeit zu übernehmen.[63] Der Rückschluss liegt also nahe, dass bei bedarfsorientierterer Lebenszeitgestaltung noch mehr Menschen die Energie frei hätten, sich Zeit füreinander zu nehmen – auch für eine so wichtige Angelegenheit wie die Bildung der nächsten Generationen. Mit solchem Vorgehen hätten wir nicht nur eine solidarischere Gesellschaft, sondern auch eine effizientere. »Als gesellschaftliche Auswirkung freiwilligen Engagements ist an dieser Stelle festzuhalten, dass Freiwillige über die Vernetzung mit ›Gleichgesinnten‹ Vereinigungen und Assoziationen schaffen, die auf allen Ebenen der politischen Öffentlichkeit gestaltend eingreifen.«[64]

Zunächst ist das eine Vision, die in der Praxis naturgemäß nicht ganz simpel umzusetzen ist. Ein solcher Wandel des Bildungssystems zielt nicht, wie viele andere Initiativen, gegen das bestehende System, sondern lässt sich parallel dazu aufbauen – wie *millionways* dies bislang in anderen Bereichen bereits tut.

Dass derartige Projekte möglich sind, zeigen Länder, die modern und offen genug für derartige Versuche sind, zum Beispiel die Schweiz. Dort wird seit zweieinhalb Jahren das Unterrichtsmodell »Selbstorganisiertes Lernen« (SOL) praktiziert: Schüler legen hierbei selbst fest, wann sie was und wie lernen. Bei diesem Modell steht der Mensch mit seinem individuellen Hintergrund und seinen Bedürfnissen im Mittelpunkt: »Ein Mensch tut nichts ohne Grund – er sollte daher stets wertgeschätzt werden. Ziele und Pläne sind nicht in Stein gemeißelt, sie sind eine Orientierung im ständigen Entwicklungs- und Veränderungsprozess.«[65] Selbstverständlich regt sich Protest – und genau deswegen müssen derartige Piloten autark und parallel zur bisherigen Struktur starten und sich in der Praxis bewähren. Darüber darf man allerdings nicht den Anspruch vergessen, sie bei Erfolg auszuweiten und perspektivisch zur Normalität werden zu lassen.

Auch in Deutschland regt sich regelmäßig Protest, wenn irgendetwas an den konventionellen Schulformen geändert wird. Das hat die Einrichtung von Reformschulen nach schwedischem Modell ebenso gezeigt wie die Einführung von Stadtteilschulen oder einer zeugnisfreien Grundschulzeit. Im Verhältnis zu den hier genannten Gedanken sind das sehr behutsame Veränderungen. Die Ängste der sturmlaufenden Eltern sind vielleicht der Erfahrung der Babyboomer-Generation gezollt, die sich bis heute in den Köpfen festgesetzt hat. In Zeiten geburtenstarker Jahrgänge wurde auf ein Leistungssystem der Auslese gesetzt, in dem die besten Noten die größten Chancen bedeuteten. Auch die Proteste aus dem Lehrerkollegium fußen in traditionellen Denkmustern, aus denen man sich nicht herausbewegen will. »Wirkliche Umwälzungen beginnen damit, daß nicht wir den Stein umwälzen, sondern der Stein uns«, sagte der Franziskaner Peter Amendt.[66]

Ein weiteres Beispiel für eine neue Arbeit innerhalb des bestehenden Systems ist die Bildungsinitiative *Teach First Deutschland*, mit der *millionways* seit einigen Jahren kooperiert. Der primäre Ansatz ist eben nicht, das System irgendwann in der Zukunft verändern zu wollen, sondern den Schülern *jetzt* zu ermöglichen, das Beste aus ihm herauszuholen. Dazu werden ergänzend zu den Lehrern derzeit hundertfünfzig Teach-First-Deutschland-Fellows an »Brennpunktschulen« geschickt, um dort gemeinsam mit den Lehrern spezielle Lern- und Förderangebote zu entwickeln und umsetzen. Diese Fellows sind Hochschulabsolventen aller Fachrichtungen. Das Ziel ist es, bislang benachteiligten Kindern bessere Bildungschancen zu ermöglichen. Dabei wird oftmals je nach Fellow mit ähnlichen Ansätzen gearbeitet wie bei *millionways*. Mit mehreren Fellows bundesweit führt *millionways* die »Talent Ag« durch. Diese Arbeitsgemeinschaft ist ein professionell entwickeltes Konzept, das Schülern dabei hilft, einen Zugang zu ihrer intrinsischen Motivation, ihren Wünschen und ihren Ressourcen zu bekommen. Die »Talent Ag« leistet damit einen Beitrag zur Chancengerechtigkeit, denn ein Talent ist frei von sozialer Herkunft. Wir wollen Schüler dabei unterstützen, ein selbstbestimmtes Leben zu führen, genau wie wir es bei *millionways* generell mit Erwachsenen tun.

Der Stein großer Veränderungen ist also auch in Deutschland längst ins Rollen gekommen. Es ist nun an uns, mit zeitgemäßen Antworten das Beste daraus zu machen. Gewiss müssen sich dazu auch Gesetze ändern. In Ländern wie den USA haben die Eltern das Recht, ihre Kinder zuhause zu unterrichten (»Homeschooling«). Immer mehr Eltern wollen nicht mehr auf Reformen warten und werden selbst zu Lehrern. 1,5 Millionen Kinder wurden einer Befragung des US-Bildungsministeriums zufolge zuhause unterrichtet. Dafür nennen die Eltern vor allem drei Gründe: »Sie wollen sie nicht dem schlechten Schulklima aussetzen, sie wollen ihnen ihre eigenen religiösen und moralischen Werte weitergeben, und sie sind mit der Leistungsvermittlung der Schulen unzufrieden.«[67]

In Deutschland ist es strafbar, seine Kinder zuhause zu unterrichten. Wer seine Kinder von der regulären Schule abmeldet, muss mit hohen Bußgeldern und im schlimmsten Fall sogar mit dem Entzug des Sorgerechts rechnen. Welch ein Irrsinn, denn was früher seine Berechtigung hatte, ist längst nicht mehr zeitgemäß. Unrealistisch kann die Grundidee des Homeschoolings kaum sein, schließlich gibt es schon einige Erfahrungen. So sind in Hamburg etwa die Elternsprechtage durch sogenannte Lernentwicklungsgespräche (LEG) ersetzt worden, die einmal im Jahr gemeinsam mit Eltern stattfinden. An einigen Schulen gibt es darüber hinaus ein weiteres Gespräch, das die Klassenlehrerin nur mit dem Kind führt, wie es an der Winterhuder Reformschule in Hamburg praktiziert wird: Hierbei werden auf Grundlage des individuellen Lernstands des Schülers Lernziele ausgelotet und vereinbart, die das Kind sich für das nächste Halbjahr vornimmt. All dies wird altersgerecht mit Hilfe von Selbsteinschätzungsbögen vorbereitet. An dieser Reformschule geben sich am Ende des Schuljahrs Schüler und Lehrer zudem ein Feedback, ob die Ziele erreicht wurden oder warum dies nicht der Fall war. Das berichtete uns eine unserer Interviewpartnerinnen, der diese Schule die Begeisterung zum Lernen zurückgegeben hatte. Wir sehen erneut: Eine Reformschule kann erfolgreich sein. Aber wie lässt sich diese Arbeits- und Denkweise in das gesamte System übertragen?

»Wer den Wandel will, muss wagnisbereite Zentren des Wandels schaffen. Der große Tanker Schulsystem ist viel zu unbeweglich, um jene notwendigen Neuerungen rechtzeitig auszuprobieren und auch die nie ausbleibenden Untiefen vorauseilend ausloten zu können, die bei der Ausfahrt ins offene Meer unweigerlich auf einen zukommen.«

So ist es von Otto Herz, einem deutschen Reformpädagogen, in »Schule der Zukunft. Die Futurumschule, Stockholm« zu lesen.[68] Diese Schule, so machen Filmberichte, Zeitungsartikel und nicht zuletzt die Pisa-Studie deutlich, hat im Schulvergleich nochmals besser abgeschnitten als die ohnehin erfolgreichen schwedischen Schulen. Hier lernen die Schüler in kleinen Teams ausschließlich selbstgesteuert, ein Logbuch ist dabei das Instrument zur Selbstbeobachtung. Die Schüler erhalten bis zur neunten Klasse überhaupt keine Noten und haben die Freiheit, sich ihre Lerngegenstände selbst zu wählen.[69] Erfolgreich, aber bislang nicht im ganzen System ausgeweitet. Dies, um nur einige Beispiele einer überaus erfolgreichen Schule jenseits der Vorstellung konventioneller deutscher Schulen zu nennen.

Selbstverständlich würde sich auch der Lehrerberuf wandeln, was sich auch viele wünschen. Denn Lehrer zu sein ist heute nicht immer eine Freude. Oft treten die jungen Pädagogen idealistisch an und wollen jungen Menschen etwas beibringen, zerbrechen dann aber viel zu oft an Formalismen, starren Lehrplänen sowie frustrierten und manchmal schwierigen Schülern. Die Auswirkungen sind deutlich, schließlich sind Lehrer eine der Berufsgruppen, die an Burnout leiden.

Dafür hat der Persönlichkeitsforscher David Scheffer, der sich auf die Messung unbewusster oder impliziter Motive spezialisiert hat, eine einfache Erklärung. Laut Forschung kann man die Dinge, die uns unterbewusst antreiben, auf drei Grundmotive reduzieren: Macht, Bindung und Leistung. Das Wort »Macht« ist, zumindest in Deutschland, sehr negativ besetzt. Es bedeutet aber an sich nichts Schlechtes, sondern schlicht den Willen zum Führen, Einfluss auszuüben, seine Umgebung zu gestalten und zu verändern. Sprich, eigentlich genau das, was man für Berufe wie Lehrer mitbringen müsste – genau wie Polizisten oder auch Unternehmer. Etwas in den Kindern bewegen zu wollen – und auch sich durchsetzen zu können – ist essenziell für diesen Beruf. Das Leistungsmotiv erklärt sich von selbst – man möchte besser werden, Fertigkeiten erlernen, etwas leisten. Das Bindungsmotiv bedeutet Anschluss an die Gruppe, Gruppenzugehörigkeit. Dazu gehört ebenfalls ein starkes Sicherheits- und Harmoniebedürfnis. Dies steht konträr dazu, etwas bewegen zu wollen, was meist mit dem Risiko einhergeht, auf Gegenwind zu stoßen.

Lehrer sollten also im Idealfall insbesondere sowohl ein Bindungs- als auch ein Machtmotiv haben und sich dessen möglichst bewusst sein, ansonsten ist Frust auf beiden Seiten vorprogrammiert: Wir alle kennen Lehrer, die sich nicht durchsetzen können – oder wollen. In einer dezentralisierten Schule könnten Lehrer sehr viel freier agieren, was ich auch in vielen Gesprächen mit Pädagogen immer wieder gehört habe: Viele Lehrer haben tolle Ideen für neuartiges Lernen, was aber an formellen Hürden oder am starren Lehrplan scheitert. Bewegen kann man so nicht viel, jedenfalls weniger als erhofft. Am Ende wird das positive Machtmotiv im Keim erstickt, und es bleibt nur die Suche nach Sicherheit.

Einer der zahlreichen Lehrer, die aus Überzeugung und durch ihre Erfahrung einen Wandel des Schulsystems befürworten oder bereits daran arbeiten, ist Martin Heusler. Er spricht deutliche Worte in seinem Aufruf zur Gründung einer Reformschule:

»Als sozialromantischer und idealistischer Lehrer habe ich die Schule betreten. Das war sicherlich naiv. Es hat manche Jahre, Kämpfe, Enttäuschungen und Einsichten gebraucht, um zu dem Entschluss zu gelangen: Als Zyniker und resignierter Mensch werde ich sie nicht verlassen! Dann dauerte es noch geraume Zeit, um zu der Überzeugung zu gelangen, dass wir pädagogische Schulentwicklung, eine neue Lernkultur, die Entwicklung demokratischer und sozialer Kompetenzen und manches mehr brauchen ...«[70]

Universitäten

Wenn man vom Wandel der Schulen spricht, sollte man die Universitäten gleich mitdenken. Da ich selbst nie studiert habe, möchte ich mich mit meiner Kritik nicht allzu weit aus dem Fenster lehnen. Doch habe ich mit genügend Menschen gesprochen, die mit ihrem Studium unzufrieden waren oder es von Anfang an nur aus rationalen Beweggründen angefangen haben. Meist schildern sie dieselben oder zumindest sehr ähnliche Gründe. Grob kann man diese Kritiker in zwei Lager unterteilen.

Die einen, ich nenne sie »Bildungsidealisten«, studieren aus Interesse am Fach und beschweren sich darüber, dass das Studium zu oberflächlich ist. Unter ständigem Zeitdruck müssen sie Klausuren und Hausarbeiten abgeben, worunter ein echter

Bildungsansatz leidet, da keine Zeit bleibt, tiefer in ein Thema einzusteigen. Sie beschweren sich über Anwesenheitspflichten, über Seminare, in denen sie sich kaum noch mitzudiskutieren trauen, da sie fürchten, mit den schnell angerissenen Themen nicht mehr fundiert genug mithalten zu können. Studenten kritisieren vor allem, dass das Studium kein Bildungsideal mehr verfolgt, sondern nur noch auf »Employability« achtet. Kurz gesagt beschweren sie sich darüber, dass es um ihre Verwertung auf dem Arbeitsplatz geht und nicht darum, wirklich etwas Fachliches zu lernen.

Das zweite Lager moniert das genaue Gegenteil. Ich würde sagen, das sind die Pragmatiker. Studenten, die zielgerichtet auf einen Job hin studieren: Sie wollen nur das lernen, was sie in der Praxis gebrauchen können, und oft suchen sie einfach nur die Sicherheit, dass Bachelor oder Master ihnen einen lohnenden Job verschaffen.

Zugegeben, ich wäre sicherlich eher ein Bildungsidealist gewesen, doch ich kann die Pragmatiker ebenfalls verstehen. Was mich fasziniert, ist, dass Universitäten in ihrer jetzigen Form keine dieser beiden Gruppen zufriedenstellen können. Die Bologna-Reform hat zu einer Verschulung des Studiums geführt, die Studenten Wahlfreiheiten und die nötige Zeit nimmt, sich eingehend mit einem Thema zu befassen. Diese Hochschulreform wurde zum Synonym für Effizienzdruck und sinnentleertes Turbolernen. Studenten, die sich in Wissenschaftsbereichen orientieren und umfassend bilden wollen, sind schlicht unterfordert. Die Pragmatiker, die eine zielgerichtete Ausbildung erwarten, sind ebenfalls enttäuscht und auf ihre Weise ebenfalls unterfordert. Zwar unterscheiden sich beide Studententypen komplett voneinander, aber sie eint die Kritik: zu starre Strukturen, zu wenig Wahlfreiheit, sich in die eine oder andere Richtung zu orientieren. Das ist eine riesige Ressourcenverschwendung.

Heute studieren mehr Menschen als jemals zuvor, und das allein wird als Erfolg gefeiert – ohne zu schauen, ob es den Einzelnen am Ende überhaupt zum Erfolg geführt hat! Wer hohen Erwartungen ausgesetzt ist und zugleich wenige Entscheidungsspielräume hat, wird schnell unzufrieden. Die Wissenschaft kennt das seit 1979 als Demand-Control-Modell,[71] mit dessen Hilfe sich ziemlich gut erklären lässt, warum manche Arbeitnehmer unglücklicher im Job sind als andere. Hohe Anforderungen und wenig Freiheit bedeuten demnach ein Risiko für die seelische und körperliche Gesundheit. Wissenschaftler empfehlen daher unter anderem mehr unbenotete Lehrveranstaltungen und längere Regelstudienzeiten.[72] Aber ein längeres Studium ist in dieser Reform nicht vorgesehen, ganz im Gegenteil. Zehn Jahre nach dem Start des Bologna-Prozesses sehen die Direktoren der deutschen Hochschulen schwere Mängel in der Reform: Die Mobilität der Studenten sei eingeschränkt, die Studienzeiten seien verkürzt.[73]

Die Ansprüche der Arbeitgeber hingegen sind gestiegen: Für viele Jobs wird Abitur und Studium vorausgesetzt. Aber ergibt das überhaupt noch Sinn? In einem Gespräch mit einem Personalvorstand eines Großunternehmens habe ich als Grund einmal gehört: »Jemand mit abgeschlossenem Studium hat zumindest schon bewiesen, dass er etwas durchziehen kann, diszipliniert ist und sich gut in bestehende Strukturen fügen kann.« Na super, das ist ja ein trauriger Beleg für so einige Thesen in diesem Buch. Auch wenn das vielleicht nur eine Einzelmeinung wiedergibt – überzeugende Gründe, ein Studium vorauszusetzen, finden sich in vielen Berufsbildern schlicht nicht.

Wenn Arbeitgeber aber in erster Linie nach Hochschulabsolventen suchen, führt das unweigerlich zu Fehlanreizen: Viele sehen sich gezwungen, ein ungeliebtes Studium zu absolvieren, nur um die Jobchancen zu erhöhen. Ginge es mehr um Talent, Eigeninitiative und Motivation, würden Studienplätze für diejenigen frei werden, die wirklich für dieses Fach brennen. Von einem Medizinstudium beispielsweise träumen viele junge Menschen, doch nur wenige von ihnen ergattern einen Studienplatz. Weil ein Arzt mehr Talent mitbringen sollte als nur einen Doktor mit »summa cum laude«, sollte nicht ein Numerus clausus über die Zugangsberechtigung zum Medizinstudium der Menschen entscheiden, die später unsere Wunden heilen sollen.

Wenn Arbeitgeber aber in erster Linie nach Hochschulabsolventen suchen, führt das unweigerlich zu Fehlanreizen.

Das Bildungssystem muss sich dahingehend wandeln, dass Menschen wieder studieren, weil sie in ihrem gewählten Fach oder generell in der Wissenschaft tätig sein wollen, unabhängig von Zeit und Alter. Bereits heute stellen Konzerne wie Google Menschen ohne College-Abschluss ein. Sie haben erkannt, dass formale Qualifikationen und das, was im Lebenslauf steht, nur eine begrenzte Aussagekraft besitzen. Viel mehr Wert wird auf Persönlichkeit und individuelle Stärken gelegt. Dennoch ist es bei Google selbst für kreative kluge Quereinsteiger, die etwas auf dem Kasten haben und die für etwas brennen, außerordentlich schwer, eine der heißbegehrten Stellen zu bekommen. Insgesamt ist man in der IT-Branche auf dem Gebiet der »Selbststudierenden« meist weiter als an unseren Unis.

Die Rolle der Hochschulen muss sich umfassend ändern. Sie sollten ein Ort werden, wo vorhandene Potentiale sich entfalten können und Talente gefördert werden. In Zukunft sollten Menschen ohne starre Lehrpläne individueller gefördert werden, und Menschen können aus Interesse und Wissensdurst studieren, nicht allein für den Arbeitsmarkt. Herauskommen würden selbstbestimmte, starke Persönlichkeiten, die etwas können und das auch wissen. Natürlich wären sie nicht mehr so leicht zu manipulieren und in Jobs zu pressen, weswegen sich in der Folge die Wirtschaftswelt ändern müsste.

Unternehmenskultur

Ein Großunternehmen ist im Grunde ein riesiges Potentialreservoir. Es ist wie eine eigene Stadt, mit teils Zehntausenden Menschen, einer eigenen Infrastruktur, eigenen »Gesetzen« und einer Kultur. Außerdem ist es ein Verbund von Zahnrädern, die im besten Falle reibungslos ineinandergreifen. Die Abläufe unterliegen spezifischen Gesetzen. Hunderte, tausende, zehntausende oder gar hunderttausende von Angestellten arbeiten zentral oder dezentral für eine in der Regel rein gewinnorientiert betriebene Organisation. Wohl nirgendwo sonst gibt es eine solche Häufung an starren Regeln und unverrückbaren Dogmen wie in Großunternehmen. Den reibungslosen Ablauf garantieren die Mitarbeiter, indem sie die verschiedenen Aufgaben erledigen, die eben anfallen. Dafür werden sie gebraucht. Das ist der ganze Sinn dieser Mikrostädte. Dass solche Großkonzerne nicht oder kaum am einzelnen Menschen orientiert sind und sein können, ist offensichtlich.

Doch es gibt gerade einige grundlegende Veränderungen: Die Babyboomer verabschieden sich in den Ruhestand, und die geburtenschwachen Jahrgänge wachsen nach – also sinkt der Pool potentieller Arbeitskräfte. Unternehmen sind sich zudem des Problems bewusst, dass Mitarbeiter nur noch eine geringe emotionale Bindung zu ihrem Arbeitgeber verspüren – also müssen sich Firmen wieder bei den Menschen bewerben und anfangen, sich um ihre »Unternehmenskultur« zu kümmern.

Unternehmen, die ausreichend qualifizierte Fachkräfte brauchen, müssen sich klar positionieren und ihre Vorteile deutlich machen. »Employer-Branding« heißt das vielversprechende neue Werkzeug, bei dem es nicht nur um die Gewinnung neuer Arbeitskräfte, sondern auch um Mitarbeiterbindung geht. Goodies wie Dienstwagen, Betriebsrenten, Personalrabatte, Kinderbetreuungen oder Betreuungszuschüsse sollen das Gehalt indirekt aufbessern. Man wirft mit neu entdeckter Unternehmenskultur geradezu um sich: Es werden Feelgood-Manager eingestellt, die Obst und Snacks aufstellen, Masseure bestellen und Teambuilding-Aktivitäten organisieren. In einem bekannten Beratungsunternehmen hat jeder Mitarbeiter einen Kasten, in den Kollegen Zettel mit netten Worten reinwerfen sollen. In manchen Unternehmen wird Yoga oder Sport angeboten, oder die Mitarbeiter treffen sich zur gemeinsamen Meditation.

Das sind oberflächlich betrachtet schöne Initiativen, doch werden hier in meinen Augen die Symptome und nicht die Krankheit behandelt. Was nützen uns gemeinsame Yoga-Settings und ergonomische Stühle, wenn wir uns jahrelang durch 8-Stunden-Tage quälen? Ich finde das eher zynisch als hilfreich. Genau betrachtet sind das lediglich kosmetische Verschönerungen an einem Haus, das grundsaniert werden müsste. Ein grundsätzliches Umdenken ist nötig. Nur – wie soll das passieren? Bei Einzelnen sind solche Fragen schon längst angekommen, aber erneut zeigt sich, dass die Struktur an sich selbst dann nicht so einfach zu ändern ist, wenn die führenden Köpfe das wollen.

Der Trend sollte eindeutig in Richtung individualisierter Arbeitsplätze gehen, bei denen man nicht mehr an Arbeitsplatzbeschreibungen denkt, sondern an Aufgaben. Immer mehr Menschen machen individualisierte Jobs oder schaffen sich ihre Stelle selbst. So vermeidet man auch eine riesige

Ressourcenverschwendung, die gerade bei Großunternehmen gang und gäbe ist. Unregelmäßige Aufträge oder in Zeit und Aufwand unterschiedlich große Arbeitsvolumen können in starren 9-to-5-Jobs nicht wirtschaftlich erledigt werden. Zudem können Talente der bestehenden Mitarbeiter nachgefragt werden, die in diesem Unternehmen bisher brachlagen. Auch fachbereichsferne oder bereichsübergreifende Aufgaben – etwa die Organisation eines Teammeetings, das Gestalten von Briefpapier, die Einrichtung der Büros, die Fotodokumentation der Firmenevents oder die Organisation einer Filialeröffnung – könnten projektorientiert und aufgabenbezogen von den Mitarbeitern erledigt werden, die dazu Lust haben und die notwendigen Fähigkeiten besitzen. Das setzt wiederum voraus, dass man seine Mitarbeiter wirklich kennt – und sie sich selbst.

Also sollten auch hier zielgerichtete Interviews geführt werden, um genau das herauszufinden und die eigenen Mitarbeiter besser einsetzen zu können. Doch solange kein grundsätzliches Umdenken erfolgt, das den Menschen mit seinem Talent in den Mittelpunkt stellt, laufen wir Gefahr, dass die neue Freiheit zugleich ein Risiko birgt: Individualisierte Arbeit innerhalb herkömmlicher Denkmuster bedeutet heute bereits prekäre Arbeitsbeziehungen von Freelancern, Unterbeschäftigungen wie Minijobs und projektorientierte Agenturen, die keine Festanstellungen mehr vornehmen, damit sie bei geringer Auftragslage die Hälfte der Belegschaft loswerden können.

Wenn wir in Zukunft nicht nur den greifbaren Talenten und dem gelernten Wissen der Berufsanfänger Bedeutung beimessen, sondern eben auch ihrer Persönlichkeit und den weichen Faktoren wie menschliche Eigenschaften, dann kommen wir einer menschenorientierten Arbeitswelt wesentlich näher. Denn dann geht es um inhaltsgetriebene Motivationen.

Hier sehe ich ein Problem der heutigen Start-up-Mentalität: Start-ups werden oft von Investoren oder »Inkubatoren« gegründet, die einen Geschäftsführer einsetzen, der dann alles umsetzen soll. Das hat ungleich weniger Tiefe, Authentizität und Sinnhaftigkeit, weil sie eben nicht aus den Beteiligten selbst heraus kommen, sondern oft am Reißbrett entworfen werden. So kann dann auch keine nachhaltige Unternehmenskultur entstehen. Obgleich es immer moderner wird, eine »Unternehmenskultur« zu schaffen und darauf zu achten, dass der Mitarbeiter auch »ins Unternehmen passt«, ist dies bei Licht betrachtet erneut nur ein Mittel zum Zweck.

Eine Unternehmenskultur kann nicht verordnet werden, sie entwickelt sich über Jahre und wird durch die Mitarbeiter getragen. Früher entstand eine gemeinsame Kultur automatisch, oft über viele Jahrzehnte hinweg: Der Gründer oder der Firmeninhaber besaß einen bestimmten Charakter, und er suchte sich seine Mitarbeiter passend dazu aus. Heute werden Unternehmenskulturen oft von externen Beratern oder PR-Agenturen entworfen, manchmal sogar unter dem Deckmäntelchen, die Mitarbeiter dabei einzubeziehen. Doch was am Ende herauskommt, sind häufig Konsenswerte, die zu fast jedem anderen Unternehmen passen.

Steve Jobs hisste einst die Piratenflagge vor Apple, und das meinte er wirklich ernst: Wir gegen die Etablierten und vor allem gegen den großen Gegner IBM. Das schweißte zusammen und war eben keine hohle Phrase, die sich auf irgendein x-beliebiges Unternehmen übertragen ließ. Wenn man heute Leitbilder googelt, liest man die immer gleichen Phrasen: »Unsere Kultur ist geprägt durch gegenseitiges Vertrauen und Wertschätzung.« Was um Himmels willen soll das bedeuten, und wem soll es etwas bringen? Diese Phrasen beantworten nicht im Geringsten die Frage: »Warum dieser Arbeitgeber?« Bei der Austauschbarkeit der propagierten Firmenkultur darf sich ein Unternehmen nicht wundern, wenn es tatsächlich gegen das nächste eingetauscht wird, sobald sich eine gewinnbringendere oder sinnhaftere Gelegenheit bietet.

Arbeitszeiten

Unternehmen versuchen auf die heutigen beruflichen Belastungen zu reagieren und sich auf die Arbeitswelt von morgen vorzubereiten. Sie demokratisieren ihre Entscheidungsprozesse, schaffen eine höhere Flexibilität, experimentieren mit neuen Arbeitsmodellen oder mit Jobsharing. Das ist begrüßenswert, geht aber nicht weit genug. Denn nach wie vor sind in den Köpfen alte Denkweisen verankert, die uns blockieren.

Warum muss es überhaupt »Arbeitszeiten« geben? Die Unzufriedenheit darüber ist mittlerweile überall zu spüren. Zuletzt haben Unternehmen in Göteborg die Arbeitszeit von acht auf sechs Stunden täglich reduziert, probeweise. Einerseits ist das sinnvoll, denn es gibt genug Studien, die zeigen, dass Menschen nach vier bis fünf Stunden Arbeit an Konzentration verlieren und folglich ihre Arbeitsleistung sinkt. Manche suchen Ablenkung in den sozialen Medien, andere dehnen ihre Zigarettenpausen aus. Wie auch immer man versucht, damit klarzukommen: Es ist nicht natürlich, acht Stunden am Tag im gleichen Kasten zu sitzen und auf einen Bildschirm zu starren. Doch ein Großteil heutiger Jobs läuft immer noch so ab, bei all den tollen Geschichten über innovative Arbeitsplätze, die man in den Medien lesen kann.

Rational betrachtet, kostet es Unternehmen Geld, wenn Mitarbeiter mehrere Stunden am Tag nicht oder unkonzentriert arbeiten. Und doch richten sich die meisten weiterhin nach diesem 9-to-5-Prinzip plus Überstunden, führen aufwendige Mechanismen und Konten zur Arbeitszeiterfassung ein, registrieren präzise, wenn Mitarbeiter das Büro verlassen, und geben ihnen die Möglichkeit, ihre Zeit »aufzusparen«, so dass sie bei vielen Überstunden länger Urlaub machen können. Für mich klingt das wie Sklaverei mit guter PR. Da ist die spanische Siesta klüger: Die Menschen arbeiten, machen eine lange Pause und arbeiten wieder.

Das alles wäre nicht nötig, würden wir uns vom Arbeitszeitmodell verabschieden. Genau wie jeder Mensch von einer individuellen Herangehensweise profitiert, gilt das auch für Unternehmen. Warum sich nicht an Aufgaben orientieren? Sie könnten von Mitarbeiterpools mit ergänzenden Talenten und Kompetenzen erledigt werden. Dabei geht es auch nicht einfach darum, die Arbeitsstunden zu reduzieren. Wenn man ein bestimmtes Ergebnis erreicht, dann ist es unwichtig, wann, wie und wo man das getan hat.

> Wenn man ein bestimmtes Ergebnis erreicht, dann ist es unwichtig, wann, wie und wo man das getan hat.

Nina Frank, 35, Assistentin der Geschäftsführung in einem Logistikunternehmen, gestaltet ihre Arbeitszeit selbst. Sie hat das seltene Glück, einen Arbeitgeber zu haben, der nicht darauf achtet, ob sie ihre wöchentliche Arbeitszeit absitzt, sondern ob die Aufgaben erledigt werden. Wenn sie ihre Arbeit in vier statt acht Stunden erledigt hat, hat sie den Rest des Tages frei. Viele ihrer Kollegen erledigen den Großteil ihrer Arbeit von zuhause und kommen nur dann ins Büro, wenn sie wirklich anwesend sein müssen. Auch den Urlaub können sie frei bestimmen, solange die Arbeit nicht darunter leidet. Immer mehr Unternehmen wagen solche Versuche: Sie legen ihre Zahlen offen, lassen ihre Mitarbeiter ihre Aufgaben, Arbeitszeiten oder sogar Gehälter selbst bestimmen. Dahinter steckt mehr als der bloße Wunsch, seine Angestellten zufriedenzustellen. Aus einem Angestellten kann auf diese Art ein wirklicher Mit-Arbeiter werden, jemand, dem das Unternehmen wirklich am Herzen liegt, weil er sich darin wertgeschätzt und als Person wahrgenommen fühlt.

Langfristig kann eine solche Vorgehensweise sich auch wirtschaftlich lohnen. Motivierte Mitarbeiter übernehmen eher Eigeninitiative, starten neue Projekte und sind daran interessiert, dass es dem Unternehmen wirtschaftlich gut geht, im Gegensatz zu solchen, die einfach ihre Zeit absitzen. Solche Strukturen »auszunutzen« und sich beispielsweise zu viel Urlaub zu nehmen – die erste Sorge der Chefs, die an alten Strukturen festhalten – würde schnell auffallen, und solche Mitarbeiter würden schnell ausgesiebt.

Ein weiterer Aspekt: Jene Jobs, die heute noch physische Anwesenheit erfordern, zum Beispiel in der Produktion, werden bald zu einem guten Teil aufgrund von Automatisierung und Robotisierung verschwinden. Andere Jobs, zum Beispiel als Verkäufer, können hingegen weiterhin von denen gemacht werden, die feste Arbeitszeiten mögen. Nur sollte dies eben nicht für sicher und unverrückbar gehalten werden.

Hierarchiegefüge

Was sind die häufigsten Gründe für Unzufriedenheit der Mitarbeiter? Achim Lohrie, Director Unternehmensverantwortung bei Tchibo, nannte in einem Gespräch mit mir vor allem zwei Punkte: mangelnde Wertschätzung und Kommunikation. Dabei erwarten jüngere Mitarbeiter in der Regel deutlich mehr explizit geäußerte Wertschätzung und partizipative Kommunikation als ältere. Unternehmen sollten insbesondere in diesen Punkten situativer agieren, um insgesamt die Zufriedenheit zu verbessern, so Lohrie. Doch was heißt Wertschätzung? Für Lohrie bedeutet Wertschätzung insbesondere die Übertragung von Aufgaben und Verantwortung, abhängig von der individuellen Erfahrung, Lob und Anerkennung bei guter Leistung sowie konstruktive Kritik bei Verbesserungspotential. Kurz: dass der Chef einen einfach machen lässt. »Zu starke Kontrolle wirkt kontraproduktiv«, meint Achim Lohrie.

Viele Unternehmen haben es noch nicht begriffen. Gerade in Großunternehmen habe ich schon öfter beobachtet, dass Abteilungsleiter sich mit Zeilenabständen in Briefen und Stiftfarben für die Unterschriften beschäftigen, um irgendeine »Leitungs«-Aktivität zu haben. Gerade auf der Ebene herrscht eine riesige Angst, sich überflüssig zu machen oder ersetzt zu werden – das ist gefährlich für das gesamte Unternehmen.

Wieso halten Unternehmen an alten Strukturen fest? Das ist ein weiteres Beispiel dafür, dass sich Strukturen verselbstständigen können. Ich habe mit mehreren Vorständen aus Dax-Konzernen gesprochen, die tatsächlich gern vieles anders machen würden, aber es »in der Struktur« nicht durchsetzen können. Woran genau Veränderungen scheitern, ist unterschiedlich: In börsennotierten Unternehmen am Aufsichtsrat, der keinen Bezug zur Alltagsarbeit hat. Bei Familienunternehmen am Eigentümer, der vielleicht sehr alt ist und antiquierte Vorstellungen hat. Bei fast allen Unternehmen an der Hierarchie, wenn eine gute Idee auf dem Weg nach oben versickert.

In der Verhaltensforschung gibt es den Begriff »Verantwortungsdiffusion«. Er benennt das Phänomen, dass wichtige Aufgaben nicht ausgeführt werden, obwohl viele Mitarbeiter das für notwendig halten und selbst dazu in der Lage wären. Eine Spielart davon ist der Zuschauereffekt. Bei einer Straftat kann die Wahrscheinlichkeit von Hilfeleistungen erheblich sinken, je mehr Menschen zuschauen. Ein bekanntes Beispiel hierfür ist der Mord an Kitty Genovese, einer New Yorkerin, die 1964 in Queens erstochen wurde. Mehrere Nachbarn beobachteten den Vorfall, insgesamt gab es über dreißig Zeugen – doch niemand rief die Polizei. In Wirklichkeit sahen die Zeugen, dass auch viele andere Menschen den Vorfall beobachteten, und gingen davon aus, dass jemand anders schon die Polizei rufen würde – das Verantwortungsgefühl war diffus.

Eine derartige Verantwortungsdiffusion kann man in Großunternehmen beobachten, in denen offensichtliche Aufgaben liegenbleiben, weil niemand sich verantwortlich fühlt. Und so halten die Manager und Mitarbeiter vieler Unternehmen an überholten und offensichtlich unsinnigen Praktiken, Prozessen oder Beziehungen fest. In meiner ersten Firma hatten wir ein Großunternehmen als Kunden. Für dieses recherchierte ich interessehalber einen neuen Verpackungslieferanten und konnte ein Angebot präsentieren, das 50 Prozent günstiger als der bisherige Lieferant war, zudem ein Familienbetrieb aus Deutschland statt eines Dienstleisters im Ausland – und dann konnte der auch noch schneller liefern. Im Unternehmen unseres Kunden hatte sich bisher augenscheinlich niemand verantwortlich gefühlt, Vergleichsangebote einzuholen, und so hielt das Unternehmen jahrelang an einem objektiv unattraktiven Angebot fest.

Start-ups und junge Unternehmen lehnen Hierarchien meist ab und wollen sie am liebsten komplett abschaffen – Basisdemokratie und Partizipation scheinen die Lösung zu sein. Ich befürworte weder klassische Hierarchien noch absolute Basisdemokratie. Beides kann nicht funktionieren.

Klassische Hierarchien mit mehreren Ebenen, Abteilungen und Arbeitseinheiten sind überholt und spätestens durch die totale Vernetzung innerhalb und außerhalb des Unternehmens unsinnig geworden. Das Beispiel Apple vs. Microsoft zeigte in den Neunziger- und Nullerjahren sehr gut, was solch ein Unterschied ausmacht. Bei Apple gab es – weil Steve Jobs es so wollte – weder Gremien noch Abteilungen. Es gab ein Produkt, und dafür wurden multidisziplinäre Teams zusammengestellt, die genau daran arbeiteten: Strategen, Grafiker, Ingenieure, Programmierer und andere. Bei Microsoft gab es damals ganz klassisch unterschiedliche Zuständige, die nur in Meetings miteinander sprachen und sich anschließend wieder isoliert an die Arbeit machten. Wer das Rennen gewonnen hat, wissen wir mittlerweile.

Auf der anderen Seite ist auch die absolute Basisdemokratie eine aus meiner Sicht nicht praxistaugliche romantische Vorstellung. Warum sollte man jeden Mitarbeiter an allen Entscheidungen beteiligen? Das hat keinen Sinn. Die Extrovertierten haben Vorteile gegenüber den Introvertierten, und es gibt immer die einen, die zu allem etwas zu sagen haben, und andere, die sich zurückhalten. Oft entsteht sogar eine neue Form von Bürokratie, wenn alle mitentscheiden. Laut Achim Lohrie sind lange Abstimmungsprozesse ebenfalls ein Grund für Unzufriedenheit: Wenn jeder mitrede, würden Entscheidungen und damit auch Erfolgserlebnisse verzögert, und das führe schlimmstenfalls zu Frustration.

Basisdemokratie ist also ebenso ineffizient wie ein starres Hierarchiegefüge. Sinnvoll und wichtig wäre also, einzelnen Mitarbeitern Verantwortung für ihren Bereich und ihre Aufgaben zu übertragen statt für Dinge, in denen sie sich möglicherweise nicht einmal besonders gut auskennen. Ich halte deshalb das Apple-Modell für nahezu ideal und vor allem an der Praxis orientiert. Es wäre doch viel schlauer, wenn ein inhaltsgetriebener »Leitwolf« Teams zu einzelnen Themen zusammenstellt und diese gemeinsam ein Ergebnis erarbeiten. Ein Leitungsgremium – wie die »Vision Crowd« bei *millionways* – sollte dieses im besten Fall auch akzeptieren oder mit konkreten Verbesserungswünschen an das Team zurückgeben.

Grundeinkommen

Ein Thema, was Hand in Hand mit einem umfassenden Wandel unseres Systems geht, ist das bedingungslose Grundeinkommen. Mit seiner Einführung würden Zwänge entfallen, einen bestimmten Beruf zu ergreifen – ein Anliegen, das mir und *millionways* sehr am Herzen liegt. Mit einem solchen Grundeinkommen würde ein wirklicher Arbeitsmarkt entstehen, auf dem sich die Menschen tatsächlich ihren Talenten und Wünschen entsprechend neu orientieren könnten. Arbeitnehmer und Arbeitgeber würden zudem gleichermaßen souverän die Arbeitsbedingungen und Gehaltsvorstellungen aushandeln können.

Schon lange wird über die Einführung eines bedingungslosen Grundeinkommens diskutiert. In Finnland kommt es jetzt tatsächlich, zumindest im Rahmen eines Experiments. Von 2017 an soll es mit zufällig ausgewählten Personen getestet werden, erklärte die finnische Sozialversicherungsgesellschaft Kela, die das Projekt verantworten wird.[74] Bleibt erneut die Frage: Wenn es erfolgreich verläuft, versandet es dann auch wieder in der Struktur, etwa wie bei den Bildungsreformen?

Gegner des Grundeinkommens behaupten, dass eine solche Zahlung die Menschen vom Arbeiten abhalten würde. Die Finnen sehen das anders: Sie wollen überprüfen, ob sich durch ein Grundeinkommen nicht sogar mehr Menschen in den Arbeitsmarkt integrieren lassen.[75] Das finnische Sozial- und Gesundheitsministerium ist ebenfalls zuversichtlich: Es will mit diesem Experiment sogar herausfinden, ob so das Sozialversicherungssystem komplett reformiert werden kann. Arbeitslosenversicherung, Rentenversicherung und Arbeitslosengeld durch diesen Transfermechanismus zu ersetzen, gilt als grundsätzlich brillante Idee.

Das Thema Grundeinkommen wurde von unterschiedlichsten renommierten Persönlichkeiten hinlänglich entwickelt, kalkuliert und ausgearbeitet, zum Beispiel von Götz Werner, dem Gründer der DM-Drogeriemarktkette.[76] Ich bin mir sicher, dass *millionways* ein Grundeinkommen positiv mitgestalten könnte: Erstens kennen wir die intrinsische Motivation der Menschen sehr genau und können daher zumindest erahnen, was sie ohne finanziellen Druck im Leben machen würden. Und zweitens bauen wir gerade eine solche Struktur auf, in der wir ein solches Grundeinkommen sehr viel leichter testen können als in den starren bestehenden Strukturen.

Packen wir's an!

Institutionen wie Städte und Länder sind meistens große bürokratische Monster und als solche träge. Ich glaube nicht daran, dass man solche Strukturen von innen verändern kann. Schnelle und effiziente Veränderungen funktionieren nur, wenn einer das Sagen hat oder sich alle, die ein Wörtchen mitzureden haben, einig sind. Darauf können wir noch ewig warten.

Aber natürlich wäre es heute schon möglich, parallel zu den bestehenden Strukturen neue Mikroorganisationen zu bilden, die bestimmte Aufgaben übernehmen. Diese Mikroorganisationen können Gruppen sein, die von einer neutralen Organisation wie *millionways* zusammengestellt werden. Ein Beispiel wäre die Gestaltung eines Stadtviertels: *millionways* sucht einen renommierten Städteplaner, der Lust hat, etwas Neues zu wagen. Außerdem wird eine heterogene Gruppe gebildet, die sich unter Leitung des Städteplaners aus Bewohnern des

Stadtteils, Bewohnern eines komplett anderen Stadtteils, Leuten aus einem vergleichbaren Stadtteil einer anderen Stadt, Kindern, alten Menschen, Künstlern und anderen Menschen zusammensetzt. Sie werden unter professioneller Leitung zunächst zu Brainstormings gebracht und anschließend in Untergruppen eingeteilt, die bestimmte Aufgaben übernehmen – beispielsweise die Schaffung der Infrastruktur (Apotheken und Supermärkte), Gestaltung von öffentlichen Anlagen (Parks und Spielplätze) oder Konzeption von Einrichtungen, die später von den Bewohnern selbst betrieben werden (Cafés und Werkstätten). Diese Untergruppen würden in diesem Fall natürlich jeweils auch eine professionelle Leitung haben und nur an den groben Fragestellungen arbeiten. Die praktische Umsetzung an Laien zu vergeben, wäre reiner Aktionismus und wenig sinnvoll. Dennoch könnten die einzelnen Gruppen zum Beispiel im Rahmen der ohnehin stattfindenden Ausschreibungen mitentscheiden, welche Unternehmen die Umsetzung machen.

Den ersten Austausch mit einer Stadt zu diesem Thema hatte ich im Sommer 2014. Der Bürgermeister einer westdeutschen Großstadt hatte über einen Professor von *millionways* gehört und wollte unseren Input für seinen Plan, seine Kommune zu einer »Potential-Stadt« zu machen. Das war zunächst einmal eine Überschrift über seinem Wahlprogramm, aber in unseren Gesprächen wirkte der Wunsch wie eine echte Herzensangelegenheit.

Das *millionways*-Team formulierte damals Gedanken zur Zukunft von Städten – ganz offen, zunächst ohne Anspruch auf zeitnahe Realisierbarkeit. Denn die Basis ist ja recht simpel: Jeder einzelne Mensch lebt heute in irgendeiner Stadt oder Gemeinde. Es gibt also eigentlich eine direkte Verbindung zwischen allen Menschen und ihren Städten und Regionen. Die erlebte Realität der Menschen ist jedoch eine andere. Es wird eher eine Trennung zwischen Gemeinde, Stadt, Verwaltung und den Menschen wahrgenommen – dabei sollten doch eigentlich die Bürger der Kern einer jeden Gemeinde oder Region sein. Das real umzusetzen war auch der ausdrückliche Wunsch des Bürgermeisters. Warum also nicht die Bürger in die grundsätzlichen Themenbereiche einer Stadt involvieren?

Diese neue Arbeit von aus Bürgern zusammengestellten Gruppen hätte möglicherweise weit reichende produktive Folgen: eine neue Form der Ausbildung von Fachkräften, Innovationen im Alltag der Menschen, Motivation und Ermutigung der Bürger, neue Formen der Qualifizierung (auch für Autodidakten), Rückgewinnung der Menschen die bereits »aus dem System« gefallen sind, wie Obdachlose, Langzeitarbeitslose oder Straffällige, Kooperation mit Großkonzernen und die Schaffung neuer Arbeitsplätze – eine Liste, die beliebig erweiterbar ist. Menschen, die aktuell keine bezahlte Arbeit finden, wären vielleicht interessiert, ihre Talente in ein gesellschaftliches Projekt einzubringen, welches wiederum der Gemeinde zugutekäme. Und wenn dann wie in Hamburg mit der HafenCity und der Neuen Mitte Altona tatsächlich einmal neue Stadtteile entstehen, könnte man direkt mehrere Ansätze testen. Die Zukunft wird zeigen, wie offen welche Stadt für derartige Überlegungen ist. Im Idealfall wäre das Ergebnis eine Gemeinde, Stadt, Region, wo kein Unterschied mehr besteht zwischen den Menschen, welche sie mit Leben erfüllen, und der Verwaltung der gemeinsamen lokalen Ressourcen.

Für mich hängen alle diese Bereiche zusammen, denn fast jeder Mensch durchläuft sie im Lauf seines Lebens: die Bildung, die Wirtschaftswelt, die Städte und Gemeinden. Ein grundsätzliches Umdenken und eine Evolution all dieser Bereiche zusammen würde in der Summe eine andere, menschlichere Gesellschaft ergeben: Wenn individualisierte Jobs, die mit Leidenschaft und selbstbestimmt ausgeführt werden, Normalität wären, hätten Menschen wesentlich mehr Zeit und Lust, sich für solche Projekte zu engagieren: einen Stadtteil gestalten, einen Park eröffnen, Kinder unterrichten und viele weitere Aufgaben, die in unserer Gesellschaft anfallen. Das wäre deutlich mehr, als ein Ehrenamt auszuüben.

Eine solidarische Gesellschaft wäre möglich, in die sich jeder mit seinen Talenten einbringen könnte, dafür Wertschätzung erfahren würde, und sich nicht verstellen müsste, nur um einen Job zu bekommen oder zu behalten. Das ist gewiss derzeit eine Utopie – aber die beginnt bekanntlich immer damit, dass jemand endlich mal den ersten Schritt macht. Das versuchen wir mit *millionways*.

Für all diese grundlegenden Wandlungen muss sich als Erstes unser Denken verändern. Wir müssen uns klarmachen, dass die Gesellschaft aus Menschen wie uns selbst besteht. Sie ist kein unverrückbares Monster und muss auch nicht bekämpft werden. Das Mantra »Jede Stimme zählt!« hat viele in letzter Zeit enttäuscht, aber das darf nicht dazu führen, sich zurückzuziehen, sich extremen Strömungen zuzuwenden oder komplett zu kapitulieren und zu denken, man könne ohnehin nichts ändern.

Du kannst heute schon parallel einen guten Job machen. Du kannst anfangen, etwas Neues aufzubauen. *millionways* ist die Anlaufstelle für Menschen, die genau das wollen – und schon bist du nicht mehr allein mit deiner Energie. Und wenn genug Menschen mitmachen, schaffen wir gemeinsam etwas Neues. Wir sind die Institutionen – wir können sie ändern.

Dieses Buch ist im Grunde eine Sammlung der Beobachtungen, Erlebnisse und Lerneffekte der letzten zehn Jahre von *millionways* und mir. Die Welt ist unglaublich komplex, und einfache Patentlösung wird es niemals geben. Trotzdem habe ich oft genug selbst erlebt, wie einfach sich Leben zum Positiven verändern können, wenn man einen kleinen Knoten löst. Und wenn viele und immer mehr Menschen das tun, dann haben wir schon sehr viel erreicht.

Zum ersten Mal in der Geschichte gibt es die Möglichkeit, Potentialismus real zu machen. In den letzten Jahrzehnten wäre es nicht möglich gewesen, und die weltweite Vernetzung hat uns zumindest die technischen Wege zu allem und jedem gegeben. Jetzt fehlen noch die persönlichen, greifbaren, menschlichen Wege für jeden Einzelnen.

Ich fand bei Büchern die letzten Seiten immer am spannendsten, weil sie zum Kern zurückfinden. Weil man zu etwas aufgefordert wird. Und weil die Thesen nochmals zusammengefasst werden. Bei unserem gemeinsamen Thema, dem Potentialismus, fällt das leicht. Schließlich geht es ja gerade darum, anzufangen. Ich habe selbst viele Bücher gelesen, die mich aufgerüttelt haben, neue Denkanstöße gaben oder mich wirklich berührt haben. Aber welches Buch hat wirklich mein Leben verändert? Vielleicht ist das für ein Buch zu viel verlangt. Ich bin überzeugt, dass dieses Buch für dich ein wichtiger Impuls sein kann. Du darfst ihn nur nicht vergessen, wenn du das Buch zuklappst. Der Impuls ist klar und eindeutig: Fang an, dir zuzuhören! Ohne Coaches und Gurus, nur mit dir allein. Denn tief in dir drin weißt du schon alles. Du weißt, ob du in deinem derzeitigen Leben glücklich oder zumindest zufrieden bist. Du spürst, ob dein derzeitiger Lebensweg dich dorthin führt, wo du sein willst. Du ahnst, wenn du von deinen ursprünglichen Träumen, Wünschen und Zielen abgekommen bist.

Wenn du für dich von ganzem Herzen sagen kannst, dass dein Alltag gerade das Leben ist, das du dir gewünscht hast, dann bist du ein großartiger Mutmacher für all diejenigen, die daran nicht mehr glauben. Verschenke das Buch an Freunde, die noch nicht so zufrieden sind. Erzähle ihnen von deinen eigenen Gedanken, die du während des Lesens hattest. Und selbst wenn du zufrieden bist: Vielleicht gibt es ja doch ein Projekt, das du bisher aus Faulheit oder mangels Kontakten nicht realisiert hast. Mit deiner positiven Energie bist du möglicherweise der geborene Teamleiter und Motivator, denn das ist nicht »normal« – wusstest du das?

Wenn du dich in diesem Buch wiedergefunden hast, wenn du gerade nicht wirklich glücklich bist und selbst, wenn du noch niemanden davon erzählt hast, auch dir selbst nicht: Dann mach den ersten Schritt, etwas zu ändern. Mangels Alternativen kann ich nur immer wieder *millionways* als Anlaufstelle nennen, aber zumindest weiß ich in diesem Fall, dass unsere Intention ehrlich ist. Also melde dich dort an und finde raus, was du in dir hast und was du daraus machen kannst. Lass dich mit anderen vernetzen, die an derselben Stelle stehen wie du, aber andere Talente haben – so könnt ihr euch ergänzen und vielleicht gemeinsam etwas aufbauen.

Und vor allem: Hab keine Angst! Du musst nichts aufgeben. Du musst jetzt nicht rausgehen, deinen Job kündigen, deinen Partner verjagen und mit deinen Eltern brechen. Du brauchst einfach nur ganz still und leise offen zu werden für das, was in dir steckt – zusätzlich zu deinem derzeitigen Leben. Das, wovon du als Kind geträumt hast, ist immer noch da. Die Talente, die du so lange nicht genutzt hast, verschwinden nicht so einfach, das können sie gar nicht. Und die Begeisterung für das Leben, für deinen Alltag, die in den letzten Jahren vielleicht immer weniger wurde, kannst du dir zurückholen.

Ich kann dir nicht versprechen, dass dein Leben in zwei Wochen viel großartiger sein wird als heute. Aber ich habe die

Gewissheit, dass es möglich ist, wenn du heute einfach anfängst. Das erste Ziel ist es, an deine Begeisterung zu denken, an das, was dir wirklich Freude macht, an das, was du früher immer geliebt hast und von dem du heute sagst: »Das ist ja nur ein Hobby.« Was du eigentlich studieren wolltest, was du mit deinen Schulfreunden einst gründen wolltest oder wovon du nachts träumst. Dann besteht die große Chance, dass du heute Abend – vielleicht zum ersten Mal seit langem – lächelnd einschläfst und morgen lächelnd aufwachst – egal aus welchem Grund.

Nachwort von Frank Otto

Das Thema Selbstverwirklichung war schon immer mit meiner eigenen Geschichte verbunden. Anfang zwanzig hatte ich die Wahl: Will ich dem väterlichen Wunsch entsprechen, Kaufmann werden und in sein Unternehmen einsteigen, oder wage ich es, etwas Eigenes zu machen? Ich habe mich für das Letztere entschieden, bin meinen Leidenschaften gefolgt und habe mich zunächst lange Zeit als Künstler ausprobiert: Zivildienst, Ausbildung zum Restaurator, Kunststudium und als Schlagzeuger in einer Rockband. Zum Unternehmerischen war es ein langer Weg, der alles andere als klar und vorgezeichnet war.

Meine Sozialisation ist sicherlich nicht sehr typisch. Ich wurde in eine wohlhabende Familie hineingeboren, womit sich nicht wahnsinnig viele Menschen identifizieren können. Meinen Vater habe ich als jemanden kennengelernt, der sehr viel arbeitet und das seinen Kindern vorlebt. Doch er hat auch schwere Entscheidungen treffen müssen, weil nicht alles, was er angefasst hat, erfolgreich wurde. Zwischendurch versuchte er es beispielsweise mit Autowaschanlagen, merkte schnell, dass er in dieser neuen Branche nicht klarkam, und stieg wieder aus. Natürlich hat mich das geprägt. Genau wie mein Vater musste auch ich oft eine innere Entscheidung treffen, die Richtung zu wechseln. Ich musste mich auf Unbekanntes einlassen und Probleme lösen, die mir vorher überhaupt nicht bewusst waren.

Auch wusste ich nicht, ob ich überhaupt in der Lage sein würde, große Probleme zu überwinden. Dafür war ein gewisses Selbstvertrauen nötig, dass ich mir im Lauf des Lebens angeeignet habe. Doch vor allem hatte ich jede Menge Glück – wie jeder erfolgreiche Unternehmer. Ob man erfolgreich wird oder nicht, hängt zu einem gewissen Teil davon ab die richtigen Menschen kennenzulernen, die einen stärken, einem Tipps geben, mit denen man seine Gedanken reflektieren kann.

Ich habe zur Zeit der Einführung des privaten Rundfunks Mitte der achtziger Jahre unglaublich viel mit anderen Menschen diskutiert, einfach, um mich selbst zu fragen, ob die Idee, die ich verfolge, auch richtig sein kann, und um meine Ideen zu verbessern oder im Gespräch mit anderen zu entwickeln. Oft habe ich dabei festgestellt, dass ich die Richtung wechseln musste. Jeder, der sich selbst verwirklichen möchte, braucht ein solches Umfeld. Deswegen bin ich als Neuling überallhin marschiert und habe jeden Termin wahrgenommen, um Menschen aus der Branche kennenzulernen und von ihnen zu lernen. Da hatte ich ein bisschen Glück – ich habe die richtigen Menschen gefunden, die mir helfen und mich ermutigen konnten.

Später habe ich an vielen Projekten mitgewirkt, bei denen es um Selbstständigkeit und Selbstfindung ging. Ich habe viele Menschen kennengelernt, die sich kreativwirtschaftlich betätigen. Mit Projekten wie Garage und Enigma war mir die Gründerszene mit ihrem Innovationsgedanken bereits sehr vertraut, als ein junger Enthusiast zu mir ins Büro kam. Wir führten lockere Gespräche, fantasierten und philosophierten. Seine Ideen faszinierten mich, und sie fanden großen Anklang bei mir. Doch es gab einen großen Unterschied zu meinen bisherigen Projekten und Engagements: Es ging nicht darum, dass jemand wie zu der Zeit fast üblich mit einer großen Internetidee ein Start-up gründet. Nein, hier ging es um Persönlichkeiten. Aus Talenten ergeben sich Geschäftsideen – man braucht nur die richtigen Wege und Unterstützer.

Dass sich aus diesen losen Gesprächen eine Freundschaft und ein paar Jahre später eine Zusammenarbeit ergeben würde, war damals noch nicht erkennbar. Martin Cordsmeier und ich haben einfach nur weiterhin miteinander gesprochen, und die Ideen wurden immer konkreter. Eines gefiel mir besonders: Martin machte es damals so, wie ich es früher getan hatte: Er suchte Sparringpartner. Ich wurde eine Art Mentor für ihn. Mit meiner Erfahrung konnte ich ihn bestärken, aber genauso vor einigen Fehlern warnen. Auch für mich war es spannend – denn es ging um die Themen, die mich selbst so lange beschäftigt hatten und immer noch beschäftigen. Ich konnte von Martin und unserem Austausch viel lernen. Nach und nach wurde aus einer Idee ein konkreter Plan.

Martins Idee, dass in jedem Menschen ein Potential steckt, das man entdecken und wecken kann, imponierte mir. Jeder kann sich einbringen – auch ich bin dieser Meinung. Es gibt zwar äußere Umstände, die Menschen daran hindern, sich selbst zu entfalten, oder sie an den Rand der Gesellschaft drängen, doch es gibt auch einen Schlüssel, mit dem jeder Mensch sein Potential entfalten kann. Sicherlich hat nicht jeder die *Energie*, es tatsächlich für sich nutzbar zu machen, und Talente sind unterschiedlich verteilt. Manchen fällt es schwerer, ihre Potentiale zu entdecken und zu fördern – doch man kann jeden motivieren, sich damit zu beschäftigen. In jedem Menschen schlummert etwas, das man wecken kann. Davon bin ich so überzeugt wie Martin. Hinter dem Gedanken steckt zudem ein gesellschaftliches Ideal: Man gibt niemanden auf. Gerade in der heutigen Zeit, in der so viele Menschen davon bedroht werden, auf der Strecke zu bleiben, ist es extrem wichtig.

Martins Idee einer Bewegung erschien mir alles andere als absurd. Ich wusste, das kann funktionieren. Das war logisch. Deswegen bin ich eingestiegen, an einem Punkt, an dem es hieß: Loslegen oder die Sache kippt um.

Wir haben losgelegt. Und mussten eine ganze Menge Hindernisse überwinden. Wir haben mit einer großen und teuren Werbekampagne gestartet, die nicht den Effekt erzielte, den wir uns erhofft hatten. Das führte dazu, dass wir große Schwierigkeiten hatten Unterstützer zu finden. Selbst nach anfänglicher Begeisterung war es zum Teil schwierig Mitstreiter zu gewinnen, weil die Idee noch nicht gut formuliert war. Das war viel Learning by doing: Wir haben gelernt, dass wir uns mehr fokussieren mussten und klarer formulieren, worum es uns eigentlich geht. Das war ein schwieriger Prozess. Wir haben uns mit kleinen Erfolgen über Wasser halten und uns selbst zum Weitermachen motivieren müssen.

Wie allen Start-ups ging es auch uns so, dass wir erst suchen mussten. Es gibt keine fertig ausgebaute Autobahn, die man einfach entlangfahren kann. Jedes Start-up hat mindestens eine Phase, in der man im Sumpf feststeckt, aus dem man sich befreien muss, bevor man weitermachen kann. Das kenne ich auch aus meinen Engagements: Beispielsweise waren die Design-Lautsprecher Xounts zuerst groß gedacht, mit einem Börsengang, der während der Wirtschaftskrise scheiterte. Trotz schnellen Umdenkens wurde eine Insolvenz unausweichlich. Aber die Idee war zu gut, um gleich aufzugeben. Inzwischen haben wir das Produkt mit Kickstarter auf den Markt gebracht. Oft muss man erst viele Jahre lernen, bis eine Sache rund wird. Doch langsam kommt auch in Deutschland der Gedanke an, dass Scheitern kein Drama, sondern Voraussetzung ist.

Skateboarder kennen die Marke Titus, die ich für ein Vorzeigeunternehmen halte. Der Gründer Titus Dittmann hat das Unternehmertum einst mit dem Skateboard-Fahren verglichen und sagte, dass, wer Skateboard lernen will, erst mal lernen muss hinzufallen. Genauso funktioniert Selbstständigkeit. Inzwischen ist es zwar eine Binsenweisheit, aber dennoch ein schönes Bild.

Ich habe immer gerne neue, innovative Sachen ausprobiert, mich neben Medien auch für neue Technologien interessiert oder für diverse kulturelle Projekte engagiert, was immer mehr Gefahren birgt, mehr Risiko zu scheitern. Manche Geschäftsmodelle überleben sich. Sich in einer neuen Branche zu behaupten, kostet immer viel Kraft, man muss sich etwas trauen, man fängt von vorne an und muss seinen Weg immer wieder neu erkunden. Für mich gab es aber niemals eine Alternative.

Ich bin noch in einer Zeit aufgewachsen, als es üblich war, ein ganzes Menschenleben im gleichen Beruf oder Unternehmen zu verbringen. Das Motto war: »Lernst du was, dann hast du was.« Das hat sich heute stark geändert. Zumindest in unserer Gesellschaft lernt man nicht mehr etwas und wendet es dann sein Leben lang an, sondern lernt sein Leben lang. Es ist nicht vorhersehbar, welche Berufe bald aussterben werden. Man muss sich ständig neu erfinden und flexibel genug sein, um von vorne anzufangen. Die Arbeitswelt hat sich verändert und Eigenmotivation spielt eine ganz andere Rolle, auch für Angestellte. Große Unternehmen sind nicht mehr das Zukunftsmodell. Heute lebt man kleinere Einheiten, temporäre Konstellationen, spezialisiert sich und arbeitet projektweise. Die Arbeitsabläufe und unternehmerischen Prozesse haben sich verändert. Flexibilität und schnelle Anpassung an Veränderungen sind heute Merkmale des erfolgreichen Wirtschaftens. Immer mehr Menschen müssen sich selbst neu erfinden – wünschenswerter wäre es, wenn sie zuerst zu sich selbst finden würden, damit sie etwas entdecken können, womit sie wirklich von Herzen glücklich werden.

An diesem Punkt setzt *millionways* an. Bisher hat eine solche Anlaufstelle gefehlt, zu der Menschen kommen können, die sich Gedanken machen, wie es für sie weitergeht, oder nicht wissen, was sie tun sollen: Mache ich mich selbstständig? Welchen Weg schlage ich ein? Doch heutzutage ist es notwendig. Teams mit unterschiedlichen Qualifikationen, die sich ergänzen, sind das Zukunftsmodell, das haben bereits viele Unternehmer erkannt. *millionways* bietet genau so ein Umfeld, ein Netzwerk aus unterschiedlichen Talenten und Perspektiven, das im persönlichen Umfeld oftmals fehlt. Nicht jeder hat das Glück, zufällig auf Menschen zu treffen, die ihm weiterhelfen. Natürlich muss man bereit sein, etwas zu riskieren, zu scheitern, sich unbeliebt zu machen oder einer Idee nachzurennen, die im realen Leben nicht funktioniert. Doch *millionways* erleichtert den Prozess ungemein.

Als jemand, der aus einer wohlhabenden Familie stammt, stößt man naturgemäß auf Skepsis, wenn man sagt, dass Geld nicht entscheidend ist. Natürlich bringt Geld Vorteile. Doch es ist genauso vorteilhaft für Unternehmer, sich nicht nur für Gewinnmaximierung einzusetzen. Ich glaube, es ist mittlerweile keine Option mehr, sondern eine Notwendigkeit. Als Kind war für mich eine Welt ohne Neckermann und Quelle unvorstellbar gewesen, auch wenn das Konkurrenten meines Vaters waren. Mein Bruder hat den Otto-Versand intelligent geführt, hat auf den Umweltschutz Wert gelegt, sich stark engagiert und ist viel belächelt worden, doch am Ende hat er überlebt und andere nicht. Daran und an vielen anderen Beispielen ist es erkennbar, dass Unternehmen scheitern, wenn sie die Zeichen der Zeit nicht erkennen. Wenn man nur an den Gewinn denkt, fährt man sein Unternehmen früher oder später gegen die Wand. Heute muss man viel perspektivischer denken als in der frühen Industrialisierung. Es geht nicht nur um eine gesellschaftliche Verantwortung, sondern auch um eine intelligente Art Unternehmen zu führen, die sowohl von Verbrauchern und Kunden als auch von Mitarbeitern ganz anders geschätzt wird.

Was noch wichtiger ist: dass Randgruppen in den Fokus rücken. *millionways* funktioniert nicht nur für junge Gründer, die eh auf dem Sprung sind. Vor allem geht es um die, die ganz fernab von dem Gedanken der Selbstverwirklichung sind, die aber mit ihrem speziellen Know-how ihren Beitrag leisten und eine Geschäftsidee umsetzen können. Ein Beispiel ist, wenn Obdachlose Outdoorbekleidung entwickeln und daraus ein Unternehmen entsteht. Jeder kann es schaffen – in diesem Fall ist es keine bloße Utopie oder Floskel, sondern eine ganz simple und praktische Wahrheit.

Anmerkungen

1 *Umfrage. Zufriedenheit mit dem eigenen Leben*, Statista Research & Analysis, 2016.
2 Bernd Raffelhüschen, Reinhard Schlinkert: *Deutsche Post Glücksatlas 2016*, erhoben durch das Sozio-oekonomische Panel (SOEP) und eine Allensbach-Umfrage. München: Knaus, 2015.
3 Rainer Sütfeld: *Alle unzufrieden – oder was?*, NDR Kultur, 6. Oktober 2016.
4 millionways, November 2016.
5 OECD (Hg.): *How's Life? 2015. Measuring Well-being*. OECD-Studie zu den Lebensbedingungen der Menschen in OECD-Staaten und anderen wichtigen Volkswirtschaften, Paris: OECD, 2015.
6 Christopher J.L.Murray, Alan D.Lopez (Hg.): *Global Burden of Disease. A comprehensive assessment of mortality and disability from diseases, injuries, and risk factors in 1990 and projected to 2020*. Cambridge: Harvard University Press, 1996.
7 Stiftung Deutsche Depressionshilfe: *Volkskrankheit*, Ergebnisse des bundesweiten Gesundheitssurveys »Psychische Störungen«.

8   Daniel B. M. Haun, Yvonne Rekers, Michael Tomasello: *Children Conform to the Behavior of Peers. Other Great Apes Stick With What They Know*, Psychological Science, 29. Oktober 2014, https://www.mpg.de/8727563/Haun_gruppen.
9   Karin Schmausser, Tübinger Praxis für Hochbegabung, 2016, www.hochbegabung-tuebingen.de/moegliche-probleme.html.
10 Franz E. Weinert (Hg.): *Leistungsmessungen in Schulen.* Weinheim und Basel: Beltz, 2001.
11 Marc Calmbach, Silke Borgstedt, Inga Borchard, Peter Martin Thomas, Berthold Bodo Flaig: *Wie ticken Jugendliche 2016? Lebenswelten von Jugendlichen im Alter von 14 bis 17 Jahren in Deutschland.* Heidelberg: Springer, 2016.
12 Christian Scholz: *Generation Z. Wie sie tickt, was sie verändert und warum sie uns alle ansteckt.* Weinheim: Wiley, 2014.
13 *Generation Y. Von wegen superflexibel*, Zeit online, 11. Mai 2015.
14 Johann Gerdes, Alexandra Wagner: *Arbeitsqualität aus der Sicht von jungen Beschäftigten 2015. 6. Sonderauswertung zum DGB-Index Gute Arbeit.* Berlin: DGB, 2015.
15 Wolfgang Hien: *Sich verbiegen lassen oder aufrecht gehen?*, Psychologie & Gesellschaftskritik 4/2010.
16 Oskar Negt: *Gesellschaftsentwurf Europa. Plädoyer für ein gerechtes Gemeinwesen.* Göttingen: Steidl, 2012.
17 *Spaltung ist Europas Problem. Soziologe Oskar Negt spricht im Europahaus*, Ostfriesische Nachrichten, 23. März 2013.
18 *Denk mal! 2016. Anregungen von Robert Pfaller, Eva Horn, Stefan Klein, Andreas Bernard, Stephan Rammler u. a.* Frankfurt a. M.: Fischer, 2015.

19 Jean Liedloff: *Auf der Suche nach dem verlorenen Glück. Gegen die Zerstörung unserer Glücksfähigkeit in der frühen Kindheit.* München: C.H.Beck, 2013.
20 Markus Antonius Wirtz (Hg.): *Dorsch. Lexikon der Psychologie.* Göttingen: Hogrefe, 17.Auflage, 2014.
21 Désirée Waterstradt: *Sozialisierung oder Zivilisierung der Eltern?*, Aus Politik und Zeitgeschichte 49–50/2012. Bonn: Bundeszentrale für politische Bildung, 2012.
22 *Gallup Engagement Index 2015*, Pressemitteilung, 16.März 2016.
23 Gallup-Studie 2014.
24 *Wohlbefinden der Nutztiere*, IQ – Wissenschaft und Forschung, Bayern 2, 14. 3. 2013.
25 *Bewusstsein bei Tieren: Rouge-Test ade?*, Spektrum.de, 30. September 2010.
26 Osho: *Freiheit. Der Mut, Du selbst zu sein.* Allegria, 2005.
27 Landschaftsverband Westfalen-Lippe: ›*Zeit ist Geld*‹ *auf Zeche Zollern. Ausstellung zur Geschichte der Arbeitszeitkontrolle im LWL-Industriemuseum*, Pressemitteilung, 18.Dezember 2008.
28 *Ebenda.*
29 *Duden. Die deutsche Rechtschreibung.* Berlin: Bibliographisches Institut, 26. Auflage, 2013.
30 *Auf dem Weg zum digitalen Wirtschaftswunder*, IT-Zoom. Bergisch Gladbach: Medienhaus, 2015.
31 *Stressreport. Druck im Job raubt Deutschen den Schlaf*, Zeit online, 29.Januar 2013.
32 *Psychoreport 2015. Deutschland braucht Therapie. Herausforderungen für die Versorgung.* Hamburg: DAK, 2015.
33 *Psychologie. Die heimliche Macht des Unbewussten*, Welt N24, 20.März 2009.
34 Bas Kast: *Wie der Bauch dem Kopf beim Denken hilft. Die Kraft der Intuition.* Frankfurt a.M.: Fischer, 2007.

35 *Ebenda.*
36 *Intuition. Die Macht des Unbewussten*, Spiegel online, 28. April 2007.
37 Werner Bohleber: *Der psychoanalytische Begriff des Unbewussten und seine Entwicklung. Eine Bestandsaufnahme*, Psychoanalyseforum, 9. Dezember 2013.
38 Max Biederbeck: *Virtual Psychology. Was in unserem Kopf passiert, wenn wir VR erleben*, Wired.de, 6. Juni 2016.
39 *Das ›Unwort des Jahres‹: ›Humankapital‹*, Frankfurter Allgemeine Zeitung, 18. Januar 2005.
40 Martina Blauth: *Impact-Techniken und Erickson'sche Hypnotherapie*, 2014, http://www.inhypnos.de/fileadmin/down loads/P-Impact-Hypnotherapie-Blauth.pdf.
41 *Studie zur Lebensqualität. Deutsche fühlen sich nicht richtig wohl*, Merkur.de, 28. August 2012.
42 Horst W. Opaschowski: *Deutschland 2030. Wie wir in Zukunft leben.* Gütersloh: Gütersloher Verlagshaus, 2008.
43 *Bhutan. Im Paradies der Glückseligen*, Zeit online, 10. Januar 2009.
44 *Auch in Bhutan ist Glück relativ*, Presse am Sonntag, 20. September 2014.
45 *Drogen-und Alkoholsucht. Situation in Deutschland*, Bundesministerium für Gesundheit (BMG).
46 *Heroin und Kokain. Mehr Deutsche greifen zu harten Drogen*, Welt, 9. Juni 2016.
47 *Kokain in Berlin*, Berliner Zeitung, 3. November 2000.
48 *Psychische Erkrankung im Job. ›Burn-out klingt besser‹*, Süddeutsche Zeitung, 20. Dezember 2011.
49 *Bedeutungsübersicht*, Duden. Die deutsche Rechtschreibung. Berlin: Bibliographisches Institut, 26. Auflage, 2013.
50 Markus Antonius Wirtz (Hg.): *Begabung, Begabungsforschung*, Dorsch. Lexikon der Psychologie, Göttingen: Hogrefe, 17. Auflage, 2014.

51 Matthias Claudius: *Erklärung der Menschen- und Bürgerrechte vom 26. August 1789.*
52 *Größte deutsche Sabbatical-Studie: Fast jeder 2. Deutsche will eine Auszeit vom Job nehmen*, WIMDU, 22. Februar 2015.
53 *Ebenda.*
54 *Ebenda.*
55 *Erst die Arbeit, nie das Vergnügen*, Zeit online, 7. Oktober 2016.
56 *Tod durch Stress. ›Man kann sich zu Tode arbeiten‹*, Zeit online, 15. Oktober 2013.
57 *Finanzkrise 2008*, Planet Wissen, 16. November 2016.
58 *Ebenda.*
59 *Der etwas andere Otto*, Hamburger Abendblatt, 20. April 2006.
60 *Kunst bei BUDNI*, millionways.de, 27. September 2013.
61 *Anzahl der Personen in Deutschland, die ehrenamtlich tätig sind, von 2012 bis 2016 (in Millionen)*, Statista Research & Analysis, 2016.
62 *Ehrenamt in Deutschland – Spaß und freiwilliges Engagement für die Gesellschaft,* Alumniportal Deutschland Kooperation zwischen Alexander von Humboldt-Stiftung (AvH), Bonn, Deutscher Akademischer Austauschdienst e.V. (DAAD), Bonn, Deutsche Gesellschaft für Internationale Zusammenarbeit (GIZ) GmbH, Goethe-Institut e.V., München.
63 Betterplace lab (Hg.): *›Das hat richtig Spaß gemacht!‹. Freiwilliges Engagement in Deutschland.* Berlin: Betterplace, 2011.
64 *Ebenda.*
65 *Unsere Philosophie,* Institut für Selbstorganisiertes Lernen. http://www.sol-institut.de/das-sol-institut/unsere-philosophie.

66 Institut für Selbstorganisiertes Lernen: »Lernen ist Konstruktion, Lernen ist Interaktion, Lernen ist Leben und somit ein selbstorganisierter Prozess.«
67 ›Mein Lehrer heißt Mama‹. Homeschooling in den USA, Deutsche Welle, 17. Januar 2009.
68 Otto Herz: Schule der Zukunft. Die Futurumschule, Stockholm. Arbeitspapier.
69 Ebenda.
70 Martin Heusler, seinerzeit 2. Vorsitz im Vorstand im Rat der Weisen der Initiative »Reformschule Hamburg« sowie Schulleiter der Winterhuder Reformschule.
71 Belastung von Studenten. Bachelor stresst mehr als Diplom, Spiegel online, 29. Mai 2013.
72 Ebenda.
73 Studienreform. Hochschulrektoren üben harsche Kritik am Bologna-Prozess, Zeit online, 14. August 2012.
74 Experiment. Finnland testet das bedingungslose Grundeinkommen, Süddeutsche Zeitung, 26. August 2016.
75 Ebenda.
76 Götz Werner, Adrienne Köhler: 1000 Euro für jeden. Freiheit. Gleichheit. Grundeinkommen. Berlin: Econ, 2010.
77 Götz W. Werner: Einkommen für alle. Der dm-Chef über die Machbarkeit des bedingungslosen Grundeinkommens. Köln: Kiepenheuer & Witsch, 2007.

Dark Horse Innovation

Thank God it's Monday!

Wie wir die Arbeitswelt revolutionieren

Mit Illustrationen von Henriette Rietz.
Klappenbroschur.
Auch als E-Book erhältlich.
www.econ.de

Damit Arbeit nicht der blöde Teil des Lebens ist

Jeder träumt von Arbeit, die Spaß macht und sinnvoll ist. Dark Horse weiß, wie es geht: In der von 30 jungen Leuten gegründeten Berliner Agentur für Innovationsentwicklung gibt es Ideen-Sprints statt Meeting-Marathons und rotierende Ämter statt Hierarchien. Sie setzen konsequent auf Selbstentfaltung und kooperative Zusammenarbeit, Flexibilität und Digitalisierung und werden so zum Trendsetter der neuen Arbeit im 21. Jahrhundert.

»*Die neue Bibel der Generation Y.*«
WirtschaftsBlatt

Econ

René Borbonus

Respekt
Wie Sie Ansehen bei Freund und Feind gewinnen

Gebunden mit Schutzumschlag.
Auch als E-Book erhältlich.
www.econ.de

Die Wiederentdeckung einer vergessenen Tugend

Egoismus und Intoleranz greifen in unserer Gesellschaft zunehmend um sich. Ob im Kampf um den Arbeitsplatz oder bei familiären Auseinandersetzungen – immer mehr Menschen verfolgen rücksichtslos die eigenen Interessen. Doch wer beruflich und privat langfristig etwas erreichen will, der muss seinen Mitmenschen mit Respekt begegnen.

Der Kommunikationsexperte René Borbonus zeigt, wie man mit Selbstbeherrschung, Konfliktfähigkeit und Überzeugungskraft auch in schwierigen Situationen besteht. Nur wer lernt, mit anderen respektvoll umzugehen, wird am Ende selbst Respekt und Anerkennung gewinnen – und so leichter seine Ziele erreichen.

Econ

Carl Naughton

Neugier

So schaffen Sie Lust auf
Neues und Veränderung

Gebunden mit Schutzumschlag.
Auch als E-Book erhältlich.
www.econ.de

Neugier ist erlernbar

Neugier ist eine unserer wichtigsten Eigenschaften. Neugierige Menschen sind offener für neue Erfahrungen, lernen schneller, arbeiten gewissenhafter, haben mehr positive soziale Erlebnisse, sind erfolgreicher und leben länger. Aber Neugierhemmnisse führen dazu, die Suche nach neuen Informationen früh zu beenden und in Stereotypen zu denken. Doch die gute Nachricht lautet: Neugier ist erlernbar.

Das erste populäre Buch zu einer entscheidenden menschlichen Eigenschaft.

»*Ein Buch, das neugierig macht.*«
Harvard Business Manager, April 2016

Econ

Boris Grundl

Mach mich glücklich

Wie Sie das bekommen, was jeder haben will

Klappenbroschur.
Auch als E-Book erhältlich.
www.econ.de

Glück braucht Selbstverantwortung

Ob im Beruf, im persönlichen Umfeld oder bei Diskussionen um Politik und Gesellschaft – es sind scheinbar immer die anderen, die die richtigen Entscheidungen blockieren. Die Aufforderung »Mach mich glücklich!« überträgt die Verantwortung für das eigene Glück an jemand anderen. Das ist nicht nur unfair, sondern fatal. Wer sich wünscht, dass ihm bedingungslos Respekt, Wertschätzung und Liebe entgegengebracht werden, wird zwangsläufig enttäuscht. In diesem sehr persönlichen Buch zeigt Boris Grundl, wie leicht und schnell das Verschieben von Verantwortung die persönliche Weiterentwicklung verhindert.

Econ